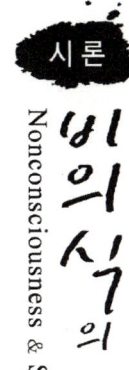

시론

비의식의 상징

Nonconsciousness & Semiosis

시론

비의식의 상징

Nonconsciousness & Semiosis

변의수 | 상징과 기호학 - 침입과 항쟁 외

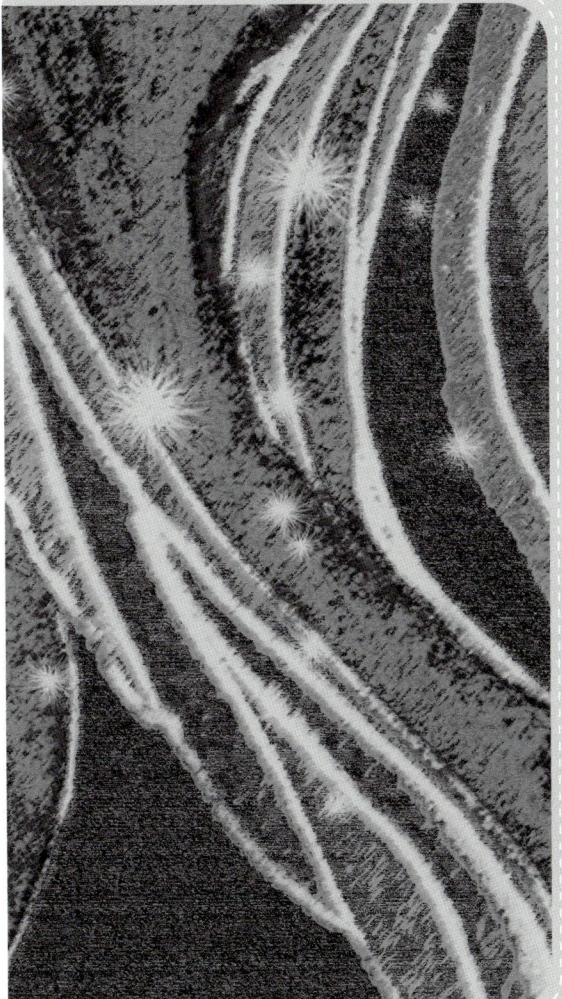

KSI 한국학술정보(주)

비의식의 상징[시론]

1. 시 창작·시론과 현대물리학의 투사

　시와 시론은 존재에서 비롯한 담론이요 텍스트들이다. 하나인
존재는 생성(화이트헤드의 용어로는 concrescence)의 과정Process이
요 변화 그것이다. 퍼어스(C. S. Peirce)의 용어로는 '연속'으로서
'모든 사물은 의존적이고 상호관련적'이다. 우리의 감각은 아원자
계와 거대 천체계는 인식하지 않는다. 물론, 인식하지도 못한다.
하지만 아원자적 세계는 우리들 감관 세계를 거쳐 거대 천체계롤
움직여 나간다. 우리 인간은 고전물리계의 개념적이고 고정적이
며 확정적 형상만을 실재라고 생각한다. 그것은 일상생활에 요긴
한 도식(형식논리)적 인식이자 사고이며 그것은 또한 우리에게
미학적 쾌감과 쾌적함을 안겨 준다. 그러나 세계는 결코 그와 같
은 불변의 확정적이고 안정적인 곳이 아니다. 우주는 끊임없이
변화해 나가는 과정Process으로서의 운동계이다.
　일상의 형식논리계의 명징하고도 분명한 세계는 우리 인간의

짧은 감관이 오해한 환영일 뿐이다. 존재와 세계 우리 인간들 그리고 자연은 결코 분리되어 있지 않은 하나이다. 왜냐하면 세계는 결코 형식논리적 분절이 가능하지 않기 때문이다. 개념과 입자 중심이 아닌, 관계적 동조성과 파동의 양태로서 존재 세계를 이해하는 것은 우리의 감각이 인지하지 못하거나 닿지 않는 곳을 이해하게 한다. 우리의 감각기관을 시·공적으로 확장하여 밝혀 낸 양자론적 물리이론계의 세계 이해 모델은 시·예술의 텍스트와 그 생성적 원리의 이해에도 그대로 적용된다. 그것은 너무나도 당연한 일일 것이다.

'**현대시론**'은 고전적 시각과는 달리 시어 기호를 유클리드적 모형의 양태로 이해함을 넘어서 기호와 기호 간의 기능 관계를 고려한다. 그러한 사유 방식은 질료적 양태의 미학으로부터 추상적 사유의 미학으로 이행하며, 텍스트의 성격을 탈기호화, 탈기의화하여 관계자로 하여금 의미의 수용이 아닌 의미의 재창조를 행하도록 시문학 환경을 변화시킨다. 그러한 까닭에 나는 독자나 비평가를 '수용자'라고 하지 않고 '관계자' 또는 '접촉자'라고 부른다. 물론, 시나 예술의 '작품'은 '예술작품'이라 하는 대신 '텍스트'라고 부른다. 이것은 멜빈 레이더와 그 이전의 콜링우드 등도 인지했던 문제이다. 또한 나는 관계자 또는 자동사로서의 텍스트의 '재창조' 기능을 고려한 작품 '창조'를 '제작'이라고 한다. 현대의 텍스트는 시인이나 작가의 표현의 세계를 넘어서 관계자로 하여금 재창조의 가능성을 고려하기 때문이다.

그리고 중요한 것은 유클리드적 기하 모형의 미학을 넘어 파동적 리듬으로서의 미학을 추구한다는 사실이다. 소위 고전이론에서 내재율이라고 하는 것이 그것인데, 그 내재율의 리듬 미학은 바로 음절과 음소 기호 중심의 율격에서 벗어나 의미론적 관계의 추상적 사유미의 상징을 지향케 한다. 고전미학의 내재율과 현대 이론의 내재율의 차이는 표면상으로는 대체로 자연적 상징과 자의적 상징의 사용으로 구별되나 현대의 텍스트의 주요한 특징은 앞서 언급한 바와 같이 독자와 비평가 등 관계자들로 하여금 텍스트를 통해 의미의 재창조를 지향케 한다는 것이다. 비평이 상징 생성의 장field이라 함은 곧 그것이다.

2. 상징과 기호의 통일

시 창작과 비평에 있어서 '상징'과 '기호'는 그 셀cell 단위라는 점에서, '기호' 이론과 '상징' 이론은 시학과 수사학 이론에서 중요한 위치를 점한다. 하지만 그럼에도 상징과 기호에 대한 본질적 이해는 놀랍게도 매우 소박한 수준에 머물러 있다. 그뿐 아니라, 상징과 기호 개념과 본질에 관한 이해의 문제는, 현대 기호학의 다양성과 제반 인문학의 상징 개념들의 이질성으로 인해 그들 인문학 내부의 관계에 있어서 그 이론적 호환이 불가하다. 예를 들면, "모든 상징이 기호일 수 있다. 그러나 모든 기호가 상징은 아니다."라는 말에서 볼 수 있듯, 기호학은 상징을 기호로 인식하려 하며, 상징론자들은 기호를 실용적인 것으로 상징을 심층적인 것으로 이해코자 한다. 그뿐 아니라 시론과 수사학 등에서는 상징을 비유법의 한 유형으로 이해함으로써 수사학 밖의 인문학상의 상징과는 그 의미를 전혀 달리하고 있다. 그런 까닭에 상징과 기호에 관한 제반 이론과 학문 간에 각각의 심층 논의와 연구들의 그 결과물은 서로에게 도움을 주는 대신 오히려 혼란을 가중할 뿐이다. 그런 까닭에 나는 제반 인문학에 흩어져 있는 상징의 개념과 기호학의 기호와 상징들을 하나의 본질적 원리 아래 통일코자 해 왔다. 그에 관한 시론試論의 한 편이 「상징과 기호학: 침입과 항쟁」이다. 보다 구체적이고 포괄적인 논의들은 정리가 되는 대로 『비의식의 상징 이론』의 단행본으로 낼 생각이다.

간단히 말해서, 상징은 '사유 작용'이며 기호는 '질료적 표상체'이다. 쉽게 말해, 상징은 생각이고, 기호는 그 표현물이다. 이러한 생각은 카시러가 『인간론』(1944)에서 "상징은 지시자, 기호는 조작자Signals are 'operators'; symbols are 'designators'"라는 말로 나타냈다. 그러나 이러한 생각은 베르그송의 생의 비약적 충동소로서의 '직관' 개념과 논쟁을 하게 되었는데, 보다 이전에 카시러는 『상징형식으로서의 철학』(1923-9)에서 상징과 기호를 동일시하면서 '감각적인 것에 내면화하는 정신적인 힘'은 상징 또는 기호라고 생각했다. 카시러는 당초 상징과 기호의 본질을 분명히 인지하지 못한 상태에서 사유와 기표, 상징과 기호를 동일하게 취급했다. 하지만 15년여 뒤의 『인간론』에서는 상징을 관계적 사고, 기호를 질료적 표상체로 인식했다. 그러나 우리의 생각은 기호와 상징은 상보적 생성 관계이며, 투사적 측면에서 동일한 것으로 이해한다. 그러나 현대의 기호학과 상징 논의자들은 1944년 당시의 카시러의 인식에도 이르지 못한 채 상징과 기호 모두를 질료체로 이해하고 있으며 그 차이를 의미론적 측면에서 생각하고 있을 뿐 아니라 상징의 유형에 있어서도 그 성격을 논자들 저마다 모두가 달리하고 있어 가히 백가쟁명의 혼란스러운 상황에 있다. 그러한 까닭에 나는 5년여 전부터 상징과 기호에 관한 통일적 견해를 구상해 왔고 또한 상징은 동일화 표상의 사유작용임을 확인하게 되었다. 물론 그러한 생각에 이르기까지는 인간의 사유작용을 미시물리적 관점에서 바라보게 한 현대물리학의 세계관이 많은 도움이 되었음은 물론이다.

3. 의식에 대한 오해 & 비의식과 무의식

상징의 정신작용이 비유 기호로서의 시와 예술의 텍스트를 생성한다. 그런데 그 비유 기호를 생성하는 상징행위의 정신작용은 '의식'이 아니라, '비의식'이다. 하지만 상징과 기호의 본질에 관한 이해 부족과 마찬가지로 상징 생성의 창조적 정신작용에 관한 이해 역시 제대로 연구가 되어 있지 않다. 사실 의식과 무의식에 대한 오해는 심각한 문제를 야기해 오고 있다. 지금까지 철학과 심리학, 신화학 등 제반 인문학계의 논의자들은 인간의 사유작용을 의식의 작용으로 이해하였다. 20세기 이전에는 '무의식'조차 존재치 않는 것이었지만, 20세기 들어 프로이드나 칼 융 등이 '무의식'을 발견한 이후 그 '무의식'이 시·예술의 분야에 무반성적으로 도입되어 '무의식'이 시와 예술의 생성원리로서 오용되고 있다. 일례로 오세영의 "우상의 가면 — 김수영론"에서와 같이, 시 창작이 의식에서 행해지느냐 아니면 무의식에서 행해지느냐 하는 문제는 그 근원적 규명이 이루어지지 않은 채 아직도 동어반복적 형태로 논의되고 있다.

전통시학은 의식이 텍스트를 생성한다고 말한다. 그에 반해 실험시학은 무의식이 텍스트를 생성한다고 말한다. 그러나 의식은 지각이나 자각 등의 '인지작용'에 불과하며 무의식은 정신병리적 사고기관에 속한다. 철학은 '의식'을 사고기관으로 간주하나 의식은 인지기관에 한정해야 한다. 사고작용 그 자체는 신경·생리적 신호작용으로서 지각되거나 자각되지 않는다. 단지 신경작용의 결과물인 '표상'이 지각될 뿐이다. 우리는 전기·화학적 생리작용으로서의 사고 생성의 과정을 인지할 필요를 갖지 않으며, 결과물인 출력물을 자아에게 비춰내 보여주면 될 뿐이다.

철학에서 말하는 '의식'은 인지작용과 사고작용으로 분리되며 따라서 나는 인지작용은 '의식', 사고작용은 '비의식'으로 이름한다. 철학자들은 지각되지 않는 신경·생리적 신호작용의 사유작용을 '의식'으로 간주하려 하지만 이는 사유작용에 대한 오해에서 비롯한 것이다. 설령, 인식되지 않는 신호작용의 사유가 '기호적 양태'로 뇌신경 속에서 '생각'으로 진행되고 있다 하더라도 우리는 그것을 인지하지 못한다. 철학의 입장에서 인지되지 않는다고 하여서 사고작용을 '무의식'이라고 하지는 않을 것이지만 그러나 무의식이라 칭할 수가 없다고 하여서 인식되지 않는 것을 '의식'으로 간주한다는 것은 마찬가지로 불합리한 일이다.

시 창작 정신작용의 운용과 비평은 의식과 비의식의 기능과 활용에 관한 올바른 이해가 있어야 가능하다. 하지만 기존의 시·예술론은 물론 심리학, 철학, 정신의학 등의 분야에서마저도 의식과 비의식/무의식에 대한 이해가 부족하고 그 결과 시 창작 원리의 오해로 이어진다. 또한 시와 비평 역시 상호 불신과 오해가 심화되고 있으며, 그러나 보다 심각한 문제는 그로 인해 독자들의 현대 시 텍스트에 대한 불신이 심화되고 있다는 것이다.

사실, 미술의 문제에 있어서는 추상표현주의abstract expressionism, 미니멀리즘minimalism, 개념미술conceptual art 등 사유미학의 예술이 일반으로부터 적어도 불신을 불러일으키지는 않는다. 그러나 특히 우리 시문학의 상황은 전혀 그렇지 못하다. 물론, 시인의 사유 부족과 텍스트 구성의 안일함이 그 요인이 되기도 하겠으나, 근본적 원인은 상징과 사유, 기호와 사유미학의 예술작품 등을 비롯한 현대 시·예술의 생성원리와 작품에 대한 이해 부족에 있다. 이를 해결하기 위해서는 그에 관한 올바른 이해와 교육이 조속히 이루어져야 할 것이다.

4. 맺음

이 책의 주제어는 상징·기호, 의식·비의식, 도식·이미지이다. 아울러, 두 가지의 본질적 원리를 이 자리에서 말할 수 있다면, 시문학에 대한 현대물리학적 세계관의 투사 그리고 상징의 본성은 다름 아닌 동일화의 표상이라는 사실이다. 세계는 근본적으로 분리되어 있지 않은 일자이다. 이것은 고대 파르메니데스의 일자론, 화엄경의 인드라망의 세계관 그리고 홀로그램적 우주관의 현대물리학적 논의와도 합치한다. 선지자들의 직관적 명상과 현대과학의 탐구 결과 역시 우리의 시·예술 창작의 원리와도 동일한 양태로서 일치하고 있음을 알 수 있다. 지금은 비록 시작의 단계에 불과하나, 나는 이러한 경향의 실험적 논의들을 '현대시론'의 분야로 정립하려 한다.

그리고 이 시론에서 빼놓을 수 없는 중요한 논고의 하나는 「산문과 정신」이다. 이 글은 자연·인간·기호·상징(사유)에 관한 글들인데, 시·예술·과학·신화 등 제반 문화의 창조적 생성에 있어서 상징과 기호 그리고 사유가 어떻게 하나로 연결되고 있으며, 그 통일적 원리가 무엇인지 언급되고 있다. 지금껏 시도된 적이 없는 사유와 기호에 관한 본질적이고도 통일적 원리의 논의는 향후, 시적 사유가 제반 문화 예술 현상에 어떤 영향을 미칠 수 있는지, 그리고 시 텍스트의 생성과 비평이 또 어떤 관점으로 제시될 수 있는지를 가늠하게 할 것이다. 그러나 이 글의 진정한 궁극의 의미는 인간의 그 특화된 정신 활동이 어떻게 타인과 자연 속에 하나로서의 평형을 이룰 수 있는지 사유하게 함에 있다. 조화로운 본성 그것은 곧 자애이며 사랑이다. 조화로운 본성은 우리의 의식과 비의식을 진정한 지성에 사용토록 한다.

차 례

제1부

수사학 · 상징 · 기호의
통일에 관한 시론

Ⅰ. 상징과 기호학 / 침입과 항쟁

1. 상징과 역동성

상징은 자동사이다. 개념적 이미지가 아닌 역동적 이미지로서의 실체이다. 기표의 기호학과 기의의 해석학은 타동사로서의 인위소이지만 상징은 스스로 존재해 나간다. '존재하는' 것이 아닌, 스스로 '존재해 나아가는' 과정으로서의 세계이다.

나는 상징을 '제3의 논리'라고 한 바 있다. 에코(1932 -) 역시 "상징적 활동은 이미 알려진 세계를 '명명'하는 것이 아니라 세계를 찾아내도록 하는 것. 상징은 사고의 번역이 아니라 사고하는 기관organs"이라 했다. 에코는 이 말을 『상징적 형식들의 철학』 (카시러)에서 보았다고 했다.

카시러(1874 - 1945)는 "기호란 생각에 대한 단순한 우연적 표피가 아니라 그 생각의 필연적이고 본질적인 기관이기 때문이다. ······따라서 진정으로 엄밀하고 정확한 모든 사고는 '상징적 기능'과 그것을 뒷받침하는 '기호학'에 의해 지지된다."라고 하였다.

불우했던 피어스(1839 – 1914)는 기호학자 이전에 철학자였다. 소쉬르(1857 – 1913)의 언어학적 기호학(semiology)과는 달리 그는 세계에 대한 탐구자였다. 그런 피어스의 기호학(semiotics)은 세계에 대한 인드라망의 연결고리학이다. 세계의 연결고리들의 움직임, 부트스트랩 이론[1]의 한 모형을 그에게서 볼 수 있다. 세계는 정지한 것이 아니다. 정지한 세계, 즉 개념으로의 환원은 고립적 '단순 정위의 오류'[2]를 받아들여야 한다.

물리학자들은 부트스트랩 이론에서 보듯 세계는 결코 하나의 근본적 모형으로 환원되는 것이 아님을 깨달았다. semiology가 아닌 semiotics를 기호학의 학명으로 채택한 1969년 파리 국제 기호학 연구 기구(IASS)의 결정은 적어도 그들로선 옳았다.

그러나 '기표학'으로서[3] 혹은 '상징학'의 종속 학문으로서의 한계……영원한 반쪽, 다시 말해 상징을 증명하는 하나의 징표token

---

1) 실체는 다른 실체와의 관계에 의해 조형되는 그물망으로 세계의 근원적 부분은 존재하지 않는다. 연결성, 관계, 맥락 등으로 이해되는 유기론적 사고관으로 쿼크, 렙톤, 게이지의 소립자론에 밀렸으나, 이러한 물리학계의 상황과는 달리 부트스트랩 이론은 인문학적 사유 세계와 상당한 친족성을 보이며, 궁극적으로 실체 / (陰 · 陽)은 변환 / (流轉)적 과정process의 존재라는 점에서, 입자설은 나이브한 견해일 수밖에 없을 것이다.
2) 실체의 추상(기호)화는 도식 / 이미지의 방식이 있다. 전자는 지시적 방식으로 단순 정위의 오류를 범하기 쉬우나, 후자는 사고의 공간을 설정함으로써 실체 지향적이다. 우리가 1 : 1의 지시적 은유를 지양, 추상의 상징시에 주목하는 까닭이 거기에 있다.
3) '기표학'은 학명 '기호학'에 대한 패러디. 기호학의 대상은 '기호'가 아니라 '상징'이며, 기의가 아닌 기표의 구조적 탐색이다. 따라서 '기호학'은 '상징학' 혹은 '기표학'이 타당하다. 학명 '기호학'의 문제성은 나만의 지적이 아니라, 파리 기호학파들의 고민이기도 하다.

로서의 운명을 지닌 학문이었음을 예감하지 못한 것 같다.

표상자로서의 시인이나 의미 생성자로서의 비평가는 하나의 세계로서의 자신을 자각해야 한다. 세계에서 피어나는 사과나무가 세계를 대신하지는 못한다.

인간의 이원성은 언제나 하나(모순)의 제거(투쟁)를 요청한다. 하지만 인간의 눈은 하나가 아닌 두 개이다. 그 한 쌍의 눈으로서 하나를 인식해야 한다. 비상보성의 이원적 모순, 그것이 인간이라는 '근본적 실체'로서 세계에 드러낸 비극인 것이다.

인간은 결코 세계의 '근본적 실체'가 아니다. 폐쇄된 자아의 눈으로는 인간들 스스로 궁극적 실체일 수 있겠지만 그러나 세계는 결코 근본적 하나의 모형(인간)으로 환원되지 않는다.

상징으로서의 '세계'는 기호학으로서의 기표와 해석학herme-neutics으로서의 기의로 분리되는 것이 아니지만, 상징에 대한 인간의 두 눈은 분리된 하나로써 바라본다.

기호를 말하고, 의미를 발견케 하는 지식과 기술의 총체는 '해석학'이라 부르고, 기호소의 식별, 생성의 요인, 그 연결망 인식 기술의 총체는 기호학이라 명명……(푸코, 『말과 사물』)

그러나 상징은 움직이는 세계이다. 결코, 정지한 세계의 모형 같은 것이 아니다. 상징은 양식으로서의 보조관념vehicle이 아니라 움직이는 바퀴로서의 vehicle이다. 책상은 숨을 쉰다. 책상의 내부 세계는 무수한 진동으로 형태를 유지하며 책상 이후의 세계로 변화해 나간다. 책상은 결코 정지한 것이 아니다.

상징은 스스로 존재하는 세계의 징표이다.

우리가 개라는 짐승에게 사슬을 달고 목걸이를 씌우는 건 편견이다. 그들은 스스로 존재하는 세계의 징표이다. 세계를 '인간'이라는 '근본적 실체'로 환원하려는 의식을 지니지 않은 그것은 자신 스스로 세계의 징표로서 존재해 나갈 뿐, 인간은 두 개의 눈을 가진 슬픈 의식자이다.

2. 기호학의 침입과 수사학

생물학자가 아닌 칸트(1724 – 1804)는 놀랍게도 『순수이성 비판』에서 "각각의 부분들은 다른 부분들을 만들어 내는(그리하여 각각의 부분은 서로가 서로를 만들어내는) 기관으로 생각해야 한다. ……[유기체]란 조직화되는 동시에 또한 자기 스스로를 조직화하는 존재"라고 생각했다.

생태학이나 시스템이론을 빌리지 않더라도, '부분'은 '부분' 저 너머의 세계로 생성되며 자신을 우주화해 나간다는 것은 불문가지이다. 고립된 부분은 생성으로서의 존재 뒤편으로 소멸한다.

세계에 대한 인식으로서의 학문 역시 마찬가지이다. 우리는 수학, 물리학의 상호 불소통을 상상할 수 없으며, 철학, 언어 · 심리 · 생물 · 생명 · 인지학이 별개의 영역으로 고립된 그런 끔찍한 상황을 생각할 수 없다. 시와 언어 · 기호 · 철학은 오늘날엔 전체적 상황으로 조직되고 있다.

우리는 그간 기호학이 기생적 학문이라는 폄하를 받을 정도로
까지 제반 여타 학문에 침착하여 생명을 키움을 목격한다. 뿐 아
니라 기호학은 마치 외계의 생명처럼 자신의 숙주에게 놀라운 힘
을 불어넣어 주기까지 한다.

라캉(1901‒1981)의 무의식의 고정점(point de capiton)을 공박한
데리다(1930‒)의 수사학은 노련한 기호학의 방식이었다. 그는 철
학자라기보다 실험적 기호학자로 보는 게 옳을지 모르겠다. 라캉
의 떠도는 기표가 그러하지만, 데리다의 '차연'은 소쉬르의 언어
학적 차이 개념을 발전한 것이다. 데리다는 소쉬르의 무한 미분적
차이의 기호론과 퍼스의 진행 개념의 역동적 기호학을 연합했다.

라캉은 정신분석에 대수적 기호학을 적용, 무의식을 추적했고,
크리스테바(1941‒)는 정신분석에 기호학을 접목, 기호분석이론이
라 명명하며 철학, 사회학, 언어학의 접목을 시도했다. 바르트
(1915‒1980) 역시 기호학을 통해 '저자의 죽음'[4]을 선언했다.

기호학은 문학의 내부 아니, 프로프, 바르트, 그레마스(1917‒
1992) 등의 담론의 분석술을 말하는 게 아니라,[5] 수사학과 시적
상징의 문제에까지 주사기를 꽂았다. 사실, 수사학은 기호학의 본
향이자 서식지였다. 전통과 통시성을 중시하는 에코의 기호학은
수사학의 비유법 개념들을 이미 흔들어 놓았다. 아니라면 그것은

---

4) 독자 '의미 생성' 중시 개념. 필자 상징론의 4원 구조 중 관계자 개념
   역시 같은 맥락임.
5) 소쉬르로부터 출발한 구조주의 계열의 엘름슬레브, 그레마스 등은 이
   미 기호학의 대상은 기호가 아님을 선언했으며, 피어스는 애초부터 정
   태적 기호 관념엔 관심이 없었으므로 수사학의 문제는 관심 밖이었다.

잠을 자고 있었거나 고집과 독선이다.

수사학에 전통을 둔 기호학은 환·제·은유, 알레고리, 상징 모두 '상징'이라는 속 범주의 종으로 본다.(비유법의 '상징'은 협의의 상징)

기호학과 철학 역시 상징 개념이 있으나 현대의 수사학·시론과는 사뭇 다르다. 아리스토텔레스(B.C. 384-322)는 자연언어, 라이프니츠(1646-1716)와 피어스에게는 수학적 언어 역시 상징이었다.[6]

시를 최고의 상징 형식으로 본 칸트 역시, 자연을 신의 흔적, 계시로 본 스베덴보리(1688-1772)의 사상을 수용하는 쉘링(1775-1829)과는 상징 개념의 폭이 다르다. 수사학은 그 영역을 더욱 엄격히 제한한다.

학문에 있어서 개념의 불일치는 바벨의 저주나 마찬가지이다. 그것은 학문 간 유기적 호환을 원천적으로 막는다.[7] 문학 외부의 이론, 개념들이야 그들의 것이니까 할 수 있겠지만 그것은 우물 안 개구리가 우물의 덮개마저 가리는 격이다.

오늘날 제반 학·예의 장은 상호텍스트적으로 열리고 있다. 이

---

6) 그들은 계약적, 자의적 성격을 상징이라고 하였고, 아리스토텔레스는 피어스의 지표index 성격의 흔적, 자연 현상 등 인과·추론적 관계의 것을 '기호'라 하였으며, 라이프니츠는 현대적 의미에 있어서의 상징이라 할 '직관'물을 기호로 보았다.

7) 흔히 시론 연구자들이 카시러의 상징론을 빌리지만 인용자와 카시러의 각 상징 개념의 정체성이 일치하지 않음을 본다. 그런 경우 논지가 어떤 모양새를 이룰지는 미루어 짐작할 수 있을 것으로 이론의 호환을 위한 제 분야 간의 상징 개념의 통일은 절실한 문제이다.

러한 상황에서 문학의 진정한 주체성은 제국적 학문들의 정체성을 정확히 투시하고 제어함으로써 지켜질 수 있다.

기호학이 문학의 '상징' 세계를 분석해 들어올 때 과연 그들의 경계역은 어디서 이뤄질까. 기호학의 조작적 해체와 분석·조립은 그 주도권을 손쉽게 넘겨받을 수 있을 것이다. 다음은 에코의 발언이다.

사실, 낭만주의 미학은 언어의 시적 사용에서 특정한 의미들을 전달하는 기호학적 전략을 설명하지 못한다. 그것은 다만 예술작품이 생산할 수 있는 효과만을 기술할 뿐이다. 낭만주의 미학은 그렇게 함으로써(미학적 텍스트들에서 의심할 여지없이 특정한 지위를 차지하고 있는) 기호현상의 해석이라는 개념을 미학적 즐김의 개념으로 단조롭게 해 버린다.(에코, 『기호학과 언어철학』)

학문 간의 항쟁으로 변증적 도모를 꾀할 수는 있겠지만 그 혼란은 크다. 무한 변이의 유전자를 지닌 기호학이란 변종의 생물체 그들의 분열적 전략은 기존의 토대와 주춧돌을 모조리 부식시킨다. 그것은 혼란스러울 정도로 개념의 혼미와 정체성의 혼란을 야기한다. 문학이 자신의 지반을 튼튼히 하고 화려한 건축을 실현하기 위해 스스로 기호학이란 외계의 생물을 끌어들일 필요는 없을 것이다.

'기호학의 대상이 기호가 아니라 기호의 작용과 활동인 세미오시스'라는 현대 기호학의 지표는 의미심장하다. 첫째, 그들이 야기한 개념 혼쟁의 책임으로부터 이미 발을 빼고 있다.(아직 상징과 기호의 혼쟁에 대한 책임을 질타한 문학이론가조차 없지만)

둘째, 보편적 상징 세계로의 의미론적 탐구를 의미한다. 물론 그들은 기표망의 탐구라고 할 것이다. 그러나 상징의 의미 역을 다루지 않을 수 없을 것이다.

수사학은 기호학의 관점에서 정태적 기호의 계열적 분류와 나열에 지나지 않는다. 만약 수사학에 기호학이 침윤한다면 화용론적 측면에서 먼저 기생처를 삼아 화학작용을 일으킬 것이다. 그것은 곧 언어철학의 문제로 다가갈 것이며 사실, 그러할 때 수사학은 더 이상 불모의 땅의 망령 취급을 받지 않을 것이다. 이것은 기호학자들의 작업이기 이전에 수사학의 작업 영역인 것이다.

수사학은 형식적 분절성과 정태성을 고색창연한 전통의 율법으로 생각하는 독선에서 깨어나 살아 움직이는 역동성과 현장성을 얻도록 스스로의 껍질에서 깨어나야 한다. 화용론적 입장에서가 아닌 수사학은 사전 속에 새겨 놓은 문자의 화석에 다름 아니다.

3. 상징의 해부와 디나미스

수사학은 비유법의 상징을 협의의 상징으로, 직유, 은유, 환유 등을 광의의 상징으로 규정해야 한다.8) 그럼으로써 수사학은 기호 · 언어 · 신화 · 심리 · 철학 등 여타 분야의 이론과 호환된다.

상징이 언제나 신, 궁극적 실체, 형이상적 세계 등을 암시하는

---

8) 아울러, 기호학 역시, 해석 가능한 것으로 한정하는 기호의 관념을 넘어서야 한다.

것도 아니지만, 비유법의 상징 양식은 수사학자들이 얘기하는 그런 형이상적 세계를 제대로 지시하지도 못한다. 아니라고 한다면 그것은 수사적 상징에 대한 과욕의 투사이다.

구, 절 범위 내에서의 수사적 '상징'은 단편적 이미저리의 문채文彩적 기능에 그칠 뿐 형이상적 실체의 지시나 암시가 어렵다. 그들이 의미하는 원대한 목적의 상징은 적어도 연 혹은 시편 전체를 통해서나 가능하다. 그것도 극단적 추상 상징의 기법으로나 가능할 것이다.

여타 비유법을 상징으로 규정할 경우 그들은 자연스레 광의의 상징으로 편재될 것이며, 그럼으로써 다른 분야와의 상징 개념과 접근이 가능해진다. 물론, 기호학의 기호는 레비스트로스(1908 – 1991)나 카시러와 같이 상징의 범주에 귀속시켜야 할 것이며 그럼으로써 수사학은 풍요한 이론적 배경을 갖게 된다.

서두에서, 상징을 생성적 과정의 자동사라고 했다. 그것은 / 상징 / 의 실존성을 뜻한 것이다. 우리는 개념적 분석에 따른 '단순 정위 오류'의 위험성을 알지만, 이제 상징의 도식적 구도를 제시할 필요를 느낀다.

/ 상징 / 은 제작자, 관계자, 표상체, 대상계의 연결망으로 생성된다.[9] / 상징 / 연결망의 과정적 관계는 제작자 / 표상화 이전, 표상체 / 표상 현전, 관계자 / 표상화 이후, 대상계 / 초월적 현전이며, 이것이 모두 충족될 때 / 상징 / 은 이루어진다.

---

9) 네 요소가 모두 충실할 때 상징은 완전하다.

네 요소의 탐구 대상은 제작자 / 정신계, 표상체 / 기호계, 수용자 / 상징 생성, 대상계 / 현전화이다. 부연한다면, 정신계 / 비의식, 기호계 / 해석의 열쇄, 상징 생성 / 세미오시스의 역동성, 대상 / 실행이다.

또한 표상체의 형성은 문채적 상징과 맥락적 상징으로 구분되며 전자는(통상) 1개의 시어 · 구 · 절, 후자는 적어도 두 개의 절 이상, 연 혹은 온전한 시편으로 이루어진다.[10] 표상체의 구성은 자의적 / 자연적 방식이 있다. 전자는 헤겔이 예찬한 인위적 기호로서 자연 언어 · 수학적 언어 등이며, 후자는 '유사 동질'성 구성의 시 예술의 양식이다.[11]

상징소의 해부학적 나열은 인간소 화학 분자식의 배열 따위에 다름 아니다. 그러나 그 유기적 조직화는 놀랍게도 살아 움직여 초월적 세계로 우리를 안내한다. 그래서 상징은 디나미스로서의 자동사인 것이다.

어쩌면 상징 양식의 문제나, 표현적 이미지, 그 암시적 대상은 중요하지 않을 것이다. 정작 의미로운 것은 현전하지 않은 세계에 대한 관심, 그에 대한 사유의 촉발, '제3의 논리로의 이행'이다. 그것은 '상징'이란 용어의 표면이나 이면에 존재하는 것이 아니다. 그것은 우리 시인들의 정신과 독자들의 영혼에 내재한다.

상징은 우리의 혼을 움직인다. 그리하여 우리로 하여금 존재에 관한 참된 통찰에 이르게 한다.

---

10) 참고로, 하이꾸나 선시의 경우는, 그 한두 행은 이미 맥락적 관계로서의 함축성을 지닐 것으로 문채적 상징으로 보지 않을 것이다.
11) 하지만 현재 시 · 예술은 말라르메, 뒤샹이 선구적으로 제시했듯 강제적 기호 결합의 자의적 상징을 주류로 사용한다.

> 나무를 바라볼 때 나는 곧 나무가 아닌가?
> 나무를 생각하는 나는 푸른빛으로 물들어 있지 않은가,
> 녹색으로 빛나고 있지 않은가,
>
> (「꿈」 부분)

왜, 나는 이곳에 있으면서 저곳에 있는 걸까. 왜, 나는 혼자이면서 모두와는 떨어져 있는 걸까. 나는 걷고 있지만 나무는 저곳에 서 있다. 어디에 그토록 틈새가 있어 우리는 가벼운 톱질에도 쉽게 갈라지고 마는 것일까!

이것은 내가 세계를 사랑하지 못하는 근본적 이유이다! 그래서 나는 매일 같은 거리에서 같은 생각에 골몰하기로 한 것이다.

> 나무를 바라볼 때, 나는 나무가 아닌가,
> 왜, 나는 이곳에 있으면서 저곳에 있는 걸까.
>
> 왜, 우리는 하나이면서 서로는 나뉘어져 있는 걸까?

제2부

비평은 상징 생성의
장(field)이다

Ⅰ. 비평과 해석학적 중독

— 해석이 상징이라면, 비평은 또 다른 상징의 생성이다.

비평은 약호의 사전서가 아니다. 하지만 비평은 종종 사전이 되고자 애를 쓰며 시 텍스트로 하여금 사전적 약호 체계의 산물일 것을 주문하는 것 같다. 이러한 현상은 어제오늘의 일이 아니지만 최근 젊은 시인들의 자의적 상징의 시편들에 대한 비평을 접하다 보면 그런 생각이 다시 인다. 시인은 질료적 기호체로서의 텍스트를 만들 뿐이지 의미 자체를 만들지 않는다.

20세기 초엽 카시러는 표현적 또는 재현적 상징보다 순수 의미 작용의 상징을 가장 수월한 단계로 보았다. 카시러의 순수 의미작용이란 소쉬르가 언어 기호학의 제1의 원리로 삼았던 '자의적 arbitrary' 결합의 방식 그것에 다름 아니다. 물론 카시러의 '순수의미 작용으로서의 상징'이 뒤샹이 행하였듯 눈 치우는 삽에다 「부러진 팔에 앞서서」와 같은 전혀 무관한 자의적 제목을 붙이는 식의, 시적 기호체의 작품 제작방식에까지 사유를 진전시켰던 건 아니다. 하지만 수학이나 과학에서와 마찬가지로 오늘날 시나 예술 역시 자의적 구성의 상징 기법은 보편화되고 있으며, 시·예술에서의 그러한 자의적 상징의 기법은 자의성의 기호에 대한 헤겔의 헌사처럼 '낯선 의미를 혼으로서 부여'하는 새로운 문명의 이식과도 같은 충격을 전해 준다.

실은, 현대 예술은 20세기 초엽의 뒤샹 그리고 그 이전 19세기 중엽 이후의 인상파 화가들, 시에서는 말라르메에 이르러 이미 자의적 구성의 상징 세계로 들어섰다. 그때 이미 예술은 텍스트에 내재하는 것이 아니라 작가와 관계자의 자의적 구성의 상징 그것에 있다고 말할 수가 있었다. 우리가 작품이라고 부르는 텍스트는 엄격히 말해 '상징 생성'의 매개체일 뿐이다. 그렇다면, 텍스트에 대한 비평적 해석이란 무엇일까? 그것은 텍스트에 대한 기호학적 해석 다시 말해 시작의 양식과 그 문법들에 대한 관심으로 모아진다.

자의적 상징의 텍스트에 있어서는 더욱이 그러하다. 비평에 있어서 의미의 생성이 있었다면 그것은 온전히 비평가 사적 개인의 것으로 간주되어야 한다. 그러나 이러한 문제에도 불구하고 어떤 비평의 경우, 재구성12)되지 않는 텍스트의 자의성을 질책한다. 그러나 의미의 문제에 있어서도 그러하다. 의미는 지식이나 추론적 이성에 의해서만 얻어지는 것이 아니다. 기상학자는 먹구름의 데이터를 읽고서 비가 올 시기와 그 양을 추정한다. 그러나 어부는 하늘의 먹구름을 읽고서 폭풍우의 시기와 그 강도를 짐작한다. 시를 읽고 접하는 것은 어떤 면에서는 매우 특이하게도, 감각적이고 실존적 차원의 일이다.

의미의 생성에 있어선, 자의적 상징의 텍스트를 접할 경우 비

---

12) 텍스트를 통한 새로운 상징의 생성 행위.

평자 역시 한 사람의 독자에 다름 아니다. 이때 비평가의 주요한 임무는 텍스트(기표적 표상체)에 대한 기호학적 관심, 즉 기표적 표상체에 관한 문제이고, 의미의 생성은 독자의 몫으로 돌려져야 한다. 특히 자의적 상징에 있어서 텍스트를 의미체적 사전이나 하나의 진리와 같은 것으로 다루고자 한다면, 그것은 수사적 태도의 해석학적 중독 현상에 다름 아니다. 이것은, 시 텍스트를 구성하는 시인들 역시 마찬가지로 해당하는 문제이다. 시인은 '의미'마저 형식으로 표상해야 한다. 그렇지 못할 경우 '자기 전경화'(텍스트를 객관화시키기보다 작가의 무의식을 드러내는 현상)에 빠질 수 있다.

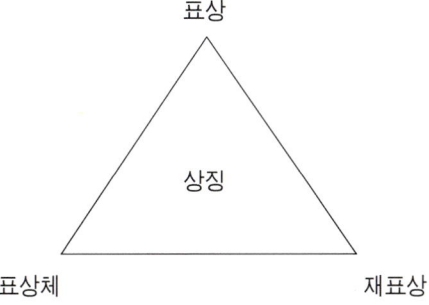

* 동일화의 표상, 즉 상징은 표상, 표상체, 재표상의 관계망을 이룬다. 표상은 시인 내부에서 생성되어 의식에 기호화되어 있는 관념, 표상체는 소위 이르는 텍스트이고, 재표상은 독자나 비평가의 표상(상징) 행위이다. 위 세 영역은 공·시적으로 분리되어 있는 것으로 보이지만 하나의 연결물로서 상징symbol의 각 다른 면들이다.

해석은 또 다른 창조적 상징 생성의 행위이다. 상징은 동일성(사전적 약호와 텍스트의 의미에 관한) 비교에 의한 확인과 그런 유의 믿음 같은 것이 아니다. 상징은 사전 밖의 세계에 대한 직관적 통찰의 획득이다. 그럼에도 우리가 추론적 해석의 비평에 대해 그러한 상징의 지위를 부여하는 것은 비평적 해석에서도 그와 같은 비약적 직관을 요구하는 까닭에서이다. 적어도 비평가로서의 해석은 단순한 동일성 확인에 관한 비교적 차원의 확인을 넘어서는, 융의 표현을 빌리자면 '보이지 않는 기슭을 향하여 던져지는 다리'와 같은 직관적 상징의 해석을 소망하는 것이다.

추론13)과 단정 행위는 원관념이 제공되지 않은 미지에의 상징 행위이다. 그 연결물이 해석이라는 비평의 작업이다. 그러니까, 말하자면 비평은 미지의 세계를 찾아나서는 또 하나의 상징 생성의 행위인 것이다. 알고리듬적 진행의 작업이나 주어진 약호들에 대한 기술물이 아니라는 말이다. 자의적 상징의 텍스트는 의미에 대한 지시체가 아니라, 의미를 생성하게 한다. 상징은 표상되는 순간에 의미가 생성된다고 한 헤겔이나 에코 등의 언급은, 우리의 인식과 마찬가지로, 시의 텍스트가 사전이 아닌 그 이상의 어떤 것임을 이미 이해하고 있었음을 보여준다.

시의 텍스트가 개성을 상실하고 있다지만, 비평 역시 이미 그러한 지 오래다. 시인은 정독을 소망한다. 그러나 비평 역시 1회용 포장지로 전락된 지 오래다. 매너리즘에 빠진 시의 경우 하나의 원형이 예견된다. 비평문 역시 마찬가지이다. 하나의 문장, 하나의 단락은 하나의 개념을 상징한다. 그러나 진부한 용어들 위에서는 시선이 머물 곳이 없다. 비평이 비평가라는 사전적 주석

---

13) 추론은 도식적 양태의 상징으로, 도식적 상징에는 형식 · 변증의 논리규칙, 문법, 함수관계, 알고리듬 등 여러 약호적 체계의 표상 유형을 들 수 있다. 도식을 '표상'이라고 하였지만 도식의 표상은, 질료적 기호로 재현되는 자연적 상징 등과는 달리 우리의 내부에 직관의 양식으로 자리한다. 현상 이면의 본질의 한 유형으로 이해할 수 있다.

가의 기술에 그치고 말 수 없듯, 시문詩文 또한 주석가의 해설을 요구하는 고생대의 화석 같은 죽은 낱말의 나열에 그쳐서는 곤란하다. 비평가에게 있어서 시인은 의미의 생성자가 아닌, 시문, 즉 예술의 문법을 창조하는 자이다.

우리는 칸트를 비롯하여, 시 형식의 문법이 천재의 개념과 관련지어져 결코 학습될 수 없는 것으로 언급됨을 종종 보게 된다. 그러나 그것은 수사적 의미로 한정되어야 한다. 시 · 예술은 학습될 수 있고, 학습되어 왔으며, 교실에서의 얘기와는 달리 과학사와 마찬가지로(근대 이후 과학의 발전 속도와 논할 수는 없을 것이지만) 예술의 창조적 기술과 기능은 줄곧 축적되고 발전되어 왔다. 하지만 이 비효율적 현상은 비의식의 예술을 학문이라는 의식 세계의 순금으로 변성시켜야 할 장인, 비평가인 연금술사들의 무관심에 많은 부분 그 책임이 있다.

예술은 비의식14)의 행위라고 해도 과언이 아니다. 우리의 의식15)이라는 것도 실은 비의식의 결과물일 뿐이지만, 비의식이 얕

---

14) 비의식은 창조적 정신작용, 즉 상징을 생성하는 정신계 또는 그 작용이다. 무의식은 정신의학적 측면에서 사용되는 용어이고, 그것도 창조적 정신 기능이 아닌 개인적 콤플렉스의 이상 징후와 관련하여 사용하는 용어이다. 그 점은 프로이드는 말할 것도 없고 칼 융 역시 마찬가지였다. 단지, 칼 융은 집단무의식의 경우 신화소적 상징의 생성처로 보고 있으나, 그 점을 제외한다면 칼 융이 집단무의식을 창조적 정신작용으로 지시하였다고 볼 근거가 없다. 한편 쉬르레알리슴의 자동기술과 관련하여 연구자들은 한결같이 '무의식'과 결부 지으나 그것은 처음부터 무의식의 성격에 대한 이해의 부족에 기인한 것이라 하겠다. 윌리엄 제임스 등 철학에서의 '무의식' 개념 역시 상징 또는 창조적 사고 기능의 원천으로 보지 않았다. 오히려 분트는 심리학을 의식의 문제로 한정하기까지 하였으며 칸트, 피어스, 카시러 등은 상징의 생성과 관련하여 무의식에 관하여선 외면하였다고 말할 수 있다.

은 곳에서 의식과 의도적 기호물이 생성되지는 않는다. 고래는 연못의 물고기가 아니다. 새로운 시문법은 깊은 비의식 속에서 끌어올릴 수 있다. 그러나 시인들은 고대의 철학자가 조롱한 바 있듯, 그들은 말을 하고도 무슨 말인지 모르는 때가 많다. 어떤 보석 같은 광휘를 발하는 어문들을 쏟아내어 놓고도 정작 자신은 그 의미와 가치에 대해선 분별하지 않는다.

예술이 충분히 학습되거나 축적되지 않는 가장 큰 이유가 사실은 그곳에 있다. 그러한 시인, 예술가들의 무관심과 맹문을 대신하여 시·예술을 밝은 의식계로 인도해 내어야 하는 책무가, 비평가에게는 있는 것이다. 사후추론적 논의들인 수사학과 논리학이 시·예술을 창작게 하고 훌륭한 논리를 구사하게 할 수는 없다. 그러나 오류와 미망 속에서의 착오의 과정은 줄게 한다. 사실 그것은 현재를 살아가는 우리들이 다음 세대들을 위하여 해결해 나가야할 과제이다. 사후추론적 해석의 작업으로서의 비평이 한갓 사전적정의의 기록과 재단에 그쳐서는 안 되는 이유가 거기에 있다.

기호와 대상, 그리고 상징과 대상의 관계를 점선으로 나타낸 이유는, '대상'은 상징이나 기호의 의미적 쌍으로서 대응되는 것이 아니기 때문이다. 사람들은 간혹 기호의 삼원소를 제시하면서 기호는 의미를 통해 간접적으로 대상을 지시한다고 말한다. 그러나 기호나 상징이 지시하는 '대상' 그것은 단순한 대상 그 너머에 존재하는 '세계' 또는 '존재자' 그것이다. 의미의 미끄러짐은 단순한 개념적 윤전에서가 아니라 현상과 본질, 즉 실체를 향하

15) 비의식과 관련하여 말하자면, 비의식에서 진행된 상징생성을 위한 신경·생리적 신호작용의 결과물을 기호적 표상으로 나타내는 정신작용이라고 간략히 말할 수 있다.

여 진행되어야 한다.

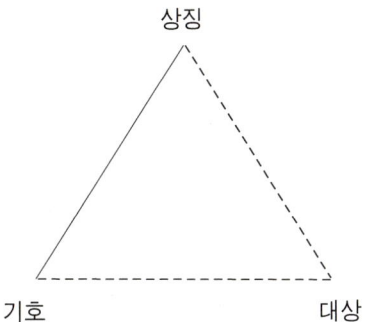

상징

기호   대상

* '동일화 표상'의 기능으로서의 상징은 기호에 의미의 형식으로 투사되어 내재한다. 뿐만 아니라 상징 없이 기호는 생성되지 않으며 상징은 기호 없이 생성하지 않는다. 그와 같이 상징과 기호는 다른 그 둘이 하나라 할 만큼 밀접한 관계에 있지만, 기호와 상징을 표상하는 '대상'은 아주 다른 세계의 것이다. 대상은 다름 아닌 존재 그것으로서 현상과 실체의 양면을 띠고 있다.

상징과 기호16)는 세계와 존재에 대한 이해의 방식이다. 우리는 통상 현상으로부터 비롯하여 상징을 생성하고 기호를 표상하지만 상징과 기호의 텍스트는 실체를 지향한다. 상징물로서의 시·예술의 텍스트는 과학이나 마찬가지로 존재와 세계에 대한 재귀적

---

16) 기호 생성 작용(semiosis)의 이면엔 상징의 기능이 작용하고 있다. 그러한 점에 있어서 도식(가추법 등)을 기호로 환원시키고자 한 피어스의 노력은 비본질적인 것으로 이해한다. 라이프니츠의 보편문법의 논의를 이어받은 카시러는 '사실의 논리'는 '기호의 논리'에 종속되어 있거나 그와 하나를 이룬다고 생각하였으나(1923) 카시러는 기호와 상징을 분리(1944)시켰다는 점에 있어서 라이프니츠와 피어스보다도 진전된 사고를 가졌다고 할 것이다. 피어스가 '사고-기호'라고 하였듯 피어스는 상징(사고)과 기호를 하나로 보았으나 사고와 기호의 상보적 생성에서만이 아니라 사고로서의 상징은 텍스트로서의 기호에 투사된다는 점에 있어서도 그러하다. 기호와 상징은 분리적인 것이면서 또한 하나이기도 하다.

물음의 기호작용이다. 비평의 세미오시스 역시 기호의 대상은 실체적 본질에 바탕을 둬야 함은 말할 것이 없다.

은유와 시는 초점적 과학이 제시하지 못하는 존재론적 인식과 성찰을 유도한다. 과학이 초점적 추상화의 철학을 추구한다면, 시·예술로서의 은유와 상징은 실체적 존재론의 인식을 추구한다. 은유는 형식논리의 입장에서는 기만이나 거짓이다. 그러나 모순적 현상의 내부에 은유는 통일적 참된 사실을 내포하고 있다. 시적 은유의 힘과 본질은 거기에 있다.

자연의 세계로 나침반을 돌려놓을 수 없는 현금에서 은유는 신화의 훌륭한 대유물일 수 있다. 그것은 우리가 서사보다도 찰나적 통찰이 더 힘을 발휘하는 시대에 살고 있기 때문이기도 하지만, 좌뇌적 사유에 의존하는 과학 못지않게 은유는 더 깊은 비의식의 자연에 닿아 있기 때문이다. 비평이 이러한 사실을 간과한다면 비평이야 말로 한낱 공소한 수사적 유희에 그치고 말 것임을 인식해야 한다.

시가 하나의 감추어진 사전이 될 수도 있을 것이다. 그리고 비평 역시 약호들의 체계물로서의 사전 그것일 수 있을 것이다. 그러나 그것이 전부일 때 과연 사전의 겉표지와 시 텍스트의 차이점은 무엇일까? 비평은 참고서가 아닌, 원전으로서의 법문法文으로 또 하나의 상징 행위를 요구하는 상징 작용이어야 한다. 상징은 사전적 조회照會나 그 어떤 수사학적 또는 알고리듬적 전개의 산물이지 않다. 상징은 비의식의 직관과 통찰의 산물이다. 비의식의 시·예술의 도식을 의식의 빛으로 투사해 내어야 하는 이유를 오늘의 비평계는 인식해야 한다.

제3부

상징 · 기호 · 의식 · 비의식과
시 · 문화의 생성

Ⅰ. 산문과 정신

글을 시작하며

시의 유의미성에서 '쾌'의 문제를 제외할 수는 없을 것이다. 우리는 시에 일상적 쾌도 담을 수 있지만 지적, 영적 쾌도 담을 수 있다. 현자 아리스토텔레스(Aristoteles, B.C. 384~B.C. 322)는 『시학』에서 인간은 날 때부터 모방된 것에 대하여 쾌감을 느낀다며 모방의 쾌감을 '배움에 대한 욕망'과 결부 지었다. 앎은 인간에게 있어서는 생존의 필수적 수단이자 도구이다. 수렵·채취의 시대에 짐승들의 습성을 아는 것은 부족의 생명과 생계를 유지하는 필수적 요소였다. 그러나 오늘날 '앎'의 개념은 매우 달라졌다. 엘빈 토플러(Alvin Toffler, 1928~)는 『부의 미래Revolutionary Wealth』에서 "기업이란 머지않아 특정 기간 누가 어떤 정보에 접근할 수 있는지에 따라 정의될 것"이라는 전 미 노동장관 로버트 라이시(Robert Reich, 1946~)의 언급을 인용하며, 학계의 경계 역시 허물어지는 추세이고 캠퍼스에서의 많은 작업들 또한 점점 더 학과를 초월해서 행해지고 있음을 언급한다.

시의 경우에 있어서 사포(Sappho, B.C. 612~B.C. 580년경)의 시대에는 일상적 생활관계 속의 희로애락이 정서와 미에 관한 쾌를 생성하는 주 요소였다. 그러나 존 던(John Donne, 1572~1631)에 이르면 지적·영적 존재론이 결부되고 있고, 19세기 말의 말라르메(Stéphane Mallarmé, 1842~1898)에 이르면 인간의 정신이 육체적 생활계의 쾌를 완전히 벗어난다. 이것은 인간의 정신이 자연의 본성에 더욱 가까이 다가가고 있다는 말이다. 이어서 실존사상은 마르크스(Karl Heinrich Marx, 1818~1883)주의와 더불어 우리를 다시 몸적 관심의 영역으로 옮기게 했다. 그러나 대중적 지식층은 인간을 육적 존재로 경도시켰을 뿐, 그들의 진정한 의미나 가치를 전달하는 데는 실패했다. 어쩌면 이러한 현상은 당연한 일인지도 모르겠다. 자연의 기호로서의 인간의 정신은 자연의 원형 속에서 영원히 변주되는 것이다.

자연의 속내 깊이 들어가 보고 싶었던 나는 시와 산문을 달리 보고 싶지 않았다. 무크지 『시21』 제6집(2000년)의 「안개의 숲」은 시론과 존재론을 시 형식을 빌려서 쓴 글이다. 그것은 분명 시이지만 나는 하나의 이론을 시의 양식으로써 제시해야 한다고 생각했다. 이후 존재론적 장시를 하나 더 보태어 시집으로 내고 싶었지만 나태함으로 인하여 쓰지 못했다. 그러나 이번에는 조금 빛이 보인다. 『문학마당』에서 이 글을 쓰게 해 준 것이 좋은 계기가 되었다. 이 글은 '소개말' 외 네 개의 조각으로 이루어졌다. 그중 세 번째 글을 제외한 다른 세 조각의 글은 자연·인간·기호·상징에 관한 글들인데, 내가 쓰고 싶었던 장시의 좋은 노트가 될 것이다.

그 세 조각의 글들은 일직선의 직렬적 구성이 아니다. 그런 관계로 글의 중심을 찾고자 하는 독자들은 매우 난감할 것이다. 그 글들이 처음부터 장시의 노트로 작성되었거나 그런 이유로 아포리즘적으로 기술된 것은 물론 아니다. 내 두 번째 시집의 시편들 역시 의미 기연적起緣的 형식을 지녔지만, 자연과 인간, 기호라는 주제를 다루다 보면 우리의 앎과 자연의 현상들이 모두 유기적으로 연결되어 있어 처음과 끝의 구분이 사실상 무의미하며 그 어디나 처음 혹은 입구가 될 수 있고 허리가 될 수 있음을 알게 된다. 이런 마당에선 일직선적 글쓰기가 성립될 수 없다.

사실 지식 다시 말해, 기호란 어디까지나 자연에 대한 우리 인간의 자의적 접근의 구성물로서 '관계자'의 입장을 제한한다. 그러한 관계로 이와 같은 '병렬적 글쓰기' 혹은 '하나로서의 글쓰기'를 수행하면서 연역적 직선형의 방식을 비판한 이들은 반구조주의 경향의 우산 아래서 쉽게 찾을 수 있다. 야콥슨은 음악의 화음성을 예로 들어 소쉬르의 발화의 선형성linearisation을 비판하였으며, 그레마스(A. J. Gremas, 1917 – 1992)와 그의 제자 코르테는 이론서를 『기호학과 언어 · 분석의 사전』이라는 제명에서와 같이 하나의 사전적 양식으로 꾸몄다. 이것은 이론 체계의 기술이 특정된 방향의 선형적으로만 기술될 수 없다는 인식을 실행한 것이다. 데리다(Jacques Derrida, 1930~2004) 역시 『그라마톨러지』에서 '선형성'이 야기하는 상징적 사고의 억압성에 관하여 강하게 비판했다.

그들은 연역적, 명시적 도식의 기술이 실체로서의 존재의 심층을 나타냄에 있어서 얼마나 표피적인지를 충분히 인식하고 있었다. 후기의 들뢰즈는 하나의 가설들을 진술하면서 그 체험적 확인은 독자들의 몫으로 돌리고 있다. 그러한 들뢰즈는 어쩌면 수사학 자체를 즐기는 듯함에 그치기도 하여, 회의적 해체론자로 오해를 받기도 하는 데리다와 마찬가지로, 오해를 받을 소지가 다분하지만, 한편 자신의 방법론에 관하여 들뢰즈는 진지하게 설명한다.

「1730년 – 강렬하게 되기, 동물 – 되기, 지각 불가능하게 – 되기」(『천의 고원』)에서 그는 "판은 숨겨진 원리일 수 있다. 판 자체는 주어지지 않는다. 판은 본성상 숨겨져 있다. 우리는 …… 판을 추론해 내고 귀납하고 결론을 이끌어낼 수 있을 뿐이다. 형식에는 숨겨진 구조가 필수적이며, 주체에는 비밀스런 기표가 필수적이다. 그렇기 때문에 판 자체는 주어지지 않는다. 그것은 유비의 판이다. 전개에 있어 탁월한 항을 지정하며, 때로는 구조라는 관계들을 설립하기 때문이다. 조직의 전개의 원리는 자신을 전개하거나 조직하는 것과 직접적인 관계를 맺으면서 자기 자신에게 나타나지 않는 것이다. 판은 특정한 판으로 주어질 수 없으며, 이 판이 전개하는 형식들과 이 판이 형성하는 주체들로부터만 추론될 수 있을 뿐이다. 이 판은 이 형식들과 이 주체들을 위해 존재하는 것"이라고 주장한다. 나는 들뢰즈의 이 분명한 인식이 진정으로 그들의 글에 대한 책임을 담보하길 희망한다.

「리좀」을 『천개의 고원』의 백미로 사유자들이 여기는 것은 「리좀」은 '존재'의 심층 속으로 사유가 뿌리를 뻗고 있기 때문이다. 들뢰즈는 "어떤 것을 정확하게 그려내기 위해서는 비정확한 anexacte 표현들이 반드시 필요하다. 비정확함은 결코 하나의 근사치가 아니다. 반대로 그것은 일어나는 일이 지나가는 정확한 통로"라고 말한다. 『신화와 형이상학』의 저자 조르주 귀스도르프 (George Gusdorf, 1912~)는 지성은 동시대인을 무의미의 미로나 방향 상실의 혼란으로 빠뜨릴 것이 아니라 분명한 무엇을 말해 주어야 한다고 말한다. 물론, 지성의 '판 놀이'가 수사적 유희에 그쳐서는 안 될 것이다. 그러나 귀스도르프의 말이 곧 동시대인 들의 사유의 중지를 의미한다고는 생각하지 않는다.

이 글은 지식에 관한 글이 아니라, 앞서 얘기하였듯 하나의 시 편적 성격으로서의 글이다. 그러나 또한 산문인 이상 글의 의도 는 분명히 내재되어 있다. 그것은 자연은 하나라는 인식과 영성 의 회복이다. 그러나 그와 더불어 이 주제의 건너편에 자리하는 또 하나의 주제는, 세계는 '앎'의 차원이 아니라 '체험'적 차원의 것으로서 존재한다는 것이다. 아무리 명료하여도 지식은 지식에 불과하다. 앎은 체험적으로 체득될 수밖에 없다. 플라톤이 지식의 선천성을 언급하고 소크라테스가 자신의 가르침을 산파술에 비유 한 것 역시 그러한 의미에서이다.

시간이 없는 독자라면 넷째 글 "자연 · 사유 · 기호"를 읽는 것 만으로 족할 것이다. 이 글은 첫째 글과 둘째 글에 대한 세부적 언급이지만, 이 장엔 사유와 상징, 기호의 위상학적 관련성과 그 들의 생성 원리가 언급되어 있다. 카시러의 문화철학적 상징이론 이 거시 담론적이라면, 시 창작과 관련한 화자의 상징이론은 미 시적 영역의 논의들이다. 이 넷째 글은 인간 · 자연 · 상징 · 사유 · 기호는 물론 시 · 예술 · 과학 · 신화 등 제반 문화의 영역들이 본 질적으로 어떻게 하나로 연결되고 있으며, 그 통일적 원리가 무엇인지 언급되고 있다. 지금껏 시도된 점이 없는 사유와 기호에 관한 이러한 통일적 원리의 논의는 향후, 시 텍스트 생성의 원리가 제반 문화 현상들에 어떤 영향을 미칠 수 있으며 어떻게 융합될 수 있는지, 그리고 시·예술 비평이 또 다른 어떤 관점에서 제시될 수 있는지를 알 수 있게 할 것이다.

시간이 있는 독자라면 나머지 세 조각의 글들을 읽을 수 있을 것인데, 첫째 글 "정신; 자연의 기호"는 자연·정신·물질(신체)·기호가 동일한 하나의 위상학적 관련성 속에 있음을 말하기 위한 글이며, 둘째 글 "정신; 회전하는 기호"는 자연의 원형적 본성은 차이를 통해 현전하며 그러한 자연의 본성은 인간에게 동일성의 상징과 차이성의 기호로 주어진다는 것을 말하고 있다. 셋째 글 "정신; 차안과 피안에서"는 자연의 기호로서의 인간의 그 특화된 정신 활동이 어떻게 자연, 즉 하나로서의 세계 내에서 평형을 이루어내는지, 그 영적 활동에 관하여 김정란 시인을 비롯한 다섯 분 시인의 시편을 중심으로 살펴본 주제적 언급이다.

1. 정신; 자연의 기호

스토아학파에서 정신[17]은 질료적인 것이다. 자연학자들인 스토

---

17) 물체, 신체, 육체, 몸, 물질의 상관 대립어인 '정신'은 1870－80년대 일본인들의 Spirit · Geist 등에 대한 번역어로서, 우리 고유의 유사어로는 정기, 정령, 영혼(영, 혼, 넋, 얼), 마음, 생명, 의식, 이성 등이 있다. '영'(靈, spirit)은 히브리어 '루아흐', 헬라어 '프튜마', 라틴어 'spiritus'로 표기하고 사전적인 뜻은 하나님, 신들 그리고 일반적으로 무형의

아학파는 인간을 포함하는 '물질주의적' 우주관을 가졌다. 그러나 영지주의gnosticism자들에게는, '정신'은 조형적 물질에 혼을 집어넣는 우주의 형식원리이다. 신플라톤학파에게 정신은 비물질적인 것과 물질적인 것 사이의 중간자로 간주된다. 정신이란 영혼을 둘러싸고 있으면서 영혼과 육체의 오염된 접촉을 방지한다. 그리고 아우구스티누스에 이르러 정신spiritus은 비물질적 실재 곧 신이나, 인간의 영혼을 의미한다.

'정신' 개념이 철학사에 뚜렷이 나타난 것은 데카르트의 마음·몸, 정신mens·물체corpus라는 이원적 실체론에서다. 그것은 기독교의 전통적 사고와 수학적 자연과학의 지식을 화해시키고자 한 것이나 이후 그의 의도와는 달리 사람들로 하여금 인간의 영혼과 육체를 완전히 분리하게 하거나 또는 상호작용을 한다는 등의 생각을 갖게 하였다.

한편 로크는 세 가지 실체(신, 유한한 정신들finite, 물체들bodies) 중의 하나로 정신을 다루었고, 버클리는 '존재는 지각된 것', 마음을 '지각들의 다발'로 이해함으로써 정신의 실체성이 부정된다.

존재들 및 인간성 속에 내재된 신적인 요소를 가리킨다. 그 의미는 '공기의 움직임, 바람, 호흡, 공기, 미풍' 넓게는 '생명의 본질'로 해석할 수 있다.
'영성'(靈性, spirituality)이라는 용어는 성경에는 나오지 않는다. 그러나 영Spirit이라는 단어는 많이 나타난다. 그러니까 영성은 영의 형용사형인 영적인spiritual이라는 말에서 발생된 것으로 이해할 수 있다. 한자 표기로서의 '靈性'은 신령한 품성이나 성질을 뜻함에 비해, 영문으로서의 spirituality는 영적인 부분과 함께 정신적인 영역을 포함한다. 문화적 현상에서 '영성'은 다양한 현대사상의 영향하에서 폭넓게 사용되고 있고, 문학의 경우 정신주의와 관련시켜 본다면 종교적인 것에 한정하지 않은 보편적 개념으로서의 영성을 생각할 수 있다.

그리고 인식의 주관성을 지적한 흄을 뒤이어 칸트는 인간의 보편적 인식기관인 '초월적 나(자아, 주관, 주체)'를 제시한다. 그러한 칸트는 인식기관으로서의 '나'와 보편적 도덕행위의 주체로서의 '인격'을 언급한다.

그러니까 칸트에 이르러 '보편적 인식기관'이 아닌 인간의 '정신'은 철학의 대상에서 배제되는 셈이다. 사실 『순수이성비판』은 초험적 영혼론자 스베덴보리에 대한 비판의 결과물이었다. 그러나 헤겔은 '정신Geist'을 세계생성과 운동의 중심에 놓는다. 헤겔에 있어서 정신은 자기 동일성을 유지하는 불변의 절대자인 실체이며 세계의 역사는 '세계정신'이 된다.

그러나 19세기 후반 이후 사람들은 정신·영혼·마음의 존재를 인정하길 꺼려한다. 20세기 중반에 플레이스(U. T. Place)는 '의식은 두뇌 과정'이라는 물리주의적 원칙을 주창했다.("*Is Conciousness a Brain Process?*") 이후로 정신·마음·자아 같은 물리적 언어로 치환되지 않는 용어들은 형이상학 혹은 수사학적 용어로 간주된다.

오늘날 심리학과 철학은 정신을 '의식'으로 대체한다. 뇌와 신경·생리적 작용을 중심으로 인간의 의식의 내용인 사고와 감정을 다룬다. 다음은 현대 심리학의 의식의 생성에 관한 기술이다.

의식 생성은, 현실계의 물리적 에너지가 신체의 수용기receptor를 자극하여 생리적 에너지로 치환(생화학적 변화와 생물전기현상으로 측정), 생리적 에너지는 수용기에서 구심성신경을 통해 대뇌피질(뇌의 가장 윗부분의 외피층: 新腦neocortex)에 도달됨으로써 나타난다. 즉 의식적 자각이 수반되는 주관경험으로서의 심

리과정이 나타난다.[18]

현대의 심리학은 의식의 생성에 관하여 생체생리학적 측면에서 접근한다. 그런데 여기서 알 수 있듯 의식이란 단지 대뇌피질, 즉 고립적 뇌에 의해서만 일어나는 작용이 아니라 '수용기'라는 감각기관과 구심성신경이라는 전달기관 등이 뇌와 연결되어 하나로 연합된 그 과정들의 결과로서 생성된다는 것이다.

전달된 자극 정보들이 대뇌피질에서 어떤 생화학적 전기현상의 작용으로 삼라만상의 환상적 상들이 생성[19]되는지는 알려지고 있지 않다. 하지만 우리가 분명히 받아들일 수 있는 것은 의식[20]의 생성은 신체 외부의 자극과 뇌로의 전달 과정이 하나로 연결되어 있음으로써 가능하다는 사실이다.

중추신경계가 세계를 아는 것은 활성화된 뉴런의 내용에 기초한다. 우리는 세계 그 자체를 아는 것이 아니라 신경들에 의해 일정한 방식으로 환원되어 표상된 세계를 알고 있다. 이런 우리의 의식적 경험의 내용과 감정, 사고 등의 정신과정, 즉 '정보'는 선별적인 뉴런 혹은 뉴런집단의 활동결과이다.

뉴런은 연접을 통해 흥분적, 억제적 신호를 전달받아 특정 신경 가지를 통해 입력되는 신호를 강조하는 등 일정한 방식으로 이 입력들을 통합하고 세포막의 흥분 역치와 비교하여 출력을 결

---

18) 정량은, 『심리학통론』(서울: 법문사, 1982), pp.386 – 387.
19) 자연에 관한 '표상' 기능을 말한다. 표상은 사유, 즉 상징과 그 기호화의 최초의 형태이다.
20) 여기서의 '의식'은 단순히 '정신작용'을 의미한다.

정한다. 각 뉴런에 의한 이러한 비교적 단순한 입력이 일정한 방식으로 연결되어 일시에 신호를 처리함으로써 지각, 기억, 판단 등의 정신기능이 가능해진다.

인간은 개체로서의 생존과 욕구의 충족을 위해서 피부나 눈, 코, 귀 등의 거시물리적 감관작용에 의한 지각을 얻지만, 타자와 자연과의 평형을 위해서는 그러한 거시물리적 감관작용의 활동을 극소화하고 미시물리적 정신작용을 활성화한다.

그런데 정신과 육체를 별개로 여기는 건 무슨 까닭에서일까. 그것은 우리가 '의식'[21]이라는 거울을 지녔기 때문이다. 미시물리적 정신작용은 지각이나 자각되지 않는다. 그러나 그 결과는 의식이라는 신비로운 빛의 현상으로 인지된다. 이 의식의 빛이 우리로 하여금 정신과 육체를 별개의 것으로 오해하게 한다.

물질과 정신은 원시 사회에선 현대물리학의 관점과 같이 동일한 하나였다. 그러나 현대인은 의식에 의해 물질과 정신이 분리되고 말았다. 융 역시 인간이 의식을 강화시킴에 따라 원시적·정신적 에너지와의 접촉을 잃어버렸을 뿐 아니라 보다 근원적으로 정신과 물질이 분리된 사상의 세계에서 살게 되었다고 말한다.

융은 정신과 물질이 둘 다 비가시적 초월적 요소들에 근거하고 있으며 그 둘이 동일한 것의 서로 다른 두 측면일 가능성을 인식했다. 아울러, 생리학과 뇌병리학, 심리학이 언젠가는 눈에 보이고 만질 수 있는 뇌의 실체와 다른 한편으로는 정신적 형상들의 비물질성을 서로 결합하는 다리를 찾아낼 수 있음이 분명하다고

---

21) 여기서의 '의식'은 지각과 자각의 인지 기능을 의미한다.

보았다.

후설은 몸을, 물리·물질적 층위, 전신감각적 층위 그리고 의지와 지성으로 규정되는 '의식으로서의 몸'인 의지적 층위의 세 층위로 나누었다. 그리고 육체에서 분리된 정신 대신에 '몸적 이성'을, '이성적 주체' 대신에 '몸적 주체'를 얘기한 메를로퐁티를 비롯하여 사르트르, 마르셀, 하이데거 등 실존주의 계열의 철학자들은 물리·물질적 신체와 의식의 불가분성을 그들의 철학사상의 토대로 삼았다.

스텝(H. S. Stapp)은 1993년에 『정신, 물질, 양자물리학』에서 자연은 온전히 다른 두 종류의 것들로 구성되어 있는데 첫째의 것은 바위와 같은 것들이고, 둘째의 것은 상념idea과 같은 것들이라고 하였다. 그는 의식과 뇌의 과정을 하이젠베르크의 물질개념과 윌리엄 제임스의 정신개념을 통합함으로써 설명코자 하였다.[22]

아인슈타인은 1935년에 포돌스키, 로젠과 함께 'EPR 사고실험'을 발표한다. 이 실험은 '작용과 반작용'에 바탕을 두어, 불확정성원리가 불완전한 이론임을 논박한다. 불확정성원리는 고전물리학의 결정론이 적용되지 않는 양자의 속성으로 인해, 양자의 위치와 운동량을 동시에 정확히 측정해 낼 수는 없다는 것이다. 불확정성원리의 지지자인 보어는 두 개의 입자가 공간적으로는 서

---

[22] 의식과 양자물리학 관계 해외 연구자 개관(1990년대 초반까지)은 이만갑(1921~) 교수의 『의식에 대한 사회과학자의 도전; 자연과학적 전망』(서울: 도서출판소화, 1996), 『자기와 자기의식』(2002년) 참조하실 것.
이 교수는 사회학과 자아의 함수관계 연구 차원에서 위 책들에서 뇌과학과 심리·철학적 관점의 자아 연구자들에 대한 해외 자료를 충실히 수집, 소개하고 있다.

로 떨어져 있지만 사실은 분리될 수 없는 하나로서 관찰 행위가 비관찰 입자에게도 영향을 미친다며 EPR 사고실험을 부인하였는데 아인슈타인은 이를 '유령 같은 원격작용'이라며 비웃는다.

그러나 1964년 벨의 부등식론, 1982년의 아스펙트의 실험에 의해 봄의 이론은 그 타당성이 입증되고, 결과적으로 봄의 이론은 벨의 부등식, 아스펙트실험의 결과들을 가장 설득력 있게 해석하는 모범적 양자론의 모델로 이해된다. 인간의 인식능력은 접힌 우주의 표면만을 감지할 수 있을 뿐으로 양자의 비국소적 현상은 그러한 접힌 우주의 현상을 보여준다.

존재를 정신계, 에너지계, 물질계로 나눈 데이비드 봄은 그 공통적 구성계로서 초양자장과 초양자장이 중첩된 파동으로 보았다. 우리는 봄의 초양자장이론의 모델이 아니라 하더라도 적어도 에너지 단위의 극미시계의 세계에서는 정신과 물질의 질료적 구분이 무의미하다는 것을 이해한다.

감성과 오성작용의 정신 현상은 물질이 에너지로 바뀌는 곳에서의 극미시적 물리현상이다. 인지과학이나 인지심리학, 뇌과학 등은 뇌와 신경계의 화학물질 작용과 의식의 문제에 관한 대화를 벌이는 신화의 마당이다.

'물리현상'이라는 표현은 가시적 관찰경험에 믿음의 우선순위를 두려는 우리의 본능적 편견일 뿐이다. '정신현상'이라는 표현 역시 그러하다. 그러한 개념적 구분은 본능적 습관상의 인식론적 구별일 뿐이다. 일찍이 봄은 자신의 양자이론에서 우리가 우주를 딱딱한 물질의 형태로 인식하는 것은 착각이며 우주는 홀로그램의 영상일 뿐이라고 한 바 있다. 우리가 물질이라고 부르는 것은 에너지의 진동에 의한 껍질일 뿐이다.

보어는 거시세계와 미시세계 간의 충돌과 모순 현상에 대해 "상호 배타적인 것들은 상보적"이라고 하였다. 보어가 그러한 상보성의 논의를 위치와 운동량, 입자와 파동, 에너지와 시간 같은 물리학적 세계에서만이 아니라, 정의와 사랑, 이성과 본능 같은 정신의 문제에까지 확장한 사실은 시사하는 바가 크다. 사실 이러한 상보성의 사유는 과학자의 유비적 능력과 함께 시작에 있어서의 강력한 상징화의 기제이다.

정신과 물질은 배타적 관계로 보이나 사실은 에너지 현상의 다른 모습일 뿐이다. 모든 것은 에너지의 진동이며, 문제는 생명적 현상의 에너지 묶음, 그 원형적 지도가 어떻게 나타날 수 있었는가가 물음의 근원이 될 것이다.

동양의 전통에서 몸과 마음은 형形과 신神이라는 개념으로 주제화되어 왔다. 유가와 도가는 물론 한의학을 비롯한 동양의 지적 전통에서는 '기'가 응결하여 '몸[形]'을 이룬다. 생명체의 내부에서 발생하는 범주화의 능력과 반성적 사고의 능력이 마음[神]이다. '마음'은 몸과 독립한 '실체'가 아니라 생명력[氣]의 활동에 수반된 '기능'이다. 인간의 정신과 의식은 몸속에 흐르는 생명 활동에서 드러나는 '현상'으로서의 '기능[用]'이다.

성서 역시, 인간은 하나님의 형상대로 지음받은 전인적 존재이다. 인간은 완벽한 하나의 실체이며 '바사르'(몸), '네페쉬'(영혼), '루아흐'(정신)라는 부분들의 합성적 존재가 아니다. 영과 혼을 분리해서 생각할 수 없는 인간은 완전한 하나의 실재substance이다.

'정신'이란 '지향성'으로 불릴 수 있는 '의지'에 의해 진행되는 우리 신체의 미시물리적 작용의 총아이다. '지향성'은 일반적으로 '의지'로 지칭된다. 의지는 의식으로 인지되지 않은 상태에서도 작용한다. 그 어떤 특정 방향의 의지에 따라 우리 몸은 뇌신경 체계를 중심으로 미시물리적 정신작용을 행하며, 그 결과물은 의식[23])에 의해 인지된다.

자기와 자아란, 신경·생리적 작용으로 확인되는 본능과 의식·비의식 작용으로 확인되는 정신의 작용에 의해 확인된다. 의식·

---

23) 의식은, '자신 내·외부의 상황 인식 기제'이다. 크릭 외 기존의 연구자들은 의식을 마음의 대체 개념으로 사용하는데, 그들의 '의식'은 '마음'의 작용인 '비의식'으로서의 정신작용과 그 비의식의 작용을 지각 또는 자각하는 '의식'의 기능으로 나뉘어야 할 것이다.
'비의식'은 '마음'의 정신작용을 지칭한다. 의식은 비의식의 인지·인식 기제이다. 정신의학상 비정상인 비의식(정신작용)을 정신의학은 '무의식'이라는 추상의 범주적 용어를 써서 다룬다. 무의식은 일종의 창고 같은 것도 아니다. 무의식도 비의식의 작용이다. 더구나, 직관·통찰 같은 창조적 정신작용을 정신의학적 개념으로서의 무의식이나, 철학에서의 전의식·무의식 같은 용어로 불러서는 안 된다. 코흐 ≪Christof Koch·김미선 역, 『의식의 탐구』(서울: <주>시그마프레스, 2006)≫ 역시 마음의 정신작용을 나와 같이 비의식 "the nonconscious"으로 이해하고 있다.
사실, 크릭의 의식에 관한 정의, 그리고 코흐와 나의 비의식에 관한 가설 및 결론적 관점들, 예를 들어 언어행위 같은 일상적 의미작용들과 고도의 창조적 정신작용들이 단순한 지각이나 자각의 '의식'의 문제가 아니라, 인지되지 않는 정신작용이라는 점 등이 놀라울 정도로 정확히 일치하고 있다. 따라서 신경과학적 뒷받침은 코흐와 관련 연구자들이 나의 무지를 대신하여 밝혀줄 것이라는 점에서 매우 고마움을 느낀다. 아울러, 나의 '비의식의 상징'에 관한 논의를 신경과학적 측면에서 살펴보기 원할 경우 코흐의 『의식의 탐구』를 권한다.

비의식을 주관하는 '인간'은 4차원의 홀로그램적 존재이다. 의식화 여부와는 별개로 과거의 경험과 정보는 모두 홀로그램적으로 보존되어 있다.

정신은 물질의 총화이며, 물질은 정신의 최소화이다. 정신은 물질적 총화의 결과물로서 정신은 물질의 가장 정교한 상태이다. 그러한 정신은 '자아'와 '상징'으로 요약된다. 자아는 자연의 역동적 표현이고, 상징은 자연의 거울작용이다. 역동적 표현으로서의 '자아'는, 자연의 기호이다. 자연의 기호로서의 우리의 사유, 즉 상징은 다름 아닌 자연의 반영인 것이다. 상징은 곧 자연의 반사작용이다.

사유, 즉 상징은 자연에 대한 해석이다. 그러나 역으로 그 해석은 자연의 반영이다. 상징은 자연의 거울이다. 완성된 거울일수록 자연은 그 자신을 미려하게 비춘다. 인간은 자연이 만든 거울이자 자연의 총아이다. 인간의 발화 능력은 자연의 구조와 기능의 발현이다. 인간의 언어 습득능력을 신비한 선험적 인자因子인 듯 말하기도 하지만, 아이들이 자연언어를 스스로 깨쳐 나갈 수 있는 것은, 언어는 자연의 거울로 비추어 낸 것이기 때문이다.

자아는 자연의 반영이다. 우리는 상징적 존재이다. 세포의 미시 물리적 작용성은 신경·생리적 물질들의 인지 반응, 즉 그들 미시물질들의 상징·인지적 반응의 결과이기 때문이다. 세포 단위 이하의 양자들의 관계에서도 그러하다. 상징은 미시적으로는 '반응'이라는 말로 환원될 수 있다. 지향성, 즉 범주를 결정하는 '자아'는 자연의 자기 동일성의 하나이다.

4차원의 자신의 내부를 탐조하고 새로움을 창조하는 정신으로서의 인간은 영속적 존재이다. 순간순간의 자기가 있어서 그러한 자기가 현재라는 시점에서 단면적 양태로 모습을 드러내는 것이 아니라 계속 변화해 나온 시·공간적 전체로서의 존재로서 현현顯現한다.

현재란 존재하지 않는 것이다. 현재 역시 연속적인 것으로 이해하여야 한다. 과거와 미래는 존재하나 그 역시 분리할 수 있는 것이 아니라 하나의 연속체로서 존재한다. 물론, '10년 후' 같은 미래 역시 '생각'으로서만 존재할 수 있을 뿐이고 실체로서의 미래는 존재하지 않는다. 미래란 과거로부터 이어지는 진행형의 존재가 나아가는 영역이다.

'점'이란 실재로는 존재하지 않는 가상의 상징으로서의 기호이다. 모든 존재는 이어져 있다. 감각기관에 의해 거시물리적 관점에서의 인식에 젖어 있는 까닭에 '점'이라는 최소 연장체로서의 존재를 상정하나 실재에 있어서는 '점은 공간을 점유하지 않는 비연장의 존재로서 가상의 개념이다.

개별적 지향성을 생성하는 것은 운동, 즉 동일자로서의 존속을 위함이다. 운동의 정지는 '무'이다.[24] 우리가 '점point'을 '무'로

---

24) 시간은 에너지의 4차원적 속성이며 존재의 또 다른 차원의 상징일 뿐이다. 아킬레스와 거북이는 자신의 고유한 운동의 힘으로 달리는 자유 의지의 존재로서, 제논의 수학자에 의해서 무한히 분절 가능한 절대적 시간 세계의 무대 위로 초대되어야 할 하등의 이유가 없다. 아킬레스와 거북이는 경주 중에는 결코 멈춰 서지 않는다. 그러나 수학자는 두 경주자를 무한히 되풀이하여 세워두어야 한다. 만일 멈추게 하지 않는다면 단 몇 초, 아니 눈 깜짝할 사이에 아킬레스는

규정하고, '운동'이 '점'으로 환원 불가함을 피력하는 것은 그러한 이유이다. 우리는 운동과 변화를 새롭게 해석해 보여줄 뿐이다. 원리로서의 동일성은 이미 태초부터 반복적으로 달리 사유되어 왔다. 일자는 언제나 변화로써 존재하고, 존재할 수 있다. 그러므로 변화하는 운동계의 위상 공간 속에 우리들은 변화, 즉 차이를 경험할 수밖에 없다.

우리가 언제나 또 다른 용어와 문장으로써 동일성을 얘기하는 것―그러한 필요성의 이유는 거기에 있다. 영원한 동일성의 반복이 차이로 기술되고 또한 기술되어야 함은, 우리는 조금도 멈추지 않고 변화하는 우주의 역동적 공간 속에 살아가기 때문이다. 동일성과 차이에 관한 언술적 특징은 상호텍스트성의 인용과 주석으로 나타난다. 주석과 기호 그것은 곧 자연과 존재 그것이다.

자아는 자연의 역동성의 표현이고 상징, 즉 사유는 자연의 동일성의 반영이다. 자아는 자연의 기호이고 그 기호로서의 우리의 사유는 자연의 반영으로서의 상징이다. 이것으로서 자아와 상징

거북이를 초월해 버리고 말 것이다. 따라서 수학자는 시공분절의 행위를 무한 반복함으로써 아킬레스가 여전히 거북이의 뒤를 쫓고 있음을 보여주어야 한다. 그런 수학자는 또한 시공간에 대한 분절행위는 실제로는 행할 필요가 없으며 상상적으로만 하여도 무방함을 주장할 것이다. 그런데 실제 아킬레스와 거북이를 분절의 시간 위에서 멈춰 세우고 달리게 한다면 결코 아킬레스는 거북이를 따라잡을 수 없다. 그러한 결코 일어나선 안 될 모순적 사태가 시사하는 것은 과연 무엇일까? 그것은 제논의 패러독스가 4차원의 '운동자'를 '점'이라는 0차원의 개념적인 존재로 환원함으로서 발생시킨 오류이다. 존재자의 존재 환원 사례를 화이트헤드의 경우 단순 정위화의 오류, 베르그송의 경우는 지속에 대한 분석 또는 개념화의 오류로 이해하고 있다.

에 관한 설명은 이루어졌다. '정신', 즉 '차이와 상징' 그것은 자연의 기호와 그 반영인 것이다.

2. 정신; 회전하는 기호

인류 유사 이래 선각자들은, 동일성이 차이를, 보편이 특수한 질서계를 함유함을 우리가 잊지 않도록 기록하여 왔다. 화엄경은, 인드라의 하늘에는 하나만 봐도 전체 보석의 영상이 모두 보이는 진주 그물이 있으니, 세계의 그 어느 것도 그 자체 독립적으로 존재하는 것이 아니라 다른 모든 것과 연관되어 있으며, 그 물체가 곧 모든 다른 물체들임을 뜻한다고 전한다.

오늘날 상대성이론과 핵물리학 기술의 일상화 속에서 살고 있는 우리들 역시 세계는 근원적으로 비국소적 전일체의 분리되지 않는 하나라는 동일성의 믿음 속에 살고 있다. 최승자 시인이 번역한 『상징의 비밀』에서 데이비드 폰테너는 전일적 세계관을 우주적 생태계 현상으로 보여준다.

과학적 사고의 최근의 몇몇 경향들은 점성학에 대해 덜 퉁명스럽다. 예를 들어, 현대물리학은 더 이상 우주가 별개로 된 물질 다발의 집합으로 이루어져 있다는 관점을 받아들이지 않는다. 창조는 점점 더, 서로 연결된 에너지 형태의 망으로 보이는데, 이것은 어느 정도로 옛날 사람들의 세계관과 비슷한 것이다. ⋯⋯태양계 전체에 걸쳐 강력한 자장이 존재하며, 태양풍, 그리고 우리의 태양계 안에 있는 여러 행성들의 자장은 미묘한 그러나 아직은 충분하게 이해할 수 없는 방식으로 다양하게 서로에게 영향을 미치는 것으로 보인다. ……하늘이 인간 삶의 방향에 대해 갖고 있을 수도 있는 어떤 영향이든 그것에 대해 해명해 줄 아무런 과학적 메커니즘도 없다는 주장은 그 설득력이 줄어들고 있으며, 물고기, 새 그리고 다른 생명 – 형태들이 지구의 자장에 의해 항행할 수 있다는 사실이, 살아 있는 유기체들의 신경체계는 전자기적 영향에 극도로 민감할 수도 있다는 것을 예시해 준다는 점에서 특히 그러하다.

입자와 파동의 이중성二重性을 상보성으로 인식한 닐스 보어는 그 영감을 주역의 태극에서 얻었다. 태극은 만물의 생성 전개의 근원인 음양의 생성처로서 일원적 우주관을 보여준다. 그러한 일자로서의 세계관은 이미, 노자에도 나타나 있었다.

도道가 하나의 근원이 되어 그 하나가 음양의 둘로 갈라지고 이 두 기운이 충기에 의해 화합하게 되어 마침내 만물이 생겨난다. 만물은 모두 음을 업고 양을 안으며, 충기沖氣라는 매개자가 끼어들어 그것을 조화시키기 마련이다.

천하의 모든 것은 유에서 생기고 유는 무에서 생긴다.
(道生一, 一生二, 二生三, 三生 萬物, 萬物負陰而抱陽, 沖氣以爲和 / 天下之物生於有, 有生於無)[25]

2500여 년 전 "있음은 있음이요. 있지 않음은 없음이다."라고 한 파르메니데스는 나아가 '이다'와 '있다'는 동일한 것이었다. "왜냐

---

25) 노자·이원섭 역, 『도덕경』(서울: 대양서적, 1984), 제5편, pp.50 – 51.

하면 사유와 존재는 동일하기 때문이다Tò γὰρ αὐτò νοεῖν ἠστί τ ε καí εἰναι."

4500여 년 전 헤르메스의 언급으로 추정하는 고대 에메랄드 비문에는 "이것은 추호도 거짓 없는 확실하고 가장 진실한 이야기이다. 아래에 있는 것은 위에 있는 것과 같고, 위에 있는 것은 아래에 있는 것과 같다. 이것은 '하나인 것'의 기적을 이루기 위함이다. 모든 것은 이 '하나인 것'의 반영이며, 또한 모든 것은 이 '하나인 것'의 변화와 적용으로써 생성된다."라고 페니키아 문자로 양각되어 있다.

우리는 4,500여 년 전의 것으로 알려지는 이 고대의 에메랄드 비문이 정말 헤르메스의 것인지 아니면 고대 누군가의 글귀를 후대의 연금술사나 또는 어느 학자가 용융해낸 광물 덩어리인지에는 관심이 없다. 그러나 지금으로부터 무려 9,000여 년 전의 것으로 추정하는 우리의 '천부경'에서 역시 동일성의 문제에 관하여 기록하고 있다.

一始無始一
析三極無盡本
天一一地一二人一三
一積十鉅無櫃從三
……
一妙衍萬往萬來用變不動本
……
一終無終一

하나에서 시작하나 시작이 없는 하나이다.
3개의 극으로 나뉘나 그 근본은 다하지 않으니
첫째는 하늘, 둘째는 땅, 셋째로 사람이다.

> 만상은 끊임없는 3체계로 나타난다.
> ……
> 끊임없는 운동으로 모습이 바뀌지만 본성은 변함이 없다.
> ……
> 하나에서 끝나지만 그것은 끝남 없는 하나이다.
>
> — 「天符經」 부분

천부경의 주요 내용은, "우주는 다함없는 하나로서 끊임없이, 다양하게 생성·소멸하지만 근본은 변함이 없으며 사람과 땅 하늘은 하나이고 우주는 다함없는 하나이다."라는 말로 요약할 수 있다. 천부경에 명시된 숫자의 표기들은 만상의 변화에 대한 상징들이다. 사람들은 그 숫자의 체계들을 나름대로 해석하나 그 해석들은 현상계의 한 단면일 뿐, 천부경은 '요약된 우주의 섭리'로서 '다함없는 해석체' 그것이다. 운동과 변화로서의 실체는 차이적 개별자의 생성으로 구현된다. 현대의 우리들이 고려하는 옛 비문의 숫자들은 오늘의 위상 공간에서 언제나 새로이 해석되는 문제이다.

칸트와 하이데거, 비트겐슈타인은 물론 데리다와 들뢰즈에 이르기까지 오늘날 관찰자들의 논의의 방향과는 달리, 그들은 모두 하나로서의 세계에 관한 기호학적 사유를 구축하여 왔다.[26] 그들은 모두 '존재·존재자'가 아닌 그 '형식'을 얘기하고 있었다. 그들의 기호학적 사유의 주제는 다름 아닌 '동일성'과 그림자에 관

---

26) 철학은 기호학으로 치환된다. 시·예술과는 달리 본질적으로 철학은 '존재자' 그 자체를 다룰 수 없다. 따라서 철학사는 곧 기호학사라고 말할 수 있다.

한 인식이다.

데리다가 동일성을 현전의 형이상학으로 은유화하여 차연의 수사학으로써 전통 철학을 공박하였다면, 그에 반해 들뢰즈는 동일성에 기대어 리좀적 글쓰기의 수사학을 시연한다. 개별적 일자는 전체로서의 모습을 내재하였다는 점에서 리좀적 글쓰기는 당연한 귀결이다. 부분은 자기 속에 전체의 지형도를 갖고 있다. 리좀의 실천과 글쓰기가 가능한 이유는 그것이다. 동일자는 막힘없는 원환적 구조를 띠고 있다. 시작과 끝이 없는 그곳에서 중요한 것은 리좀적 글쓰기의 제시가 아니라 리좀적 사고를 가능하게 하는 직관과 통찰, 사고의 비약이다.27)

그것은 곧 다름 아닌 상징의 원리로서 피어스가 세미오시스 semiosis와 관련하여 고려한 통찰insight 작용 그것이기도 하다. 세미오시스는 상징의 기능이 전제된다. 도식(가추법 등)을 기호로 환원시키고자 한 피어스의 노력은 사유의 본질과 유리되어 있다는 점에서 비본질적으로 이해된다. 마찬가지로 들뢰즈의 리좀적 글쓰기가 동일성을 확인케 하려는 것이라기보다는 동일성에 바탕을 둔 수사학적 유희라는 점에서 비본질적 작업이며, 따라서 그의 주저는『앙티 오이디푸스』나『천개의 고원』이 아니라『차이와 반복』으로 간주된다.

동일률의 형식논리는 유비적 변증논리에 예속되어 있으며 후자는 전자의 논리에 묶여 있다. 그와 같이 동일률의 형식논리는 유비적 변증 논리와 상보적 관계에 있다. 일상생활의 세계에서 동

---

27) '사고의 비약'은 상징기능의 원리이다. 필자의 '비의식' 개념 참조.

일률보다는 오히려 변증법의 논리가 부합되는 것으로 보인다. 그러나 일상생활의 기저를 이루는 미시물리 작용으로서의 초정밀 과학의 세계나 수학의 세계 그리고 시·예술 또는 종교적 깨달음의 세계에서는 그러한 변증법의 이면에서 현상계를 지배하는 보다 근원적이고 통일적인 보편성의 동일률이 작용한다.

상징과 기호는 이理와 기氣, 정신과 물질, 그것의 또 다른 표현이다. 하지만 그러한 양분은 거시 감각에 의존하는 인간의 자의적 언표일 뿐 실체는 하나이다. 우리는 상징, 즉 생각28)을 물질적 표상인 기호에 투사한다.29) 투사란 사유에 의한 임의적, 세계의 재구성이다. 기호는 동적인 세계를 표상한다.30) 그것이 우리가 기호를 움직이는 구조물31)로 이해하는 이유이다. 기호와 상징은 현상과 본질로 환원된다. 상징이란 본질의 문제는 기호라는 현상계에 정신으로 자리하며 본질은 현상으로 우리에게 감지된다.

차이는 운동의 본질적 표상이다. 동일성은 운동, 즉 차이로써 구현된다. 차이가 없으면 동일성으로서의 하나는 정지하고 '무'가 되고 만다. 그러나 파르메니데스의 진리처럼 '있는 것은 있는 것이요, 없는 것은 없는 것'이다. 그러므로 있는 것은 '무'가 되지 않는다. 그런 까닭에 존재는 차이 바로 그것이다. 차이와 같음은 동일자이다. 차이로 인해 동일성은 존재하고 동일성은 차이로 인

---

28) 사유＝상징.
29) 상징은 우리의 사유이고 기호는 그 사유, 즉 상징의 표상물이나, 투사적 측면에서 상징은 기호이다.
30) 기호를 일종의 홀로그램으로 이해할 것.
31) 시 텍스트는 재귀적 동일성의 세미오시스 현상으로서의 상징을 생성한다.

해 유지된다.

　물리학적 인력과 척력은 동일성과 차이를 생성하는 기능이다. 인력과 척력의 동일성을 고려하지 않는다면 세계는 '무' 그것이 되고 만다. 우리가 유비적 사고로써 세계와 기호들을 유추하고 원형으로써 현상을 재현하며 또한 프랙탈적 양태로써 시·공을 초월한 원형적 사고를 표상함은 모두가 하나로서의 세계의 동일성에 기인한다.

　종차의 구별은 특정한 관점에서 행해지는 자의적 개념화이다. 종은 유의 끈으로 이어져 있지만, 실재에 있어서도 사물은 분리되어 있지 않은 세계 속에서 하나로 존재한다. 우리는 죽지 않는다. 몸은 유전자가 이용하는 수단으로서 영원한 동일자로서의 자신을 지켜내기 위해 노쇠하거나 죽음에 이르기 전에 또 다른 몸을 만들어 나간다. 사물의 본질은 변화하는 현상 그 가운데에 자리하고 있다.

　데리다는 예술의 특성으로서의 차이를 철학에 접목하여 동일성의 '무'를 흔들어 깨우고자 하였다. 데리다는 동일론으로서의 철학에 차이로 표상되는 문학과 수사학을 융합함으로써 진리명제로 대표되는 현전적 형이상학의 최면성에 비판적 각성제로 기능코자 하였다.

　그러나 사후추론의 기호 없이 비의식의 사유는 그 본성을 드러낼 수 없다. 하나로서의 본성은 현상적 기호로써 표상되는 그 차이들로써 드러난다. 차이는 곧 하나로서의 동일성의 본질이다.

우리의 두뇌는 홀로그램의 형태로 정보를 저장하는 것으로 추정되고 있다. 염색체의 DNA 역시 홀로그램의 방식이다. 우리들 몸의 각 세포 속에는 우리와 똑같은 몸을 만드는 데 필요한 모든 정보가 다 저장되어 있다. 우주는 부분 속에 전체의 정보가 모두 담겨 있는 홀로그램의 방식으로 존재한다는 것은 오늘날 점증적으로 합의되고 있는 견해이다. 불교의 연기사상, 생명공학의 유전자 이론, 간섭파에 의한 홀로그램 현상 이 모두는 우연찮게도 모든 각 부분은 전체의 반영임을 드러내 보여주고 있다.

세계의 시작과 끝을 갖고 있지 않는 재귀적 동일성의 우주론을 대변하는 자동성의 텍스트는 회전 운동을 한다. 자동성의 텍스트는 동일성의 회전하는 기호 우주이다. 부분이 전체로서의 기능을 온전히 갖고 있는 병렬적 기호작용의 텍스트는 기호 간의 여백을 통사의 시냅스로 사용한다. 기호학적 시 텍스트의 도식과 구조의 그물망 사이에는 무한 통사를 가능케 하는 시냅스의 공간이 있다. 그것은 촘촘한 직조물이 아닌 여백과 허공의 직조물이다. 또한 일직선의 사다리가 아닌 그물형의 사다리이다.

생태학Ecology의 범주화 개념은 우리의 '동일화' 개념과 유사하다. 모든 생명은 범주화의 능력을 갖고 있다. 범주화는, 아메바처럼 먹을 수 있는 것과 없는 것을 구별하고 동물처럼 짝짓기의 대상 혹은 침입자를 구별한다. '범주화'는 지성적인 것이 아니라 몸적embodied인 것으로 몸의 감각 운동체계에 담겨 있는 정보의 지형도로 이해된다. 부분들은 고립되어 있지 않으며, 전체는 부분들을 모아 놓은 단순합이 아니다.

자연은 하나로서의 전체를 이루면서도 부분적으로는 이질적으로 변화한다. 자연은 통일체이면서도 그 통일적 힘은 분리적이고 이질적인 서로 다른 힘들을 상호 견인한다. 무기물과 유기물, 생물과 무생물, 인간과 동식물, 자아와 타자, 이 모두는 통일적 질서를 이루면서도 저마다는 독립적이다. 자연의 각각의 개별자들은 서로가 서로를 인식함으로써 상호 견인적 관계에서 전체적 통일을 이룬다. 전자와 양자 역시 서로는 마치 인지능력을 갖춘 생물처럼 만나고 견제하며 질서를 이룬다.

제논의 화살은 현재인 듯하면서도 현재 아닌 현재를 날아가고 있다. 제논의 화살은 정지 속의 한 점을 날아가고 있는 것이 아니다. 운동은 동일률과 모순율로 요약되는 자연의 속성을 동시에 보여주는 실체적 현상이다. 우리는 동일화에 바탕을 두어 기호를 추적한다. 기호작용·과정의 세미오시스는 해석체를 생성해 내지만, 그것은 종국적으로 일자로서의 세계의 재귀성을 지향한다. 기호의 화살은 기호 그 자신을 향해 날아가고 있는 것이다.

수학과 형식논리는 질료가 배제된 순수한 도식으로서의 동일화 표상 방식이다. 시와 여타 예술은 추상적이긴 하나 감성적 직관과 유사·동질성의 이미지가 개입된다. 전자는 모순율이 허용되지 않지만 후자는 동일화 속에서 무수한 이질성을 내포한다. 그것이 수학과 과학이 점할 수 없는 영역을 제시한다.

형식논리학을 사용하는 수학과 과학은 화성에 무인탐사선을 보낼 수는 있으나 불안정한 한 영혼에게 미학적 성찰과 종교적 깨달음 같은 것을 줄 수는 없다. 그것은 아날로그적이며 변증법적 동일화의 상징 논리, 즉 존재론적 직관과 통찰의 논리가 요구된다.

상징은 예술이든, 일상이든 하나 밖의 다른 조각들을 하나로 묶는 일이다. 다시 말해 상징은 바로 이 단순한 동일화의 표상이 그 본질이다. '다른 것으로서 같음을 이루는 것.' 상징체를 미시적으로 들여다보면, '동일성'이라는 블록 또는 분자 단위를 그 구성소로 하여 결합되어 있음을 알 수 있다. 다양한 현상들은 전체로서의 본성을 유지하고 있다. 그런 까닭에 우리는 각기 다른 양태의 현상들 속에서 상징작용이 가능한 것이다.

세계는 하나로 연결되어 있다. 우리가 공기처럼 너무나 흔히 사용하는 언어와 은유, 그것은 상징의 마법적 성향을 그대로 보여준다. 서로 다른 것들을 하나로 연결하고 동질성을 느끼게 하는, 일상 속에서 마치 숨을 쉬듯 상징의 공기를 들이마시는 까닭에 우리는 그러한 사실을 까마득히 모르고 있을 뿐이다.

칸트에게 "존재는 실재적 술어가 아니다." 마찬가지로 니체는 "파르메니데스는, 인간은 있지 않은 것은 생각하지 않는다고 말했다. 우리는 그 반대편에 서서, 생각될 수 있는 것은 분명히 일종의 허구[32])에 지나지 않는다고 말한다." 그러나 사유는 실제의 반영이다.

상징은 사유이지만 기호로 표상된다. 상징이 기호로 표상되기 위해서는 먼저 존재의 대상들을 전기·화학적 신호들의 상태로 비의식 속에서 구성한 후 의식 작용에 의해 대상의 형상으로 기호화해 낸다. 따라서 기호로서 표상되는 상징, 즉 사유는 기호로 지칭

---

32) 상징은 자연에 대한 자의적 반영이지만, 그러나 상징의 인식 내용은 일정 부분 실체와 일치한다. 따라서 상징과 현상이 모두 허상으로 간주되어서는 안 된다.

되는 대상, 즉 존재와 동일한 것이라고 우리는 말을 하는 것이다.

뒤샹은 '변기'를 '예술'로 결합했지만 그러나 '변기'의 제작사는 그 모든 기술과 재료들을 '변기'라는 용도로 '상징'화했다. 시·예술뿐만이 아니라 인간의 모든 제작물, 추상적 규범과 질서 등의 생성 원리는 동일화에 의한 상징이다.

베이컨은 상상력을 "자연이 결합해 놓은 것을 분리시키고 분리시켜 놓은 것을 결합시키는 인간의 힘"이라고 했다. 상상력은 실재계를 관념적 양태로 환치해 내는 상징의 기능 그것으로서 동일률과 모순성의 원리가 그 근원에 자리하고 있다. 자연의 에너지는 자기 동일성을 유지하기 위하여 이질적 변전의 운동을 행하지만 그들 동일성과 이질적 변전은 뫼비우스의 띠와 같이 하나의 곡면상에 놓여 있다.

콜리지는 상상력에 관하여, 유기적 종합력으로서 전체를 떠나서는 동질성을 생각할 수 없으며 부분들이 상호 의존하는 통일체를 이룬다고 하였다. 또한 상상력은 "하나의 이미지나 느낌이 다른 많은 이미지와 느낌을 변형시키거나 일종의 용해 작용에 의해 다수를 하나로 만드는 능력"이라고 하였다. '다양한 이미지로의 변형과 통일'로 요약되는 콜리지의 제2차 상상력은 우리가 말하는 상징의 작용 그것이며 또한 그가 말하는 상상력 역시 동일화 또는 비동질성의 도식에 따라 작용한다.

유비와 상상, 그것은 같지 않은 것을 같게 한다. 그것 아닌 그것들을 그것이게 하는 마술적 힘이 시적 언어에는 숨어 있다. 동일률의 기계적 오성으로부터 벗어나게 하는 상상, 그것은 동일하지 않은 것을 동일하게 하며 동일하지 않은 것들을 동일한 곳으로 불러 모으고 다른 것들을 하나 되게 하여 동일한 하나로서 전체 짓게 한다. 그것이 곧 유비적 연상과 상상에 의한 상징의 기능이다.

동일성과 차이는 공존한다. 그러나 차이는 전체와의 조화 속에서 의미를 갖는다. 세계를 분석적으로밖에 접근할 수 없는 것이 인간 오성의 한계라면, 감성적 직관, 즉 상상력은 오성적 직관을 융합하여 상징이라는 종합에 이르게 한다. 상징은 인간이 이 우주에서 생존해 나가면서 나름의 문화를 창조해 나가는 주요한 수단이자 또한 자연의 존재 원리이다. 상징 그것은 인간의 언어 이전에 자연의 재능이요 자연의 작용 그것이다. 이것이 앞서 말한 우리의 믿음에 대한 구체적 진술이다.

3. 정신; 차안과 피안에서

개별과 보편의 동일성을 논하지만 그러나 개별 그것이 공空이라면, 우리는 파르메니데스가 설하였던 '없음'을 '있음'으로 전제하였던 것은 아닌가? "부동의 일자가 영원히 존재한다."고 한 파르메니데스에게, 자아가 변화하는 것이라면 자아란 없음이다. 사실 그것이 파르메니데스의 교설이다.

"四煩惱常俱 謂我痴我見幷我慢我愛 及與觸等俱(말라식은 네 가지 번뇌와 항상 함께한다. 아치와 아견과 아만과 아애이다. 촉 등과도 함께한다)." 유식 삼십 송의 제6송은 말라식의 4번뇌와 심소의 설명이다. 아치는 '나'에 집착함으로써 생기는 어리석음으로 가장 근본적 번뇌이다. 아집의 아견은 몸과 마음을 '나'라고 여겨 집착하는 어리석음이다. 아만은 교만하고 오만하여 남을 무시하고 자신은 어떤 허물도 없다고 생각하는 것이다. 아애는 마음에 드는 것을 탐내는 것이다. 말라식은 영원히 사량하고 '나'에 집착함으로써 항상 나를 중심으로 한 번뇌 속에 휩싸이게 한다.

세계의 보편성과 개별적 자아들의 동일성에 관한 문제는 결국은 나와 남에 대한 평형의 관계유지 그리고 나의 도덕성이 허용된다면 타인을 배려하는 것이다. 종교적 깊은 정신의 소유자들은 우리들 전 사색의 형이상학을 정문일침의 깨우침의 지렛대로 다시 한번 가늠하게 한다.

파르메니데스와 석가는 동시대인으로서 개별적 교설의 방식은 다르지만, 근본 교설은 하나이다. 깨달은 자에게는 투명한 아뢰야식의 형상 속에서 자비심이 연꽃처럼 피어오르지만 깨닫지 못한 자에게는 완고한 자기가 자리하고 있다. 그것은 멸진에 이르기까지 지속되어 유전한다. 헤라클레이토스의 유전론은 거시적이고 물리주의적 측면에서의 우주관이었음에 비해 파르메니데스는 미시적이고 우주의 내밀한 정신의 세계를 고려했다.

말라식의 무의식과 근원적 소인들의 아뢰야식은 연기적 관계항의 사고에서 비롯된다. 심상이든 자아이든 대상이든 그러하다. 연기적 관계항의 무한 미분적 차이의 근원은 다함이 없겠으나, 없는 변화는 없음이요 있음은 유일한 진여의 부동자로서의 있음이다. 무형의 그릇으로서의 아뢰야식 그 자체는 버릴 것을 요구하지 않을 것이니. 수행자는 진여를 명상한다.

꽃의 수줍음, 풀잎의 엎드림, 돌고래의 영혼과
갈치의 비늘, 반딧불의 노래와 연못의 수면에 어린
그 천년의 나르시스, 그리고 그 모든 생명의 내부에 스며 있는
여성성의 창조자, 그 길들임의 요람이라네.

― 「달의 여신」 부분

주종환 시인은 명상을 통하여 우주의 본성을 담지하고자 하며 그러한 과정에서 생성된 상들을 미학적으로 구성해 보여준다. 그런데 우리가 아뢰야식마저 떠나는 순간이 있다면 그 순간 우리는 자연의 본성에 이를 것이고 아울러 그러한 순간의 세계의 상은 견성 혹은 파르메니데스의 '있음'이 아니겠는가? 꽃은 수줍고, 풀잎은 낮게 엎드리며, 깊은 바다 속 돌고래의 영혼과 황금빛 태양 아래 은빛 물방울을 튀기는 갈치의 순결한 비늘, 명상을 유영하는 반딧불의 노래와 그들의 천 년의 나르시스 그 자기 동일성의 명상을 잉태하고 있는 '달의 여신'을 주종환 시인은 찰나에 본 것일까.

한편 시인은 "접은 날개는, 세계로부터 영원한 뒷짐을 진 영혼의 자세이다."라며 행동으로써 노래할 것을 부제로써 강조하여 자신을 일깨운다. 그런 시인은 "이 세계라는 거대한 쇠똥 같은 문명의 악취 속에서, / 인간이라는 이름의 가설 공동체여, / 지구의 안팎에 대한 의문의 덩어리를 굴려가는 쇠똥구리여."라고 일갈하며 "오직 돈으로만 탈출하고 안주할 수 있는 개미지옥 같은 / 자본특수로부터, 그 개미지옥의 끝없는 확장으로부터"라며 시편의 곳곳에서 "신체를 억압하면서 자라는 신체의 확장 같은" 나찰 같

은 물신사회의 어깨를 죽비로 내려친다.

하지만 주종환 시인은 「벌레, 벌레적인 것, 벌레의 영감」이라는 시제에서 보듯 그의 외침은 우리들 동시대인들을 향하기 이전에 먼저 자신에 대한 성찰을 촉구하는 소승 요가 수행자의 면을 보여준다. 그러한 시인은 미혹의 어둠 속에서 흔들림 없이 깨어 있고자 깊은 밤 나뭇가지 위에 정좌하고 있다.

검은빛의 보라색으로 둘러싸여
영원처럼 너울거리는 세계,
풀쩍 뛰는 불가능의 번식처럼 뒤척이는 육체들,
그 나날의 임계점 같은 낮과 밤을
홀로 깨어있는 부엉이의 눈처럼 굽어보라.
비록 삶이 자꾸만 가물거리는 육안 속에
억류된 배처럼 녹슬어가는 세월이더라도,
마주치기 무섭게 담을 넘어가는 도둑고양이처럼
잡을 수 없는 생명, 빛, 그림자이더라도,
끊임없이 어둠이 어둠 위에, 죽음이 주검 위에
덮치는 지옥, 땅, 육체의 혼미이더라도,
공동묘지에서 깨어난 영혼이 두리번거리는,
까마귀 떼가 점령한 산정처럼 불길한 천지이더라도,
오, 무수한 신생의 처소를 노리고
뱀 같은 혀와 독을 바른 웃음처럼 덤벼드는 세계,
그 감시의 그물을 찢고 다시 일어서는 정신이여!
잠시라도 그 정신을 놓치면
다시 사방이 사지(死地)로 돌변하는 이 세계의 낮과 밤을,
홀로 깨어있는 부엉이의 눈처럼 노려보라.

— 「부엉이의 눈」

말라르메는 1867년 3월 14일 그의 친구 카잘리스에게 보낸 편지에서 다음과 같이 썼다고 한다.

"나는 끔찍한 한 해를 보냈다: 나의 사유는 사유 그 자체를 사유해 왔으며 마침내 순수한 인식에 도달했다. 이 기나긴 고통 속에서 나의 존재가 겪은 모든 것은 필설로 다하지 못할 정도이지만 다행스럽게도 나는 완전히 죽었다(……). 나는 비개인적이 되었으며 네가 알던 스테판 말라르메가 아니라 지난날의 나를 통해 스스로를 바라보고 개발시킬 수 있는 우주가 지닌 능력이다."

젊은 말라르메는 조금은 과장된 듯도 하지만, 어쩌면 그러한 현미스런 정신적 착란과도 같은 사태를 통한 재탄생을 통해 정신의 깊은 심층 세계로 진입해 들어가려는 노력은 진여를 찾아가는 명상자의 그것이다.

수행자와는 달리 일상생활 속의 우리는 집아적 말라식과 아뢰야식의 깊은 무의식을 극복할 기회를 갖지 못한다. 에리히 프롬 Erich Fromm은 종교와 정신분석을 비교하며 정신분석 또한 종교적인 영역을 해석할 수 있으며, "중요한 것은 바로 인간이 종교에로 다시 돌아가서 하나님을 잘 믿느냐에 있는 것이 아니라 그가 얼마나 진리를 사랑하고 진리에 대해 사색하는가에 달려 있다."(Psychoanalysis and Religion)라고 보았다.

정신분석은 분명 또 하나 현대의 비상구로서 기능할지 모른다. 병든 자아의 치유와 구원을 넘어 그리고 문학과의 유비적 관계라는 범주를 뛰어넘어 그것은 현대라는 세계와 우주를 다시금 바라보게 한다.

그러나 무의식의 태양 뒤편에서 어떤 시인들은 '찢긴 족보처럼 바람결에 떠돌다가' '잡초들의 신화'가 되기를 소망한다. 그런 그들의 목소리는 낮고 조용하다. 그들은 스스로 낮은 곳으로 흘러 자리한다. **시인 손종호**는 투명한 영혼이 벗어 놓은 영적 허물을 어깨에 걸쳐 두고 있다. 말라와 아뢰야의 육신을 벗어두고 맨발의 고행을 자처하는 시인은 동시대 정신의 원형적 표상으로서의 거울이다.

> 비어 있음으로
> 오히려 가득 채우는
> 보이지 않음으로
> 오히려 내 심장을 숨쉬게 하는
>
> 하늘 높이 푸른 살을 적시고
> 가장 낮은 땅
> 풀잎 외로움 하나에도
> 고요히 뺨을 부비는
>
> 시간도
> 공간도 다 비켜서서
> 거저 세상에 열어 놓은
> 투명한 사랑
> 그리고
> 문(門)
>
> ─「공기의 꿈 1」

 "시간도 / 공간도 / 다 비켜선" '문門'으로 들어서는 시인은 '무심 검법'으로 투명한 정신을 일깨운다. "무명의 검객도 좋다. / 홀로 달빛 푸른 문경새재를 넘고 / 찢긴 족보처럼 바람결에 떠돌다가 / 상처 난 짐승으로" 언제나 잠들었을 그의 일상과 소리 없는 필적은 '기록조차' 제대로 남기지 않은 채 없는 '물처럼 흘러 끝이 없'음을 실천하는 침묵의 수행이다.

"가장 소중한 것에는 / 왜 무게가 없는가". "가장 아름다운 것에는 / 왜 꾸밈이 없는가." 그러하다. 경지에 이른 검은 화려하지 않다. 깊은 물은 함부로 움직이지 않는다. 시인 손종호의 검은 지금도 그의 투명한 영혼과 함께 서 있다. 검은 언제 하늘을 가를 것인가!

이미 언급이 있었지만, 하나인 존재는 둘로 나누어진다.("道生一, 一生二", 『도덕경』) 하나의 일자에서 비롯하여 제2와 제3의 분극을 이루는 「천부경」의 3체계 역시 그것이다. 하나로서의 동일자는 분극의 차이로서 존재할 수 있다. 이것이 세계에 대한 우리들 인간의 이해 방식이다. 자기 성실의 본원적 기운이 있음과 함께 또한 역동적 자기 현현의 정신이 있다. 시인들의 정신계 역시 그러하다.

우리는 또한 육체를 단순히 질료로서 석화시키고 정신만이 드러나게 하는 장인을 알고 있다. **조정권 시인!** 그의 시문은 실천이성 곧 그것이다. 미학적 통사와 음운은 대리석의 질료체로 조각되어 확고한 의지로 빛난다. 어떠한 아름다움도 그의 통사의 조각 끌 앞에서는 정언적 명령어로 완결된다. 「론다니니의 피에타」는 그의 시문이 얼마나 강력한 실천적 명제문인지를 가늠하게 한다. 단순한 미켈란젤로의 조각 선은 명료한 만큼이나 분명하다.

천상의 슬픔과 지상의 자식들이 하나로 합체하여 무화되고 있음을 그의 피에타는 표상한다. 그런 그의 "송두리째 없어진 아랫도리 / 아, 송두리째 없어진 아랫도리"의 뻣뻣이 굳어버린 몸은 차디 찬 지상의 어둠 속에서 재생한다. "상체만 남은 그 옆에 같이 누우며" 안아주는 손끝은 그러나 냉혹하리만치 실천 이성의 명제로써 그의 정신을 재단한다. 육체적 죽음을 통해 지상에서의 영적 부활을 그려내는 시인의 피에타는 한 페이지 성서라고 할 수 있다.

자자.
자자.

녹아버린 어둠
더 어둡지 않도록.

어둠 받아 안아주자

저 장년의 남자
땅 위에 내려주자.

허리 뒤에서 상체 일으켜 올리며
똑바로 세워주자.

같이 주저앉지 말자.
같이 주저앉지 말자.

송두리째 없어진 아랫도리
아, 송두리째 없어진 아랫도리.

자, 자자.
맨땅에 그냥 누워버린 남자.

상체만 남은 그 옆에 같이 누우며
자, 안아주자. 늙은 어미가 되어

— 「론다니니의 피에타」

신화는 과학이 태어나는 대지이다. 고대의 아리스토텔레스는 이점을 뚜렷이 인식하고 있었던 것 같다. "오늘날에도 그렇지만 초기의 사상가들로 하여금 철학적으로 사유하도록 강요한 것은 경이로움이었다. ……신화를 사랑한다는 것은 결국 자신이 철학자라는 것을 보여준다. 그것은 신화라는 것이 경이로움으로 이루어져 있기 때문이다."(『형이상학』, A₂ 982b). 논리의 분절적 시냅스가 이루어지는 순간 신화는 과학이 된다. 신화는, 눈뜨기 이전의 과학을 품고 있다.

『내 최초의 말이 사는 부족에 관한 보고서』를 낸 바 있는 **이재훈 시인**은 서울이라는 공화국의 시민이면서도 사실은 그는 '자신의 최초의 말이 사는 부족'의 한 주민으로서 살고 있다. 언제나 꿈을 꾸고 있는 듯한 안경 속의 눈빛과 온화한 무표정의 얼굴은 세계적 거대 도시 서울의 권위 있는 시 전문 월간지의 걸음 빠른 편집장이 아니라 아직은 자연과 정신이 분화되기 이전의 신화적 시대에 살고 있는 원시 부족의 자연인이다. 자동차와 전철이 무질서하게 뒤엉켜 운행하는 복잡한 서울의 중심에서 그가 거닐고 있는 곳은 황도십이궁의 한 모퉁이의 '사수자리'이거나 혹은 '태양을 갉아 먹는 뱀'의 숲 같은 곳이다. 그는 문명의 진화를 건너뛰어 들어온 샤먼의 후예로서 신화적 위상 공간에서 거주하는 서울공화국의 진정한 무정부주의자이다.

언제부턴가 새는 날지 않았다. 나스카 평원을 유유히 날아 광대한 상상의 틀까지도 슬쩍슬쩍 엿보던 새가, 날지 않게 되었다. 사연은 있었다. 가벼운 날갯짓, 그림자 아래에서 즐기는 종종걸음의 시간이 지나자, 설움이 찾아왔다. 새의 부리와 발톱이 꺾이고, 허기가 지면 온몸이 숯덩이처럼 달아올랐다. 새는 투명한 옷을 입고 전생의 시간 앞을 오갔다. 수면을 뛰어오르는 물고기나 굴을 빠져나온 뱀을 낚아챌 때마다 한 생이 투명하게 빛 바래는 순간을 보았다. 새는 눈이 멀었고 노래를 배웠다.

　　내 스무 살은 노래였다. 거리에서 배운 노래가 목청으로 흘러
나올 때, 사람들은 그것을 먼 이방의 방언이라 여겼다. ……새의
등에 올라타고 세상을 구경하고 싶었으며 나스카 평원에 새겨 넣
은 神의 형상을 한눈으로 보고 싶었다. 나는, 어떤 법을 배웠던
가. 노래하는 법 말고는 배운 것이 없다. 눈 먼 한 마리의 새가
내 머리칼 속에서 둥지를 틀고 있었다. 새의 전생은 자유였다고
평원을 돌보던 파수꾼이었다고……

　　　　　　　　　— 「나스카 평원을 떠난 새에 관한 이야기」 부분

　　융은 의식과 무의식의 해리를 현대의 심각한 정신적 문제로 지
적하였지만, 보다 근본적이고 내재적인 문제점은 정신과 육체의
격리적 사고이다. 정신과 육체는 분리되어 있지 않은 하나이다.
그러나 때로 우리는 정신과 육체의 유리적 상황을 경험한다. 신체
에 대한 정신의 격리는 곧 신체기관의 전경화로서 인격의 부재화
를 의미하며 인간이 하나의 도구이자 수단으로 전락함을 의미한다.

　　한조시대에 정위라는, 백황기술자는 어느 날 그의 아내가 소량
의 물질을 반응용기에 넣어 은으로 변하게 하자 그 비밀을 가르
쳐 달라고 졸라댄다. 하지만 아내가 그것은 운명적으로만 전수될
뿐이라고 하자 정위는 그녀를 위협하여 결국엔 미쳐서 죽게 하고
말았다. 연금술은 영적 본질을 물질계에 구현해 보임으로써 영성
을 깨닫게 한다. 그녀가 죽으면서까지 그 기술을 알려줄 수 없었
던 건 어떤 영적 가치의 문제와 결합되어 있기 때문이다.

　　자신의 영혼에 가하는 모욕만으로도 우리는 신체기관의 주체자

로서 정신과 신체의 해리적 공황장애를 일으킬 수 있다. 마찬가지로, 신체에 대한 체벌이나 가학 행위에 있어서도 그러하다. 신체기관의 전경화에 따른 영성 부재 의식은 인간을 인격체가 아닌 하나의 도구나 수단으로 전락게 한다.

정신분석은 인간의 정신과 육체를 분리한다. 융이 환자를 전인적 인격체로서의 자기완성을 염두에 두었던 것과는 달리 프로이드는 환자를 리비도적 신체기관으로 환원한다. 그것은 어떤 경우 견딜 수 없는 치욕이자 고문일 수 있다. 치료를 거부하고 미치광이로 살아가게 한 도라 양의 경우는 초기의 프로이드가 전이의 문제를 고려하지 않은 실수였다고 하나, 문제는 보다 근원적인 곳에 있다.

타인, 즉 영성 부재의 신체기관은 권력자에게 있어서 자신의 권력이 기록되는 양피지 혹은 신전을 건축하는 한 장의 벽돌 같은 것으로 상징화된다. 도구화된 인간의 신체기관은 자신의 기호체계 또는 하나의 기표로 인식될 뿐이다. 푸코는 일찍이 '몸은 권력을 각인시키는 장소이자 권력의 문화를 새겨 넣는 매체'로 인식하였다.

사회의 검은 무의식의 휘장 속에 감추어진 신체기관의 전경화 또는 영성 부재 의식은 오늘날 심판, 성전, 민주화 또는 정의, 평등, 규범이라는 이름 등으로 개인과 사회, 국가 간 서슴없이 자행되고 있으며 또한 '문명의 충돌' 같은 표제하에 인류학적 서고에 깊숙이 은폐된다.

김정란 시인은 영성 부재의 우리 사회에서 영적 회복을 위하여 권력의 우상들에 맞서 왔다. 때로는 정치적 현장에서, 때로는 왜곡된 문단 권력과 소수문학의 세계를 위하여. 그런 시인은 이제 내면의 보다 깊은 소리를 따라 버림받은 영혼들을 거두고 위로한다.

#1
처음엔 아프리카가 나타난다. …… 흑인 여자 하나가 뛰어다니면서 시신들을 수습한다. 맨발에다 초라하고 가난해 보인다. …… 불안과 무력함. 차가운, 습하고 냉랭한 우울. 그리고 분노를 닮은, 숨죽인 사랑. 그녀의 마음의 상태가 이미지 수신자의 가슴에 고스란히 전달된다. …… 갑자기, 이미지 수신자가 악! 하고 비명을 지른다. 그 시신들 중에 소년의 잘린 목 하나가 들어 있었기 때문이다. …… 뚜렷한 고수머리, 깜빡이는 긴 속눈썹, 쌍꺼풀진 큰 눈 속에 들어 있는 맑은 갈색 눈동자. 소년의 두 눈이 이미지 수신자를 말가니 바라본다. '못 보겠어, 아냐, 죽었을 거야, 이건 악몽이야.' ……

#2
…… 여자 하나가 작은 사내아이 하나를 데리고 서 있다. 그들의 모습은 거의 검은 실루엣처럼 보인다. 사방으로 흰 대리석으로 만들어진 나선형 계단들이 높이 솟아 있다. …… 건물 왼쪽 모퉁이에서 남자가 하나 나타난다. …… 남자가 사라지고 나자, 빗소리가 갑자기 커진다. 그러나 비가 더 세차게 내리기 때문은 아니다. …… 갑자기 계단이 움직이기 시작한다. 사방에 있는 계단이 아주 빠른 속도로 하늘을 향해 살아 있는 것처럼 힘차게 움직인다. …… 오른쪽 계단 한가운데쯤 거대한 대형 텔레비전이 나타난다. 텔레비전은 왼쪽 방향으로 돌려져 있다. 화면 안에 생생한 초록색 열대우림이 보인다.

계단은 계속 하늘을 향해 올라간다. …… 투명하고 단정한 憂愁. 나지막한, 그러나 절대적인 방식으로 들려오는 빗소리, 빗소리…….

– 「홀로그램 ― 두 종류의 이미지」 부분

김정란 시인의 「홀로그램 ― 두 종류의 이미지」 "#1"은 전쟁과 이념의 광기에 희생당한 생명들에 대한 레퀴엠의 서곡이다. "자기 속에 사막을 감추고 있는 자들"이라는 니체의 구절을 인용하며 『글쓰기와 차이』에서 지금은 고인이 된 데리다는 "시인이란 오직 불행에 헌신할 뿐"이라고 하였다. "#2"는 광란의 전쟁 이후 개인적 구원의 문제에 관한 이미지 수신이지만 불길한 서곡 "#1"과 마찬가지로 예감이 좋지 않다. 과연 시인은 시대의 불행을 악몽으로 예지하며 환영에 시달려야 하는 운명으로 살아가야 하는가!

"#2"는 야곱의 사다리를 상징하듯 하늘로 향한 나선형의 계단을 가진 신전이 나타나지만, 불행한 아이는 시신을 수습하던 여자로 대비되는 검은 실루엣의 여인과 함께 서 있다. 계단 아래로 사라지는 메시아는 아무런 역할도 하지 못한다. 그러나 수신자는 "계단이 움직이기 시작한다. 사방에 있는 계단이 아주 빠른 속도로 하늘을 향해 살아 있는 것처럼 힘차게 움직인다." "가슴에 힘찬 확신이 생겨난다."며 환희에 찬 듯 초인적인 극복을 언표한다.

하지만 시인의 또 다른 무의식이 제시하는 천국 재림의 '생생한 초록색 열대우림'은 남자가 꺾여 내려간 반대편 방향의 계단 위에서 초월적 시·공계의 암시 기호인 TV 속에서 반짝거릴 뿐이다. 그리고 "빗물 계속 흘러내린다. 차고 맑은 물. 그리고 무심한 슬픔…… 무심한 슬픔. 투명하고 단정한 憂愁. 나지막한, 그러나 절대적인 방식으로 들려오는 빗소리, 빗소리"라며 흐느끼듯 제시한다.

「돌로로사* 서울」은 「홀로그램─두 종류의 이미지」와 제작 시기에 있어서 상당한 시간적 편차를 지녔으면서도 동일한 근원적 주제의 이미지를 보여주고 있다는 점에서 주목된다. 각주는 마치 시 본문의 위대한 어머니의 목소리에 귀를 기울이는 아이의 사랑스런 중얼거림 같다. 그런데 사내아이와 여자 하나. 검은 실루엣 속의 사내아이와 그녀는 어쩌면, 비극적 운명의 길을 걷게 될 예수와 그 어머니를 가리키는 것일까.

> 돌로로사, 그대 제 땅에 있지 않아
> 늘 죽고 싶지……이 땅에서 순결의 힘은
> 늘 시들지
>
> 돌로로사, 악취가 진동하고
> 썩은 자들의 시체 높이 일어나
> 거짓의 혀들 창궐해, 이 땅,
> 돌로로사, 그대가 그대의 물로 하마 다
> 가리지 못한 거짓의 땅
> ……
>
> ─「돌로로사* 서울」 부분
>
> * Dolorosa : ……성모가 예수의 처형장면을 지켜보았다는 기록은
> 어디에도 없다. 그런데 왜 인류는 성모를 십자가 앞에 세워두
> 었을까? 그것은 늘 세속의 힘 앞에서 무너져 왔던 순수의 영웅
> 의 몰락을 인류가 여성성의 복원으로 뛰어넘으려 했기 때문이
> 라고 생각된다.

　　말라르메와 뒤샹에 그 진원지를 둔 자의적 상징의 예술은 20세
기 이후 다다와 쉬르레알리슴 그리고 입체파·미래파·표현주의
등 자기복제적 변이를 거치면서 현대예술을 전방위적으로 엮어
나갔다. 초현실주의 시인들과 함께 몬드리안, 칸딘스키 등 20세기
초반 추상으로 나아갔던 많은 작가들은 연금술과 신지학 등의 비
학occultism을 이해하고 있었다.

　　세계의 창조를 빛의 유출로 보았던 플로티노스에 따라, 점성
술·연금술·카발라 명상 등에서는 정신과 물질의 세계를 소통
가능한 하나의 전일적 세계로 이해한다.

융은 비인과적 원리로서의 동시성[33] 개념을 1930년에 사용하기 시작하여 1950년에 「동시성: 비인과적 연결 원리」라는 제목의 논문으로 볼프강 파울리(Wolfgang Pauli. 1900 – 1958)의 「케플러의 과학이론에 미친 원형적 관념의 영향」이라는 논문과 함께 『자연의 해석과 정신』이라는 책으로 출간하였다.

파울리는 측정 행위가 대상에 영향을 미치는 양자역학적 과정을 관찰자의 주관적이고 심리적 행위가 대상에 영향을 미치는 것으로 해석하였다. 그는 양자역학이 지니는 비결정론적 성격을 연금술적 상징은 물론, 칼 융의 집단 무의식과 연결시켰다. 이런 파울리의 생각은 불교의 연기적 세계관과도 맥을 같이한다.

파르메니데스에 의하면 우리가 그 안에 살아가는 자연이나 세상은 환영이나 가상doxa에 불과하다. 장자는 나비의 꿈이 실존의 삶과 같음을 인식하였다. 불교의 공 사상과 유식철학의 마음론 등은 모두가 현실이 하나의 환영으로서 마야의 세계임을 언급한다. 오직 유일한 건 진여와 불성 그리고 변함없는 동일자로서의 세계만 있을 뿐이다.

고대의 파르메니데스와 현대의 들뢰즈에 이르기까지 그들은 모두 하나로서의 세계에 관한 기호학적 사유를 구축하여 왔으며 그 기호학적 사유의 주제는 다름 아닌 '동일성'과 그 표상의 방식인

---

33) 융은 동시성에 관해 '둘 혹은 그 이상의 사건들 사이의 의미상의 일치'로서 제1. 마음과 사건이 일치하는 경우, 제2. 마음과 사건의 일치가 (대체로) 동일한 시간에 다른 곳에서 일어나는 경우, 제3. 사건이 미래에 일어나는 경우로 나누고 있으며 제1의 유형을 동시성 synchronisity이라고 하고, 제2, 제3의 유형을 동시성적synchronistisch이라고 한다.

'차이'이다.

융이언 아니엘라 야페는 "구체적인 대상물은 단순히 형태에 지나지 않는다."는 몬드리안의 말을 인용하며 "예술가들이 관심을 두는 것은 형태의 문제나, 추상과 구상과의 차이 혹은 상징과 비상징과의 차이점 등과 같은 것이 아니라…… 생명과 물체의 본질, 즉 배후의 불변성과 내면의 확고함이었다."라고 말한다.

이들은 모두 가시성을 초월하여 형상의 내재적 본성을 투시하고자 하는데, 그것은 다름 아닌 '세계는 하나'라는 전일적 세계관과 이를 대변하는 '동일성' 그것이다.

그런데 우리가 동일성에 바탕을 둔 전일적 세계관을 인식하는 최종 심급의 목적은 다름 아닌 정신성, 즉 영성의 회복이다. 파르메니데스의 '있음'은 곧 '자아의 없음'을 의미한다. 말라식 · 아뢰야식으로 대변되는 연기적 변화의 세계는 엄밀한 관점에서 존재하지 않는 '없음'의 세계이다. 그런 까닭에 '있음은 있음'이요 그 있음은 '동일한 유일자'로서의 존재계이다.

2차 세계대전 당시 독일 공군의 조종사였던 요셉 보이스는 크리미아 지역에서의 불시착으로 죽음의 직전에서 타타르인들의 자연물질의 치료법으로 회생하고 샤먼 예술가로 다시 태어난다. 머리에 꿀과 금박을 둘러 쓴 채 3시간 동안 죽은 토끼에게 말을 걸며 그림을 설명하는 보이스는 "말, 백조, 토끼 같은 동물들은 하나의 존재계에서 다른 존재계로 자유롭게 이동하는 영혼의 육화적 존재로서 우리가 살고 있는 세계와는 다른 영적 세계의 현현을 나타낸다."라고 말한다.

가르침과 조각 그리고 '언어'는 물론 정치까지도 용융과 변환을 통한 하나의 예술로 인식했던 보이스는 '죽은 토끼에게 어떻게 그림을 설명할 것인가' 등을 통해 탐욕과 폭력의 악순환을 거듭하는 차가운 세계에 영적 사랑과 메시지를 전달코자 하였다.[34]

우리가 직관하고 있는 바와 같이 세계는 하나이며 그를 표상하는 기호들 역시 하나로서의 동일성의 표상이다. 세계의 동일성은 물적 동일성이 아니라 영적 동일성을 의미한다. 세계의 동일성에 관한 이해의 최종 심급은 거기에 있다.

우리의 시·예술이 지향하는바 역시 그곳으로 소환된다. 동일성에 관한 진정한 이해는 영적 존재로서의 확인에 있다. 그렇다면 이제 문제는 확연해졌을 터이다. 인간만이 인간을 구원할 수 있다. 다시 말해 우리만이 우리를 구원할 수 있는 것이다.

4. 자연 · 사유 · 기호

고대 희랍의 히포크라테스의 제자 알크메온Alcmeon은 "신들은 불가시적 사물들과 그리고 죽음을 면치 못하는 사물들을 단번에

---

34) 오직 요셉 보이스에 대한 흠모 하나만으로 독일로 건너간 갓 서른의 화가 차우희가 요셉 보이스의 그림 앞에 서 있을 때 웬 서양인 한 사람이 다가와 말을 건네었다. 낯선 이방인에게 등을 돌렸던 차우희는 그러나 후일에야 그가 바로 요셉 보이스였음을 알고는 책망하였다. 자신의 그림 앞에서 한참을 움직이지 않고 서 있는 아직은 처녀 같았을 동양의 한 이방인 여인에게 친절하게 말을 건네는 요셉 보이스를 상상할 수 있다.

알지만, 인간들은 단서들의 진행, 즉 추론에 의해 알아 나가야 한다."라고 말했다.

인간 문화의 생성은 동일화의 표상에 의한다. 동일화, 그것은 지식 생성의 생래적인 능력으로, 문화 생성의 본질적 수단이며, 상징의 원리이다. 우리가 지식의 생성에 있어서 동일화의 방식을 사용하는 것은, 사물을 있는 그대로 단번에 인지하지 못하기 때문이다.

존재는 일자이다. 그러나 인간의 인식 기관은 존재를 일자로서 파악하지 못하고 다원적으로 접근한다. 인식을 언어화하는 인간들로서는 일자를 표현할 경우 다원적 관점의 하나하나를 모두 열거하여 나타내어야 한다.

우리는 추론적 상징을 통해서 세계에 대한 이해를 해 나간다. 형식논리라는 도식적 상징의 방식은 특정한 관점에서 일직선적 작업을 수행하며, 직관적이고 그물형의 상징의 방식은 시·예술 등과 같이 세계를 전체적 관점에서 유기적 관계의 상징을 전개해 나간다.

인간은 현미경이나 망원경이 아니라면 미시계나 초은하계를 감지할 수 없다. 그러나 인간의 추상적 관념화의 능력은 그러한 감각기관의 한계를 초월한다. 동일화 여부의 인지 작용, 상상력을 통한 연상, 상징기능은 초감각의 세계를 구상하고 기호로 치환한다.

물론 실체에 대한 개념화 작업으로서의 미시 심층적 추상화는 생활세계적 감각의 부재 국면을 초래한다. 그러나 시·예술, 형이상학, 수사학적 사유의 철학 등은 그러한 문제를 보완한다.

상징으로서의 '동일화 표상'은 실체를 포착하고자 하는 무딘 감관을 부여받은 우리 인간들의 지난한 몸짓이다. 그러나 상징의 세미오시스는 우리들이 자연이란 모태를 비의식의 힘으로 찾아나서는 여정이다.

상징은 '같음'을 의미하는 것', 즉 동일성의 표현이다. 상술하자면, '다른 것'으로서 '같음'을 나타내는 것이다. 모든 '다른 것'으로서 '같음'을 나타내는 표상행위의 목적은 '다름'을 말하기 위함이 아니라 '같음'을 말하기 위함이다. 기호학·수사학적 종차 구별이 '동일성'을 포기한다면 '표상'은 그 목적을 벗어난다.

파롤에 있어서, 동일성이란 토대를 포기한다면 '파롤'이란 존재할 수 없다.[35] 인간의 모든 표현의 산물, 즉 보고 듣는 단순한 감각적 인지의 문제로부터 체계적 지식과 예술적·학문적 표현, 기술적 생산을 비롯한 모든 문화 행위는 상징, 즉 동일성의 원리에 의한다.

아리스토텔레스는 '유비' 능력에 관해서는 가르쳐 줄 수 있는 것이 아니라 타고난 능력이라 하였다. 그러한 유비의 능력은 사실 모든 학문에 있어 기본적으로 요구되는 동일률의 인식 능력, 즉 이것은 저것과 같은가, 다른가? 'A＝A인가, 아닌가?'를 가늠하는 능력에 기초한다. 그에 바탕을 둔 유비는 비동질성 속에서의 동질성 파악이라는 본질 파악의 직관 능력이다.

---

35) 심각한 정신병 환자조차도 그의 기호들은 동일성을 표상하고자 안간 힘을 다하고 있으며, 의사 역시 상징 이면의 그 동일적 의미를 찾아 내고자 전력을 기울이는 것이다. 라캉이 무의식조차 언어적 기호의 구성물로 간주코자 했던 것은 표상, 즉 상징 생성의 동일화 원리를 비의식의 신경·생리적 작용계에까지 적용해 들어간 경우이다.

우리는 동일성에 의한 비교 행위 없이는 그 어떤 일상적 행위도 영위할 수 없다. 동일성 그것은 자연으로부터 우리가 부여받은 근원적 인식 원리이다. 우주와 우리 인체의 모든 신호·기호적 생체 작용은 바로 동일성 인식에 의한다. 심지어는 백혈구가 인체에 침입한 바이러스를 파괴하기 위해 사용하는 방법 역시 동일화의 인식이다. 백혈구는 자신의 형상을 바이러스에다 겹쳐 모양이 다를 경우 침입자를 파괴한다. DNA 역시 동일성을 지시하는 전기·화학적 작용의 신호물의 집합체이다.

우리 자아 기관이 외부의 세계를 인식하는 방식 역시 동일화이다. 외부의 대상을 감관으로 수용하여 인지·표상하는 우리는 사물을 실재와 동일하게 인식고자 하지만 그것은 감관의 능력 내에서이다. 인지는 실재가 아닌 기호작용으로서의 표상에 머문다. 우리는 그러한 표상들을 동일화의 방식으로 연결하여 문화를 형성한다.

유기적이고 변증적인 자연의 현상과 속성들은 근본적으로 하나로서의 전체를 형성해 나가는 동일률을 기초로 운행된다. 상징은 존재의 본질인 동일률을 대표한다.

카시러는, 칸트가 지성의 2원소인 감성과 오성에 의한 표상(개념＋직관)의 중요성을 언급한 데 대해, 그는 표상이라기 보다는 상징이 인간 지성의 본질소라며 "인간을 이성적 동물animal rationale로 정의하는 대신, 상징적 동물animal symbolicum이라 정의하지 않으면 안 된다."고 말한다. 그러나 카시러는 상징이 본질적으로 동일화에 바탕을 둔다는 사실을 고려하지 않았다.

동일률에 바탕을 둔 형식논리와 모순성에 바탕을 둔 변증법적 논리는 모두 우리가 특정한 관점에서 구성한 자의적 산물이다. 그러나 그 논리의 도식들은 자연에 내재하는 본성이다. 동일률은 이질성 속에서 유사성을, 변화 속에서 연속성을 그리고 그들 속의 본질적 근원을 이해하게 한다.

우리는 일상에 있어서 실재의 어느 것도 A＝A라는 형식논리적 동일률에 부합되지 않음을 알고 있다. 모든 물체의 형상과 성질은 끊임없이 변화한다. 그것들은 결코 한순간도 그 자신과 동일하지 않다. 항상 다른 것으로 이행하며 그 자신을 변형한다. 그럼에도 A＝A가 성립하는 것은 동일률이 현상계의 무수한 특성들 중 하나의 특정한 유사적 성질만을 포착하기 때문이다.

그러한 동일률은 개념과 도식을 그 대상으로 삼는 수학에서나 성립한다. 도식과 개념은 실재로서의 자연을 특정한 기호로써 대치한 하나의 표상이다. 기호는 다차원의 자연을 무차원의 사유, 즉 상징의 세계로 옮겨 놓는 일이다. 따라서 그러한 기호를 사용하는 형식논리 역시 무차원의 세계이다. 그러한 형식논리는 무차원의 수학에서나 성립할 뿐 다차원의 자연계에는 부합되지 않는다. 그럼에도 자연현상에 동일률이 적용되는 것은, 우리가 자연을 이미 사유의 형식을 통해 특정한 기호, 즉 관념으로 치환하기 때문이다.

관념으로 치환한다 함은 자연의 수많은 면모 중 어느 특정한 면만을 우리가 자의적으로 선택한다는 의미이다. '사과'라는 표현은, 실재의 과일을 '사과'라는 개념으로 치환하여 표현한 것이다. 그러니까 실재의 그 과일은 우리가 '사과'라는 명칭을 붙이기 전에는 오직 그 실체로서 존재한다. 그것은 시고, 단맛 나는 과일을 매다는 나무의 씨앗을 숨긴 그 어떤 것이기도 하고, 동물이나 사람에게 먹음직스런 먹을거리이기도 하며, 풍경을 꾸미는 나무의 열매이기도 하는 등 전혀 다른 면모의 존재일 수 있다. 찰즈 피어스(Charles Sanders Peirce)가 기호에 관하여 '어떤 사물을 누구에게 어떤 관점 혹은 능력에서 대신하는 어떤 것'이라고 한 의미는 그것이다.

수학적, 논리적 추론 작업 역시 본질적으로 사물 간의 유사·동질성을 찾아나간다. 수학과 논리를 자연에 적용시킬 때 이미 자연은 특정한 관점의 기호로 환원되기 때문이다. 그러한 유사·동질성의 생성 작업은 곧 상징화이다. 과학은 개념, 즉 도식적 동일성을, 시·예술은 이미지에 의한 유사, 동질성을 추구한다. 이미지에 의한 동일성 전개는 자연을 보다 자연에 가깝게 범주화한 기호의 방식이다.

형식논리의 각 전제와 결론 그리고 명제 간의 '동일성'은 'M'이라는 매개어의 지시성이다. 제 현상들 간에 'M'을 발견해 내는 능력은 형식논리라는 기관이 아니라 비의식의 직관과 통찰이다. 'M'이라는 아리아드네의 실을 찾아내기까지의 형식논리의 각 분절적 마디에는 건너뛸 수 없는 신경계의 시냅스의 허공들이 자리한다. 그 허공을 건너뜀은 우리 인간들에겐 오직 의지에 의한 기투이다.

상징은 매개념 또는 보조관념을 사용함에 있어서, 우선 도식적인 것과 이미지에 의한 것을 들 수 있다.[36) 그런데 두 경우 모두

---

36) 매개념의 범주·유형은, 도식·개념적(수학·과학적) / 이념적·수사학적(형이상학·철학) / 이미지적(시·예술) / 실제적(신화·신비학)으로 대별할 수 있다.

매개념 M인 '특정한 관점에서의 동질성' 그것의 발견은 직관이나 통찰 다시 말해 사고의 '비약'이 요구된다. 그리고 도식적 매개념은 오성적 비약, 이미지성의 매개념은 유사동질적 이미지의 비약이 요구된다.

뒤랑은, 형식논리와 단절된다는 이유로 이미지의 세계를 폄하하는 성상파괴주의자들을 비판한다. 뒤랑은 『상상력의 과학과 철학』에서, 이미지를 비롯한 '상상적인 것'들에 관해, 형식논리의 대립항인 A와 Ā에 동시에 참여할 수 있는 "제3의 특질체"인 B로서 "양도 논법적(dilemmartique레비스트로스)"이고 "양가 해석적 amphibolique"이라고 말한다. 그러나 이미지를 비롯한 신화적 사고 역시 본질적으로 동일률의 형식에 바탕을 둔다. 단지 수학과 과학의 자연과 기호와의 관계가 1 : 1 등치적임에 비해 이미지와 시·예술은 1 : 1 그 이상의 관계이다.

"당신은 장미이다!"라는 '은유'는 "당신은 아름답다!"를 의미한다. "그녀는 젖이 난다."라는 고대의 '기호'는 "그녀는 아이를 가졌다!"를 의미한다. 현대의 은유와 고대의 기호는 다 같이 추론적이다. 이미지를 비롯한 자연적 상징, 즉 은유의 유의미성은 본질적으로 추상적 도식에서 벗어나 존재론적 관점을 지향한다.

은유와 시는 초점적 과학이 제시하지 못하는 존재론적 인식과 성찰을 유도한다. 과학이 초점적 추상화의 철학을 추구한다면, 시·예술로서의 은유와 상징은 실체적 존재론의 인식을 추구한다.

은유는 형식논리의 입장에서는 기만이나 거짓이다. 그러나 모순적 현상의 내부에서 은유는 통일적 사실을 함유한다. 시적 은

유의 힘과 본질은 거기에 있다. 은유는 신화의 훌륭한 대유물이다. 인지의미론은 피상적 관계론에서 신화적, 형이상적 존재론으로 들어가야 할 것이다. 좌뇌적 사유에 의존하는 개념적 과학 못지않게 은유는 더 깊은 비의식의 자연에 닿아 있다.

추론적이든 시·예술이든 상징은 모두 논리적 계산에 의해서가 아니라 비의식의 직관에 의해 생성된다. 단지 시·예술은 수학·과학보다 다차원 개념의 이미지를 사용하므로 보다 강한 비의식의 에너지를 사용한다.

카시러는 예술·과학·역사·신화가 모두 '상징'의 구현이라고 하였다. 하지만 이러한 상징은 모두가 동일성에 바탕을 둔 논리적 구성체이다. 상징의 생성은 상징 기관 내의 매개념의 발견에 있으며, 그것은 비의식의 직관과 통찰에 의한다.

사유는 실체의 현상이나 속성을 재현하는 상징행위이다. 다차원계의 실체는 현상이라는 감각의 영상으로 가려져 있다. 동일률에 의한 형식논리는 현실을 무차원으로 추상화하여 전개하는 상징의 형식이며, 모순구조의 변증적 논리는 현상계의 다변적 양상을 수용한 논리이다.

그러나 동일률은 역설적으로, 다양성 속에서 유사성을, 변화 속에서 연속성을 그리고 다양성 사이에 존재하는 통일의 진정한 토대를 찾아낼 것을 요구한다. 논리학자들이 변증법적 논리가 형식논리에 예속된다고 보는 것은 그러한 이유에서이다.

시·예술 등에 있어서의 매개념이든 과학적 전개에 있어서의 매개념이든 그것은 모두 비의식의 통찰과 직관 그리고 표상적 상상력에 의한다. 물론, 그러한 표상력에 의한 상징과 이성은 모두가 다 같이 동일성을 추구하는 논리기관임은 말할 것이 없다. 그 동일성 발견의 수단인 매개물이 개념적이냐 이미지적이냐 하는 것이 다를 뿐이다.

과학은 개념과 도식에 의한 논리 전개의 상징을 사용함으로써 현실을 추상화시키는 반면 이미지적 유사 동질성을 매개로 하는 시 · 예술의 상징은 현실을 심층적이고 감각적으로 인식한다. 물활론적 인식으로서의 신화 역시 동일성을 추구하며 신화의 매개념은 자연 그 자체이다.

우리가 바라보는 자연과 세계의 본성 그것에 다가가고자 하는 우리의 정신 그것을 신성神性이라고 하든, 영성靈性이라고 하든 그것은 문제되지 않는다. 단순한 도식적 추론과 이성으로 환원할 수 없는 문제의 세계 그 속성들을 표상하는 방식이 서로 다를 뿐, 시 · 예술과 주술, 신화 그리고 비의적 정신은 유사적 인력권을 형성한다.

연금술사들이 물질의 변환 과정을 통하여 현자의 돌을 찾는 과정은 인간 정신의 완성의 과정을 비춰 보는 일이라고 할 때, 연금술의 과정을 문자로 남기지 않고 기이한 이미지의 그림들과 부호로써 남긴 것은 인간의 이성적 기호들로서는 영적 완성의 세계를 도식화할 수 없는 때문이다. 우리가 오늘날 하나로서의 전일적 세계의 외부와 그 본성의 동일성을 유비적으로 표상하는 것 역시 그러하다.

베르그송은 이성적 기호가 비약적 직관을 제약함을 우려하였지만, 그러나 실제에 있어서 기호의 정식들과 그 진행은 사고의 비약적 직관과 통찰에 바탕을 둔다. 수학 역시 시인들 이상의 직관과 상상력을 요구하며, 현대물리학은 동양의 직관적 사유에서 새로운 시작을 할 수 있음을 인식하고 있다.

사유적 실체로서의 상징은 기호체 또는 기호소로서 온전히 옮겨질 수 없다. 하나의 실체로서의 사유는 불립문자이다. 그런 까닭에 사유로서의 상징은 직관과 통찰의 비약을 요구한다.

직관과 통찰이 형식논리에서 필연적으로 요구됨에도 신화와 형이상학, 비학의 세계에서는 비합리적인 것, 신비주의 또는 미신적인 것이라며 폄하하는 경향이 있다. 물론 그것은 신화적 사고에 대한 형식논리의 재단이다. 그러나 직관과 통찰은 과학의 본질이다.

기호의 조작과 운용은 어디까지나 실재에 대한 개념화이다. 실재는 4차원 이상의 조직계인 반면 개념은 비존재의 차원이며 도상화시킬 경우 2차원의 세계이다. 물론, 조각과 퍼포먼스의 경우 3, 4차원을 구성한다. 그러나 기호화는 상징의 구현으로서 비유와 분절의 한계성을 지닌다.

신화는 정신과 자연의 분화 이전의 세계이다. 그런 신화는 추상예술의 세계 그것이다. 미분화 이전, 다시 말해 차이 이전의 본질은 형식 이전의 실질이다.

"알려진 세계는 완전히 제거당한다. 미지의 세계를 이어 줄 가교의 역할을 할 만한 것은 전혀 남아 있지 않다. …… 추상화는 기대하지 못했던 배후나 감추어진 느낌 같은 것을 들춰내 보여준다."라는 야페의 언급은 곧 신화에 관한 그것이다.

시는 지속 혹은 연장으로서의 사유와 기호가 만나는 교차로이자 회랑이다. 대상, 즉 존재와 존재자를 보여주는 시의 텍스트는 기호 간의 여백을 통사의 시냅스로 사용한다. 시 텍스트의 기호는, 기호라는 뉴런들 간의 시냅스 작용의 지시에 더 큰 기능을 갖고 있다.

뉴런의 시냅스 작용은 매우 활성적이지만 기호는 불활성적이다. 직관과 명상은 기호와 기호체계의 시냅스이다. 반성적 사고의 시냅스는 비활성적이나, 시적·신화적 사유는 활성적 사고이다.

시·예술은 이미지라는 다차원의 시냅스 작용을 이루나, 수학과 과학의 논리기제는 무차원의 개념과 도식의 시냅스를 사용한다. "과학의 논리적 도구를 과학 자체로 오인하고, 직관으로부터 다른 모든 것이 발생할 수 있음을 잊고 있다."라는 베르그송의 지적은 곧 그것이다.

수학이나 과학, 시·예술·비평이 모두 동일성에 바탕을 둔 상징을 사용한다는 점에서 모두의 원리는 동일하다. 단지 수학이나 과학이 극단적 자의성을 추구하는 반면 시·예술은 자연적 상징을 사용한다는 점에서 세계에 대한 접근과 표상 방식이 다를 뿐이다.

그러나 수학이나 과학 역시 시·예술이나 마찬가지로 환정적이기도 하며, 시·예술도 수학이나 과학처럼 극단적 자의성의 기법을 사용함으로써 이지적이고 추상적 미학을 구현한다.

시·예술 텍스트의 구성에 있어 부분으로서의 '상징'은 전체적 상징과 하나의 동일성적 아이덴티티, 다시 말해 엄격한 통일과 조화를 이룬다. 그것은 논리식 또는 수사학적 조작으로 얻어지는 것이 아니다. 시·예술에 있어서 상징은 비의식계의 정신작용이다.

피어스는 '기호 속의 사고thoughts in signs'란 표현을 '사고-기호thought-sign'란 말로 바꾸어 사고와 기호의 동일성을 고려했다. 그는 세미오시스의 추동력을 가추법에 근거한다. 그러나 가추법의 원리는 다름 아닌 비의식의 통찰 행위 그것이다.

존재는 곧, 공간의 변화이다. 공간은 기호로 표상된다. 우리는 공간 그 자체를 인식할 수 없다. 감관을 통해서, 그리고 공간의 변화를 추적하는 기능에 의해서 존재를 인식한다. 감관은 기호를 표상하고 변화에 대한 인식은 상징을 생성한다. 그러나 상징은 변화를 가능하게 하는 실체에 또한 사유한다.

자연으로부터 이어받은 감관과 변화 인식력은 존재를 이해하는 두 개의 렌즈이다. 그 두 개의 눈은 상보적 수렴으로 존재를 인식한다. 기호와 상징은 그 상보적 수렴으로 세계와 하나 되게 한다.

우리는 현상으로부터 비롯하여 상징을 생성하고 기호를 표상하지만 상징과 기호의 텍스트는 실체를 지향한다. 상징물로서의 시·예술의 텍스트는 과학이나 마찬가지로 존재와 세계에 대한 재귀적 물음의 기호작용이다.

데리다는 피어스와, 베르그송은 윌리엄 제임스와 유사한 사유의 세계를 드러낸다. 이와 같은 동시성적 사례들은 상호텍스트적 현상일 수도 있으나, 원형의 반복 현상, 즉 자연의 속성으로서의 프랙탈 현상일 수도 있다. 사유는 시·공간을 달리하여 차이를 지니지만 전체적으로는 동일한 형상의 사이클적 반복이다.

개념적 동일성의 함수식으로써 기술되지 않는 실존적 심층의 문제는 시·예술과 형이상학, 수사학, 신화적 표상의 방식으로써 유효하게 표상된다. 저마다 다른 유형의 보조기관을 찾아나가는 각 상징 활동들은 저마다 특정한 관점에서 세계의 실재를 드러내 보여주는 상보적 관계의 인식소들이다.

상징은 동일화의 욕망과 의지이다. 여타 생명 현상들과 인간은 그러한 점에서 동일한 상징 작용을 행한다. 단지 동물의 반사적 신경·생리작용과는 달리, 인간은 질료적으로 기호화해 내는 수월한 능력을 갖고 있다. 그것이 동물과 특별히 다른 점이다. 고도의 기호체계를 만들어 사용한다는 건 인간만의 특성이다. 인간이 도구적 동물이라는 말은, 인간은 진정으로 기호적 동물이라는 말이다.

제4부

비의식(nonconsciousness)과
시 텍스트의 생성 원리

Ⅰ. 주체 조명 & 미래파의 미래

　── 현재의 우리들의 지식은 동시대인들에게 무엇을 줄 수 있을까?
　그리고 우리의 시·예술은 무엇을 줄 수 있을까?

글을 시작하며

　주체는 우리의 논의에서 자아, 작가라는 말로 대체해도 무방하
다. 주체, 즉 텍스트 생성자의 정신 작용에 관한 연구는 시문학에
서 필수적이나 지금까지 그 중요성이 이해되고 있지 않다. 우리
시단의 '미래파'에 관한 글만이 아니라 그 어떠한 텍스트이든 그
비평에 있어서는 먼저 텍스트의 기호학적 특성과 함께 그 생성원
리에 대한 이해가 있어야 함은 말할 것이 없다. 그러나 지금까지
시문학사를 비롯하여 제반 인문학사에서 인간의 창조적 정신작용
에 관한 연구는 제대로 되어 있지 않았다. 그런 상황에서의 텍스
트에 대한 비평은 사실은 심해의 지도 없는 항해나 다를 바 없는
것이다. 그런 까닭에 나는 먼저 시작의 원리를 상징 생성작용의
측면에서 기술하고 이에 바탕을 두어 '미래파'로 불리는 자의적

상징의 텍스트를 생산하는 젊은 시인들에 관해 언급할 것이다.

자의적 상징을 사용하는 소위 '미래파'라 불리는 시인들의 출현은 우리 시단에 하나의 새로운 패러다임의 시작법을 구축해 보여준다. 그들은 현대예술의 제작 원리에 상당히 가까이 다가가 있다. 그들은 비의식계를 자유로이 불러내어 사용하는데, 20세기 전반기에 쉬르레알리스트들이 자동기술법이라 칭하며 사용하던 작시법 역시 비의식의 자유로운 유출과 표상으로서 우리의 젊은 시인들의 작시법과 본질적으로는 동일한 양태의 기술이다. 단지 차이라면, 텍스트 구성에 있어서 쉬르레알리스트들은 의식적 재구성을 하지 않는 데 비해 우리의 젊은 시인들은 미학적 코드를 의식한다.

비의식을 사용하는 이러한 시적 경향은 이제 우리의 시단에 긍정적인 영향을 전해 주고 있는 것으로 보인다. 전통 서정이나 리얼리즘의 텍스트들에서도 역시 비의식의 차용을 확인할 수가 있다. 이것은 우리의 젊은 시인들이 시단의 발전에 긍정적으로 작용하고 있음을 보여주는 것이다. 그러나 논자는 애칭 '미래파'라는 시인들의 긍정적 영향에도 불구하고 그들이 시·예술의 본질소에 더욱 접근하여 주길 소망한다. 그것은 다름 아닌 심층비의식의 계발이다. 심층비의식이란 달리 말하면 심층 사유의 세계이다. 심층비의식은 소재와 표현의 새로움에 깊이를 더해 준다.

시는 외로운 작업이다. 외롭지 않기 위해 우리는 대중 친화성의 시를 쓸 수 있다. 또한 그와 같은 시인들이 있으므로 동시대인들이 시문학을 향유할 수 있다. 그러나 이와 달리 시라는 이념에 봉사하는 것도 훌륭한 시인의 길일 수 있다. 시라는 이념의 깃발이 지켜지지 않는다면 시라는 관념 속의 국가는 소멸하고 만다. 시라는 국가와 마을이 있음으로써 시의 전령들로 하여금 그곳의 주민들에게 시를 향유케 할 수 있음은 당연한 이치이다. 시의 깃발을 지키는 이들은 그러한 시의 국가에 시라는 이데아의 이념을 제공해야 한다. 사실, 미래파라는 젊은 시인들은 대중 친화적이지가 못하다. 그러나 우리는 어차피 명예와 재물을 위하여 시를 쓰는 것이 아니지 않는가. 새로움과 변화는 자연의 본성이요, 그래서 깃발은 닳아지고 낡게 마련이다. 그런 까닭에 깃발은 또한 더욱 외로운 것이다. 그러나 시를 진실로 아끼는 독자의 입장에서 논자는 외로운 그들에게 바래져가는 시의 깃발을 그래도 지켜 나가길 염치없이 주문하는 것이다.

1. 주체의 신화학

기호학은 기호작용에 관한 학이다. 그러나 상징은 기호의 생성, 즉 사유의 작용이다. 그런데 이제까지 시론은 텍스트의 분석에만 머물렀을 뿐, 텍스트 생성자의 창조성의 원리에는 관심이 없었다. 그러나 텍스트의 분석이나 기호체계를 아는 것 이상으로 중요한 건 그 생성기관인 작가의 정신작용에 관한 연구이다. 그에 관한 연구는 기호체계의 구축 이전에 기호작용의 패러다임을 변화시킬 수 있다. 그러나 기호의 생성자인 주체에 관한 논의는 그 연구가 배제되거나 소홀하였다. 더욱이 시문학에 있어서는 그 어느 분야보다도 텍스트 생성 원리에 대한 이해가 요구됨에도 그렇지 못했다.

철학사에서는 칸트(Immanuel Kant, 1724~1804)가 주체의 창조적 정신작용에 관심을 가짐으로써 '인식론'에 전환적 계기를 이루었다. 칸트는 지식이 감관적 경험과 타고난 시·공간 인식능력 및 판단능력을 통해 구성된다는 인식의 한계성에 주목함으로써 존재론에 관한 형이상학적이고 소모적인 논쟁을 종식시키고자 하였다. 칸트의 인간 인식기능의 원리와 그 한계성에 관한 고찰은 철학의 관심을 기존의 존재론으로부터 인식론으로 바꾸어 놓았다. 또한 카시러의 상징형식의 철학은 그러한 칸트적 인식론에 대한 반발의 산물이기도 하다.

다른 하나는 정신의학의 분야로서 20세기 직전·후로 대두된 윌리엄 제임스(William James, 1842~1910), 프로이드(Sigmund Freud, 1856~1939), 칼 융(Carl Gustav Jung, 1875~1961) 등의 무의식에 관한 연구이다. 프로이드가 무의식에 관한 관심을 일반화하는 데 기여한 반면 윌리엄 제임스와 칼 융은 무의식의 본질을 현상학적으로 드러내는 데 기여한 바 컸다. 아무튼 그들의 심리학적 연구는 상대적이고 불확정성을 그 특징으로 하는 20세기 현대라는 세계의 본질을 심리학적 측면에서도 잘 드러내 보여주었다. 카시러(Ernst Cassirer, 1874~1945)는 신칸트학파답게 무의식에 관한 접근을 배제하고 의식의 관점에서 인식기능을 탐구하였다. 카시러는 칸트와는 달리, 인간 지성의 본질은 개념과 직관의 표상이 아니라 상징을 필요로 한다며 "인간은 이성적 동물animal rationale이 아니라, 상징적 동물animal symbolicum로 정의해야 한다."고 하였다.37)

---

37) 카시러는, 칸트가 지성의 2원소에 의한 표상(개념 + 직관)의 중요성을 언급한 데 대해, 그는 표상이 아니라 상징이 인간 지성의 본질소라고

그러나 의식, 즉 사후추론의 관점에서 상징의 기능을 논하였던 카시러나 칸트는 기호학적 한계에 갇혀 있었다고 하겠다. 그와 달리, 윌리엄 제임스와 교류했던 베르그송(Henri Bergson, 1859~1941)은 비교적 관심의 방향을 무의식계의 작용성에 두고자 하였다.[38] 그러나 베르그송은 인간의 창조적 정신작용을 직관과 지속 등의 관점에서 접근을 하였지만 그 원리나 작용의 문제로 들어가지는 않았다. 크리스테바(Julia Kristeva 1941~)의 경우는 이전까지의 논의자들과는 달리 특별한 경우이다. 그녀는 정신분석의로서 임상경험과 연구에 힘입어 말하는 주체의 본질소로서의 에너지와 그 충동적 작용을 '기호계le sémiotique'라는 개념으로 기술하였다. 그녀의 논의가 프로이드와 마찬가지로 성적 리비도 기관에 근원을 두고 있다는 게 문제이지만, 1970년대 전후 정신과학에 관한 특별한 연구로 주목되어야 한다. 그럼에도 크리스테바의 그러한 논의가 오늘날 묻혀져 가고 있음은 아쉬운 일이다. 오히려 움베르토 에코는 크리스테바의 주체에 관한 논의를 기호학의 관점에서 제한하려 했다.

말한다. 그러나 상징의 본질은 동질성을 확인코자 하는 신경·생리적 비의식의 생체작용으로서 기호적 관념으로 말할 때 칸트의 오성에 해당하는 것이다. 그런 까닭에 나는 "인간을 이성적 동물animal rationale로 정의하는 대신, 상징적 동물animal symbolicum이라 정의하지 않으면 안 된다."라고 말한 카시러의 요구를 수사적 표현으로 한정한다.

38) 정신의 형식Form 혹은 형태부여Gestaltung가 비약적 생명 운동에 대한 방해라고 인식한 베르그송에 반해 인간의 정신은 대상을 흐르는 시간 속에서 한순간 고정시키고 객관화한다고 카시러는 비판하였다. (『인식의 현상학』, 서론) 그러나 베르그송의 '직관의 비약'과 함께 '기호적 논리기관'은 상보적이라 할 것이다.

에코(Umberto Eco, 1932~)는, 크리스테바의 주장처럼 "말하는 주체의 기호학"으로 범위를 확대할 경우 기호학이 아니라 자칫하면 "유물론에 토대를 둔 해석학"의 또 다른 형태가 될 위험이 있다며 주체는 발화체에 의해 "운반된 내용의 요소들 중의 하나"로서 "읽혀지거나 해석되어야" 한다고 말했다.(『일반 기호학 논고』, 1975) 기호학의 주체는 심리적이고 실존적인 주체와는 뚜렷이 구별된다는 것이다. 그러나 에코의 기호학은 즉시적 소통을 목적으로 한다. 이것은 전통적 의식관에 바탕을 둔 기호론이다.

하지만 이러한 입장은 비의식을 사용하는 현대의 예술과 학문적 사고를 제대로 기술할 수 없다. 그리고 우리의 관점에서, 크리스테바에 대한 에코의 비판은 오히려 당연한 결과로 보인다. 왜냐하면 에코는 기호학자이고 크리스테바의 논의는 상징, 즉 인간의 창조적 정신작용에 관한 것이기 때문이다. 역으로 말해, 에코가 "유물론에 토대를 둔 해석학ermeneutica의 또 다른 형태가 될 위험이 있다."라고 말한 건 에코가 자신의 논점의 한계를 정확히 지적한 것이다.

그런데 에코의 그와 같은 비판을 정신분석학에 토대를 둔 크리스테바의 주체에 대한 지적으로 한정한다면 그 의미가 없는 것이 아니다. 크리스테바는 기호계의 실증적 논거로 말라르메 시의 통사·의미론적 초월과 음운 미학의 독창성을 성적 리비도 기관과 결부 짓고, 이를 근거로 삼아 시적 언어의 혁신적 충동을 일으키는 기호계가 자신의 자의적 관념물이 아니라 인간의 신체기관에 질료적으로 내재하는 실제적 에너지임을 입증하려 하였다. 그러나 우리가 보기에 크리스테바는 기호계의 존재에 관한 입증방향을 잘못 설정하였다. 기호계라는 창조적 정신계의 성격 설정은 의미롭지만, 그 주된 논거를 프로이드의 성적 리비도 제1원리주의에 둔 것은 본질적 한계이다.

크리스테바는 기호계의 존재를 실증하고자 노력하였으나 그것은 어디까지나 정신분석학 연구실 내에서였다. 크리스테바는 그 당시 진행되고 있는 인지심리학에 관심을 갖지 않았다. 현대의 인지심리학계는 중세에는 신의 이성으로 간주되었던 '직관'과 '영감' '통찰' 같은 창조적 정신작용을 다루고 있다.[39] 물론, 아직은

39) M. I. Posner와 C. R. Snyder(Attention and cognitive control, 1975)는 자동적 정신과정과 주의적 정신과정으로 구분하여 전자는 노력이나 의식적 감시 없이 일어나며, 진행 중인 다른 정신 조작들과 결합될 수 있는 반면에, 후자는 수의적 통제하에 있고 의식적으로 감시되며, 때때로 힘이 들고, 다른 정신과정들과 결합될 때에는 간섭을 받는다고 하였다. 또 이에 대해 코헨은 전자는 직관적 사고, 후자는 논리적 사고와 유사하다고 말하며 또한 논리적 사고가 의식적, 분석적, 연속적, 서열적인 반면에 직관적 사고는 훨씬 더 신비롭다며 포즈너와 스나이더의 자동적 / 주의적 정신과정을 잘 설명하고 있다. 그리고 "직관적 사고는 특성상 주의 깊게 잘 계획된 단계로 진전되지 않으며…… 옳던 그르던 답에 도달하는데 그 과정은 거의 인식하지 못한다." 하는 Bruner(1960)의 기술을 첨언하고 있다.(Cohen, Gillian · 이관용 외 역, 『인지심리학』(서울: 법문사, 1984), pp.163 – 4. 참조) 포즈너와 스나이더는 자동적 정신과정과 주의적 정신과정으로 나누나 이 역시 기존의 무의식 · 의식의 다른 표현일 뿐이다. 그러나 우리의 관점에서는 자동적 정신과정과 주의적 정신과정을 모두 비의식으로 묶고 인지기능만 '의식'으로 보아야 할 것이다. 여기서 필자의 비의식에 해당하는 직관에 관한 코헨의 설명을 옮겨 본다.
"그 산물은 추측, 육감, 통찰의 섬광인데; 그 과정은 의식적이 아니며, 내성할 수 없는 것이며, 수의적 통제하에 있지 아니한다. 우리는 직관을 기술하기 위한 노력에서 다소 이상한 유추를 사용하는데, 그 중 가장 보편적인 것의 하나는 양계장(chicken farm) 유추이다. 일정 기간의 준비(혹은 달걀 선택?)에 이어, 부화기(period of incubation)가 존재하는 것으로 가정되며, 그다음에 생각이 부화되어 나온다. 달리

그 생성원리를 제대로 규명해 내고 있지 못하다. 그러나 뇌신경 과학 등과 결합하여 진행되는 연구는 조만간 그 어떤 가시적 성과가 나타나리라 기대한다. 물론, 이 경우는 뇌신경세포의 전기·화학적 시냅스계의 작용을 설명할 수 있는 곳까지 진행되어야 할 것이다. 그런데 사실 이러한 논의의 방향은 반세기도 더 전에 칼 융 역시 인식하고 있었다.[40]

크리스테바의 기호계의 본질은 우리의 관점에서 다름 아닌 인간의 창조적 정신작용의 대표적 능력, 즉 직관과 통찰이다. 직관과 통찰은 시·예술·학문·사회규범 등의 문제에 있어서 새로운 패러다임을 창조하게 하는 본질적 정신작용이다. 크리스테바는 '비의식의 직관과 통찰의 정신작용'을 기호계의 작용으로 이해하여 인간의 창조적 정신작용의 근거를 성적 리비도 기관에 기초 지었다. 그러나 문제는, 인간의 창조적 정신작용이 프로이드나 크리스테바가 생각했던 바의 성적 리비도가 그 근원일 수만은 없다는 사실이다. 크리스테바는 프랑스어의 미묘한 음향성의 특성과 그리고 뛰어난 음향성을 구사했던 말라르메의 시어를 창조계의 정신작용에 자의적으로 결부시켰다. 프랑스어의 경우 발성 음향

설명하면, 직관은 붉은 포도주처럼 생각들을 '골똘히 하는'(mulling) 것을 포함한다."(같은 책 p.164.)

40) 융은 정신과정을 기질적인 세포과정으로 볼 것이 아니라며 "인간이 이렇게 저렇게 생각하고 행동하는 것은 이 분자 또는 저 분자 속의 이 단백체 또는 저 단백체가 분해되거나 또는 합성된 때문이라는 것이 증명될 수 있어야 할 것"이라고 하였다. 또한 「정신의 본질에 관한 이론적 고찰」에서는 "정신의 객관성은 단지 생리학적이고 생물학적인 현상일 뿐만 아니라 물리학적인 현상과도 연관되어 있을 것이며, 그것도 핵물리학 현상과 가장 많은 연관을 맺을 듯싶다."라고 하였다.

은 사실상 성적 신체기관에도 자극을 주는 건 사실이고, 그로 인해 성적 충동의 문제를 연상하게 할 수는 있을 것이다. 그러나 발성 음향이 성적 신체기관에 영향을 미친다고 하여서, 창조적 분절의 발성 음향이 성적 신체기관의 영향하에서 생성된 것으로 주장함은 본말이 전도된 곡해이다.

크리스테바는 케이지(John Cage, 1912~1992)의 음악과 같이 프랑스어가 아닌 악기의 파격적 음향 역시 성적 리비도 기관과 결부되고 그 기관에서 창조적 영감이 발현되었다고 주장할지 모르겠다. 프로이드는 「나르시시즘에 관한 서론」에서 "자아를 향한 리비도 집중과 이후에 나타나는 대상 리비도 집중의 관계는 원형동물인 아메바의 몸통과 그 몸통이 내뻗는 위족僞足의 관계와 마찬가지"라고 하고, 한편 『자아와 이드』에서는 "자아는 궁극적으로 육체적 감각에서 유래하는데, 이 감각은 주로 육체의 피부에서 오는 감각이다. 따라서 자아는 육체 표면의 정신적 투사체로 간주될 수 있으며 그 외에, 앞에서 보았듯이 정신적 기관의 표면을 표상한다."라고 하였다. 그러나 애초 신경·생리학자로서 프로이드가 원형생물을 관찰 연구한 바에 의하면 그런지도 모르나, 인간은 원형동물이 아니다. 프로이드의 그 주장은 그러한 표피적 활동을 벗어나기 위한 인간의 수십억 년간의 진화 또는 진화단계에 있어서의 우연적 창조와 같은 과정이 모두 배제된 채 원형동물=인간으로 단순 도식화되어 있다.

카시러는 폰 윅스퀼(Johannes von Uexküll, 1864~1944)의 해부학적 논의를 빌려, 동물은 자극을 받아들이는 수용계통Merkrnetz과 그에 반응하는 운동계통Wirknetz이 있으나 그러한 동물의 기능원환Funktionskreis과는 달리, '상징계통symbolic system'이라는 '제3의 연결물'을 지니고 있으며, 그러한 인간은 동물과는 전혀 다른 차원의 세계, 즉 언어, 신화, 예술 및 종교 등의 상징적 우주에서 살고 있다고 말하였다. 카시러는 뇌신경과학의 문제를 끌어들이지는 않았지만 사실 상징기능의 중추적 역할은 여느 동물과는 비교할 수 없을 정도로 발달된 뉴런의 덩어리인 대뇌피질이라는 기관이다.

우리는 성적 리비도 제1원리주의를 법전화하려는 프로이드를 떠난 아들러(Adler, 1870~1937)와 칼 융의 입장 또한 이러한 견해에 동의하리라 생각한다. 결론적으로, 프로이드나 크리스테바의 성적 리비도 제1원리주의는 정신분석학적 믿음을 진리화하려는 하나의 연역적 '근거 짓기'에 다름 아니다. 현상학적 관점에서, 제반 학술·예술·제도 등의 경우 창조적 정신은 취미, 직업, 요청 등 실제적 필요의 상황에서 동기부여되는 것으로 파악될 뿐, 성적 충동에 근거하거나 기인한다고 생각되지는 않는다. 크리스테바는 기호계의 근거를 하나의 관념적 입장이 아니라 질료체에 근거함을 입증하고 싶었겠으나 그것이 도그마적 연역의 오류에 들게 하였다.

말라르메(Stephane Mallarme, 1842~1898)는 자신의 「산문Prose」의 음운성에 성적 욕동성을 고려하지 않았음은 물론이다. 일례로 /s/음에 대하여 크리스테바는 남근요도 긴장적 측면을 강조하나, 크리스테바 자신도 언급하였듯 말라르메는/s/음에 대하여 위치, 즉 균형, 탐구를 강조한다. 단지 크리스테바는 기호계 이론을 논거화하기 위해 말라르메의 음운을 성적 리비도의 기관에다 생체

고고학적으로 결부 지었을 뿐이다. 에코는 크리스테바의 이러한 점에 주목하여 기호학에서 주체 문제를 제한하여야 할 필요성을 주장하였을 것이다.

아방가르드는 성적 충동의 발현의 결과가 아니다. 새로운 질서를 꿈꾸는 휴머니즘과 자신을 희생하는 냉철한 이념적 정신에 바탕을 두어 나온 창조적 정신이다. 말라르메는 성적 충동의 발현에서 「이지튀르 혹은 엘베뇽의 착란」을 쓴 것이 아니라 오히려 모든 물신적 욕망을 배제하여 이루어낸 것이다. 크리스테바의 기호계이론은 프로이드의 리비도 개념에 근거 지음으로써 창조적 정신작용을 왜곡하였다. 말라르메도 철자와 그 음향과의 관계에 관하여 「영어단어들Les Mots Anglais」에서 기술하였지만 크리스테바와 같이 성적 신체기관과 결부 짓지는 않는다.41)

---

41) 가령, 철자 p는 '축적, 기성의 풍요 또는 침체의 의도'를 나타내면서 때로는 '강렬하고 명료한 어떤 행위나 목표'를 표명한다. b는 단어 첫머리에서 여러 가지 모음들과 결합하여 다양한 의미를 나타내는데 그 의미들은 '생산', '분만', '생식력', '폭', '넓음', '부풀어 오름', '휘어짐', '허풍' 등을 나타낸다. t는 '정지', '고정성', '머무름'과 연관된다. tr은 '정신적인 면에서 안정의 개념을 운반하면서 진실과 신뢰를 나타내는 어휘그룹을 형성한다.' 최종적으로는 '발로 짓밟는'의 의미를 지닌 단어들과 관련된다. r은 '의성어로서 찢어짐', '과격한 그 무엇'을 나타낸다. l은 '결과가 수반되지 않는 욕망, 느릿한 움직임, 침체' 등과 '솟아오름', '열망과 청취 및 사랑하는 능력'을 나타낸다. f는 '강하고 고정적인 조르기étreinte'를 나타내고 'l과 함께 나르는 행위 또는 창공을 헤치고 나가는 대부분의 어휘들을 만든다.' 그에 비해 r은 '투쟁, 멀어짐, 때로는 서로 관계없는 여러 가지 의미들'을 나타낸다. m은 '행하는 능력, 즉 기쁨, 남성적인 그리고 모성적인 기쁨' 등을 나타낸다.(김인환, 「시적 언어의 형식과 그 해석—크리스테바의 말라르메 "산문" 분석을 중심으로」 재인용.)

말라르메는 「주사위 던지기」 등의 작품을 통해 '우연'의 중요성을 주제적으로 강조하였다. 우연은 거시물리적 세계의 배면에서 작용하는 미시물리적 작용에 의한 것으로, 자연현상과 양자물리적 현상, 직관·통찰 등의 사유작용 등에서 경험된다. 쉬르의 전신이 다다이고 그 전신이 미래파, 입체파 등이다. 그러나 미래파와 입체파 그리고 쉬르레알리슴이 아폴리네르(Guillaume Apollinaire, 1880~1918)에게서 영향을 받았으며('쉬르레알리슴'은 브르통이 아폴리네르로부터 빌려 온 용어이다) 아폴리네르는 말라르메로부터 영향을 받았다. 그러나 그들 분열증적인 20세기 초의 논의들 모두는 말라르메의 사유와 기교 그리고 그 조화미를 뒤따르지 못했다. 그는 고전적 힘과 정신 그리고 웅장함과 스케일을 지녔으면서도 현대적 사유와 미학적 양식을 생성해 낸, 현대 예술의 세계를 열어 보여준 진정으로 위대한 시의 사제였다.42)

말라르메가 강조한 우연 그것은 다다이즘의 정신의 요체이다. 유클리드적 기하학의 거시물리적 논리의 배면에서 언제나 새로운 세계를 형성해 내는 미시물리의 불확정성을 지닌 에너지계의 움직임을 말라르메는 직관하고 있었다. 우리가 고형체의 벽돌로서의 기호를 죽은 세포의 표피로 여기는 이유는 그것이다. 진정한 기호는 낱말이 아닌 체계이며, 체계 이전의 상징의 기능, 즉 뉴런들의 여백과 허공의 유희계이다.

---

42) 말라르메의 「주사위 던지기」 등에서 말하는 우연은 다다이즘의 이론에 영감을 주었다. 또한 말라르메의 영향은 기욤 아뽈리네르의 도상적 회화 시편들인 칼리그람calligramme(1918)을 거쳐 미래파 운동의 주창자인 마리네티(F. T. Marinetti)에게 언어의 해방을 표방하면서 구문 파괴, 문장 해체, 낱말의 분리, 구두점의 억제, 거친 의성어의 도입 등을 통하여 '자유 그 자체로서의 말'을 추구하게 하였다.

상징과 기호체계에 대한 인간의 창조성은 성적 충동의 신호적 세계와는 너무나 다른 방향으로 특화되어 왔다. 사실, 그럼에 있어서 크리스테바는 말라르메의 텍스트에다 크리스테바 그녀의 리비도적 논의를 착색시켰을 뿐이다.[43] 그러나 그럼에도 불구하고 크리스테바가 피어스나 카시러 그리고 여타 기호학자들과는 달리 기호 생성적 측면인 주체의 문제에 관심을 가지고 창조적 정신작용에 관련된 '기호계' 논의를 독창적으로 피력하였다는 것은 인간 정신과학사에 있어서 그 의미가 충분히 인정되어야 할 것이다.

---

[43] 김인환 교수가 앞의 논문에서 소개한 크리스테바의 「산문」에 대한 음운적 표기와 그에 대한 분석이다.
제Ⅰ연
/tR/, /dR/, /f/ 등은 공격적 남근의 욕동pulsion agressive phallique을 표출하고 /gR/은 항문의 욕동pulsion agressive anale을 표출한다. 전자는 또한 통합적 구순욕동pulsion orale incorporante과 대립한다.
제Ⅱ연
무성 치조음 /s/의 빈도가 관심을 끈다. …… /s/음은 남근요도phallique urtérale의 긴장을 나타낸다. 제Ⅰ연에서는 공격성이 주조를 띠었으나 제Ⅱ연에서는 'j 나', 'ma 나의'와 함께 어떤 긴장tension과 연합되어 있다. 말라르메 자신은 /s/에 대하여 "자음 중에서 으뜸가는 위치를 차지하고자 한다. 그 글자는 위치시키고, 자리잡게 하거나 아니면 정반대로 탐구하고자 하는 의미를 지닌다. 분리시키고 확장하거나 흡수되는 단어들에서 쓰인다."라고 말하고 있다.
제Ⅲ연
제Ⅰ연에서 주목한 파열음과 설배연구개음 /R/의 결합인 /pR/, /tR/가 다시 나타난다. 무성마찰음 /s/는 /z/음으로 화하고 경구개 '슈'음을 구성하는 /ʃ/와 /ʒ/의 쌍음이 등장한다. 모음들은 원순음과 비모음 그리고 폐쇄음 경향을 띤다. 그리하여 말미음에서 무음 /ə/가 나타난다. 이러한 현상은 정신분석에서 구순기oralité의 "엄마 젖을 빠는 즐거움plaisir de succion"을 나타낸다.
……
이하 제14연까지 크리스테바는 「산문」의 음향을 줄곧 정신분석학에 바탕을 둔 성적 리비도 기관과 결부 지어 설명한다.

2. 상징의 Matrix 주체

주체의 문제는 상징과 기호의 본질 직관에 있어서 중요한 문제
이다. 그들이 기호로 이해하고 있는 '상징' 개념이 사실은 기호와
는 전혀 다른 것일 수 있다. 본질적 논의에서 상징은 사실 '사유
작용'이지 사유 결과로서의 '표상' 또는 질료적 표상체가 아니다.
다시 말하면, 상징은 기호 생성 주체자의 정신작용 그것이지 기
호가 아니다.[44] 그럼에도 기호학은 상징을 질료적 표상체로 간주
하거나 혹은 은유와 같은 유비적 형식의 도식적인 것으로 간주하
여 기호로 이해하고 있다. 이는 상징과 기호의 가운데는 주체가
자리하고 있음을 고려하지 않은 때문이다. 그러나 사실은 기호학
은 본질적으로 주체의 문제에 기초하고 있다.

지식을 감관적 경험에 기초 짓는 칸트는 의식 이전의 주체의
작용을 초험적 문제로 간주하였다. 칸트는 주체의 문제를 인식론

---

44) 카시러는 '상징형식의 철학'(1923 - 9)에서는 상징과 기호를 동일체로
보았으나, 1944년의 '인간론'에서는 상징은 지시자, 즉 정신작용, 신
호(기호)는 조작자, 즉 질료체로 이해했다. 그러나 카시러는 상징을
사유작용으로 보지는 않았다. 피어스는 정서적인 것, 기호, 기호체계
이 세 가지를 기호로 인식함으로써 기호를 사유작용에 밀접히 접근
시켰으나 '기호=사유'로 이해하지는 않았다. 피어스는 가추법을 세
미오시스의 본질로 이해했으나 가추법의 핵심 기능인 '통찰insight'을
상징의 기능으로 보지는 않았다.
우리의 관점에서 크리스테바의 기호계의 본질 역시 인간의 창조적
정신작용의 대표적 능력, 즉 직관과 통찰이다. 직관과 통찰은 시·예
술·학문·사회규범 등의 문제에 있어서 새로운 패러다임을 창조하
게 하는 본질적 정신작용이다. 크리스테바는 '비의식의 직관과 통찰
의 정신작용'에 기호계라는 수사학을 사용하여 인간의 창조적 정신
작용을 성적 리비도 기관에 기초 짓는 우를 범하였다.

적 측면에서 분석·비판하여 그것이 코페르니쿠스적 발견에 비견된다고 하였지만, 그럼에도 불구하고 그는 인식의 구성소에 관한 사후추론적 이해에 그쳤을 뿐 그 인식(상징)의 생성과 원리의 문제로 나아가지는 않았다. 그러한 기호학적 접근은 본질적으로 철학의 한계일지 모른다. 전통적으로 철학자들의 경우 주체의 문제를 영혼을 다루는 문제로 생각하여 논의자체를 기피하였다. 그러나 20세기 전후로 철학과 정신의학은 주체의 문제를 적극적으로 다루기 시작했다. 그러나 그들 역시 인간의 창조적 정신작용의 문제를 다루기에는 본질적 접근을 하지 못하였다. 그들 철학을 비롯한 시·예술 및 제반 인문학이 문제의 본질을 잘못 이해하게 된 데에는 '무의식'과 '의식' 개념의 이해부족에 기인한다. 전통적으로 철학자들은 마음을 의식과 동일시하였고, 프로이드의 '의식' 개념 역시 그러한 전통에 바탕을 두고 있다. 그런데 정신의학의 측면에서 프로이드가 비정상 및 불명료한 정신 개념으로 '무의식'을 설정하였는데, 시·예술, 인문학은 철학의 무의식과 프로이드의 정신분석학의 무의식을 혼용하고 있다. 이러한 상황은 본질적으로 인간의 창조적 정신작용을 제대로 설명할 수 없다. 본질적으로 인간의 창조적 정신작용은 불명료한 의식도 아니며, 더욱이 신경증이나 정신병적인 작용이 아님은 말할 것이 없다. 앙드레 브르통(Andre Breton, 1896~1966)은 프로이드를 연구한 정신의학자였지만 자동기술의 근원을 프로이드의 무의식에 두지 않았다. 오히려 그가 유출을 시도한 인간 심층의 세계는 칼 융의 집단적 무의식의 성격에 부합한다. 그럼에도 연구자들은 한결같이 쉬르레알리슴과 자동기술이 프로이드의 무의식에 근거하는 것으로 생각하고 있다는 사실은 그저 놀라울 따름이다.

논의자는 오늘날 시 텍스트는 물론 인류 문화의 형성물인 기호와 상징 논의에 있어서 주체의 문제는 반드시 다루어져야 하는 본질적 문제임을 다시 한 번 강조한다. 앞에서도 말했지만, 오늘날 시론, 시학, 시 창작론 등은 텍스트에 관한 기호학적 해석에만 머물 뿐, 텍스트 생산자의 창조적 정신작용과 그 원리에 관해서는 논의가 없었다. 융은, 기호와는 달리 심오한 상징의 표상은 무의식 또는 집단적 무의식에서 비롯됨을 이해했고, 앙드레 브르통은 자동기술법으로 명명한 기법이 의식계 너머 인간의 심원한 정신계를 불러낼 수 있음을 알고 있었지만 우리가 말하는 비의식의 창조적 정신작용의 원리를 규명하고 이를 보다 효과적으로 사용할 수 있는 곳으로 나아가지는 않았다.

주체 배제가 초래하는 또 하나의 중요한 문제, 다시 말해 상징에 관한 논의 없는 기호론적 텍스트 접근은 시 텍스트와 비평의 불일치를 가져온다는 사실이다. 지금까지 시 텍스트의 비평에 대한 불만과 불신은 그에 기인한 것이다. 상징론 없는 기호학적 접근의 문제성은 비단 시학의 문제만이 아니라 수학이나 과학 등 제반 학문과 예술의 창조성에 관련된 근본적 문제이다. 카시러가 비록 상징형식에 관한 철학을 구축하였지만 그것은 기호학적 분석이고, 상징기능의 생성 원리 등에 관한 논의는 아니었다. 인간 정신의 작용에 있어서 상징 기능의 원리적 이해는 근본적 측면에서, 기호와 텍스트의 생성과 이해에 새로운 길을 보여줄 것이다.

이러한 관점에서 우리의 논의는 카시러와는 역방향의 성격을 갖고 있다. 카시러가 눈에 드러나는 유클리드적 기하공간의 상징형식의 구조와 생성 기저를 살폈다면, 우리는 상징 기능의 작용

원리를 규명함으로써 상징형식의 효과적 생성에 도움을 주고자 한다. 우리는 상징계 배면의 불가시적 미시물리의 작용계를 탐색하길 희망한다. 물론 그러한 작업은 논자 개인의 힘으로 가능한 것이 아니다. 다행스럽게도 보다 많은 시간과 능력이 주어진다면 그러한 작업의 일부나마 토대를 놓을 수 있을지 모르나, 현재로서는 단지 다른 연구자들이 논자의 이러한 제안에 관심을 가져줄 것을 주문하는 데 그칠 수 있을 뿐이다.

3. 의식 · 비의식 · 초의식

주체, 즉 우리의 정신작용계는 의식과 무의식이 그 논의의 대상이다. 그런데 일반적으로 말하여, 철학의 전통은 의식을 영혼이나 정신 같은 개념과 동일시해 왔고, 칸트에 이르러 영혼의 차원과는 달리 의식을 사고기능의 관점에서 다루었다. 그러나 일반적으로 철학은 무의식을 의식의 상태에서 최대한 접근하여 다루고 있었다. 그러한 사실은 분트(Wilhelm Wundt, 1832~1920)가 의식을 심리학의 대상으로 삼았다는 점에서도 확인할 수 있다. 베르그송은 우리가 말하는 비의식의 정신작용을 직관과 지속의 개념에서 이해하고 있었다. 20세기 들어서 철학은 비로소 무의식을 의식에서 분리하여 심리학의 분야로 넘기기 시작했다. 한편 정신의학의 분야에서 칼 융은 의식과 무의식을 분리하지 않은 일원적 정신체로 이해하고 있었으나 프로이드는 그러한 생각을 갖고 있으면서도 또한 의식과 무의식을 별개의 이원적 정신기관으로 보고 있었다. 그러나 우리는 의식을 인지작용의 정신기능으로 보며,

무의식은 사고나 표상작용의 정신작용 그것으로 이해한다.

　그러나 이제까지의 제반 인문학의 의식과 무의식에 대한 이해
는 근본적으로 문제를 안고 있다. 칼 융 등은 오래 전에 의식과
무의식이 별개의 기관이 아니라고 했지만,[45] 그와 함께 보다 더
근본적인 문제는, 의식은 사유기관이 아니라는 점이다. 사유기관
은 그들이 말하는 무의식이 그에 해당하며 의식은 인식 기능이
다. 그 무의식 가운데 특히, 창조적 정신작용을 논자는 '비의식'
이라고 이름 한다. 창조적 정신작용이란 달리 말해 사유, 즉 상징
작용을 말하며 상징작용은 표상, 상상, 비유, 기호적 상징(사유)작
용인 명제 구성, 추론, 비교확인(판단), 텍스트 구성 등 일체의 사
고작용을 통칭하여 이른다. 논의자는 무의식에 관하여 기존 논의
자들과는 개념을 달리하므로 표기 또한 '비의식'으로 한다.[46]

---

45) 융은 "의식은 여기에 있고 무의식은 저기에 있다는 식으로 그 한계
　 가 분명한 것이 아니라는 생각에 익숙해져야 한다. 오히려 정신은 의
　 식적·무의식적 전체성을 표현한다." 등 「정신의 본질에 관한 이론적
　 고찰」에서 이미 페흐너, 립스가 강조했듯이, 무의식이 의식의 Matrix
　 (母質)임을 언급했다.

46) 비의식은 상징을 생성하는 창조적 정신작용이다. 무의식은 정신의학
　 적 측면에서 사용되는 용어이고, 그것도 창조적 정신 기능이 아닌 개
　 인적 콤플렉스의 이상 징후와 관련하여 사용하는 용어이다. 그 점은
　 프로이드는 말할 것도 없고 칼 융 역시 마찬가지였다. 단지, 칼 융은
　 집단무의식의 경우 신화소적 상징의 생성처로 보고 있으나, 그 점을
　 제외한다면 칼 융이 집단무의식을 창조적 정신작용으로 지시하였다
　 고 볼 근거가 없다. 한편 쉬르레알리슴의 자동기술과 관련하여 연구
　 자들은 한결같이 '무의식'과 결부 지으나 그것은 처음부터 무의식의
　 성격에 대한 이해의 부족에 기인한 것이다. 윌리엄 제임스 등 철학에
　 서의 '무의식' 개념 역시 상징 또는 창조적 사고 기능의 원천으로 보
　 지 않았다. 오히려 분트는 심리학을 의식의 문제로 한정하기까지 하
　 였으며 『판단력 비판』의 칸트를 비롯하여 피어스, 카시러 등은 상징
　 의 생성과 관련하여 무의식에 관하여선 외면하였다고 말할 수 있다.

그런데 오늘날 철학은 '무의식'을 그들이 생각했던 '의식'의 범주에서 이해하고자 하는 과정에 있다. 그것은 칸트가, 미적이념을 표상하는 구상력으로서 '천재'47)라는 이름으로 묻어 두었던 판단력(『순수이성비판』)과 구상력(『판단력비판』) 같은 그것인데 오늘날 인지심리학 등 인지학문은 인간의 그러한 창조적 정신작용으로서의 직관과 통찰 작용 등을 과학적으로 규명해 나가고자 초점을 맞추고 있다. 그러나 그들은 또한 기존의 '의식'과 '무의식' 개념 그리고 '인지' 개념의 관계를 조정하지는 않는다. 특히, 그들은 창조적 정신작용인 상징 생성작용의 원리 규명에 관해서는

피어스의 경우 창조적 정신작용으로 통찰을 인지하였고, 베르그송의 경우 직관의 중요성을 인식하였으나 그들은 의식 / 무의식 등과의 논의는 관심 외였으며, 카시러의 경우 역시 상징기능을 의식의 관점에서 다루었다. 그리고 전통적으로, 철학에선 그들 철학적 정신이 의식 외의 작용으로 보고 있지 않다.

47) 칸트는 비유나 구상력에 관해 예술가들에게만 있는 '천재'라고 말하지만 직관, 통찰, 영감 등은 예술가만이 아니라 학자들에게서도 볼 수 있는 '비의식'의 천재이다. 비의식의 통찰이 요구되는 판단력에 관해 칸트는 『순수이성비판』에서, 가르쳐질 수 없는 것이며 타고난 것이라고 한 바 있다.
cf. 칸트는, "오성은 확실히 이런 규칙들에 의해서 가르침을 받을 수 있고 보강될 수 있으나, 판단력은 명백히 하나의 특이한 재능에 속하는 것이어서, 그것은 가르쳐지지 않고 실지로 연마될 뿐이다. 그러므로 판단력은 소위 천부의 기지機智가 갖는 특수한 것이라서 그것의 결핍을 어떠한 학교 교육도 보충할 수가 없다. …… 판단력의 결핍이야말로 원래 천치라고 이르는 것이요, 천치의 이와 같은 결함을 구제할 방도는 전혀 없다. [이와는 달리] 둔재니 저능이니 하는 것은 보통 수준의 오성과 오성 본래의 개념이 결해 있는 것이 틀림없고, 이런 두뇌는 학습에 의해서 충분하게 보강되어 박식도 될 수 있다. 그러나 이때에도 판단력(Petrus의 제2부)을 결하는 것이 일쑤이기 때문에, 대단한 학자들도 그들 학식의 사용에 있어서 개선될 수 없는 판단력의 결함이 가끔 눈에 띄는 것은 기이한 일이 아니다."라고 하였다. (칸트 · 최재희 역, 『순수이성비판』(서울: 박영사, 1986 개정중판), p.165.)

아직 특별한 진전을 보이고 있지 않다.

논의자의 '비의식의 상징론'은 상징과 기호의 논의에 있어서 주체를 그 중심에 두고 있다. 상징은 주체의 정신활동이자 사유이며, 기호는 그 표상이다. 카시러는 상징을 '의미적 관계 지음'으로 이해하였으나 주체의 원리에 심리학적 관심을 갖지는 않았다. '비의식'은 주체의 변전적 차이의 현상으로서 창조성을 그 특성으로 한다.

주체는 상징과 기호의 생성자이다. 상징과 기호의 생성처는 비의식이다. 상징은 동일화·동일성 형성 능력이며,[48) 기호는 상징의 표상이다. 그러나 상징이 투사된다는 점에서 기호는 상징이다. 그리고 상징과 기호는 그 생성에 있어 상호 의존적이다. 비의식에서(의식에서가 아니다)지만, '기호 또는 기호 이전의 신호물'(뉴런 내에서의 전기·화학적 신호작용들') 없이 상징은 생성되지 않으며, 상징작용 없이 의식에서든 비의식에서든 기호는 생성되지 않는다.

논의자는 우리의 창조적 정신작용과 관련하여 기존의 학문들의 문제점을 벗어나 인간의 창조적 정신작용의 이해에 있어서 새로운 패러다임을 제시하고자 노력해 왔다. 그 논의의 중심 개념은 다른 글들에서 기회 있을 때마다 언급해 왔는데, 그것은 다름 아

---

48) 칸트는 상징을 '비유의 형식'이라고 하였다. 카시러는 '상징 기능'이라는 표현을 사용했다. 수사학에서도 역시 상징을, 가시물로써 관념을 지시하는 일종의 '비유법'으로 이해하고 있다. 아리스토텔레스의 은유론 역시 비유의 방식, 즉 하나의 형식으로 이해하고 있다. 논자의 경우, 상징은 '동일화 표상의 정신작용'을 말한다.

닌 '의식'과 '비의식'이다. 이 개념에 관해서는 추후 '비의식의 상
징이론'이라는 책을 통해 상술할 것이나, 여기서 우리는 논제를
벗어나지 않는 범위에서 가능한 한 주제적 언급을 하기로 한다.

　원을 '사람'이라고 할 때, 원주인 외곽선은 사람의 신체이며 원
의 내부는 정신에 해당한다. 통상 눈이나 촉각 등 우리의 감관은
원의 테두리인 신체만을 보거나 지각한다. 하지만 신체의 내부인
원안에는 정신계가 있다. 앞에서 언급했듯 눈, 촉각 등 감관은 우
리의 신체인 거시적 양태만을 인지한다. 그런데 원 테두리의 내
부는 전기, 생·화학 등 미시물리적 작용의 세계로서 우리의 감
관으로는 인식되지 않는 불수의적 기관의 영역이다. 그리고 또한
원 안의 정신은 의식화되어 인지되는 원주와 의식화되지 않은 원
주의 안쪽의 영역이 있다. 그런데 원은 실제로는 원주와 원의 내
부가 분리되어 있지 않은 하나이다. 단지 원주는 눈에 드러나 보
이도록 그려져 있을 뿐이다. 의식은 그러니까 원주라는 눈에 드
러나 보이도록 한 화면이나 컴퓨터의 모니터 장치일 뿐이다. 우
리는 의식을 무의식의 영역에 대립되는 심리적 영역으로 보아서
는 안 된다. 거듭 강조하지만 의식은 영상적 기능일 뿐이다. 그리
고 정신계는 의식과 무의식으로 분리되어 있지 않다. 정신작용이
의식이라는 영상적 기능으로 인지되기도 하고 인지되지 않기도

하는 것이다.

우리는 '의식'을 햇빛에 비유할 수 있는데, 빙산은 햇빛 속에도 그리고 햇빛이 닿지 않는 수면 아래에도 존재한다. 사람들은 햇빛이 비치는 수면 위의 빙산을 '의식'이라고 여기며, 물속에 잠긴 부분의 빙산을 '무의식'으로 생각한다. 그리하여 의식과 무의식을 각각 다른 덩어리의 빙산으로 여긴다. 그러나 이것은 옳지 않은 생각이다. 물속에 잠긴 부분의 빙산과 물 밖에서 빛나는 빙산은 같은 하나의 빙산이다. 단지 물 밖의 빙산은 의식이라는 햇빛을 받고 있을 뿐이다. 정신은 햇빛을 받아 밝게 빛나는 부분도 있고 햇빛이 들지 않아 의식화되지 않은 부분도 있는 것이다. 우리의 정신은 자각 여부와는 상관없이, 즉 의식되든 의식이 아니 되든, 자아의 의지와 본능욕구에 따라 그 어떤 생성작용을 하고 있다. 우리의 의식으로 비추어 보이지는 않지만 정신[49]은 간단없이 계속 많은 일들을 하고 있는 것이다.

다시 말하여, 기존 논의자들의 개념인 의식과 무의식은 하나이다. '인지'의 빛이 비추인 곳이 '의식'이고 그 빛이 닿지 않은 곳이 '비의식'이다. 그런데 비의식은 사후추론적 관점에서 의식화되어야 한다. 프로이드, 칼 융, 라캉, 크리스테바와 같은 정신의학자들이 그러한 노력을 해 왔지만 발레리(Paul Valery, 1871~1945),

---

49) 보다 정확히 말하자면 '정신'이 아니라 정신과 육체의 통합적 의미로서의 몸 또는 정령. 그리고 '의지'나 '본능' 또는 '본능욕구'라는 분절적 표현도 역시 부적절한 표현이다. '생명', '생령체'는 '의지'나 '본능' 등으로 분절되는 것이 아니고, 연속적 상태의 변화상일 뿐이다. 개념적 표현은 하나로서의 생명체를 분절적이고 개별적 기관들의 모임이나 결합체로 오해하게 하므로 그에 대한 주의가 요한다.

말라르메, 브르통 같은 시인과 예술가 그리고 학자들 역시 직관과 통찰로써 훌륭히 그 일익을 수행해 내어 왔다. 단지 그러한 작업의 의미를 일반인들이 인지하지 못하고 있을 뿐이다.

의식과 무의식은 결코 별개의 자아처럼 대립적 성질의 관계에 놓여 있는 별개의 것이 아니라 하나의 통일적 주체로서의 자아이며 분리되지 않는 하나의 정신 작용의 능력이다. 단지 그 '작용'이 일반적으로 '의식'이라 불리는 '빛의 화면'에 비춰지지 않는 부분이 훨씬 더 많을 뿐인데 연구자들은 이러한 상태를 '무의식'이라고 부르지만 이는 정신의 실체를 왜곡하는 옳지 않은 표현이다. 지금까지의 국내외 이론가, 예술가들이 '무의식'이란 용어를 무분별하게 사용해 오고 있으나 이것은 예술 작품 특히 현대 시·예술의 생성의 원리를 제대로 이해하지 못한 때문이기도 하다. '의식'과 '비의식'의 성격을 제대로 이해할 때 그리고 우리 마음의 능력들을 제대로 이해할 때 예술 미학의 이론은 제대로 기술될 수 있다.

기존의 논의들은 의식의 상태에서 상징과 기호가 생성된다고 생각하지만 그들이 집중한 의식의 상태는 사실은 의식이 아니라 우리가 말하는 일종의 초의식 상태이다. 초의식이란, 의식과 비의식의 병행적 상태이다. 인지기능의 작용이 지배적인 상태에서는 비의식의 기능이 약화되어 상징과 기호가 잘 생성되지 않으며 생성되더라도 '상징과 기호', 즉 '비유'의 울림이 약하다. 그러나 좋은 텍스트의 생성을 위해서는 의식과 비의식은 동시적으로 병행되어야 하는데 이것이 초의식의 상태이다. 그런데 초의식의 상태를 계속 유지하기는 매우 힘들므로 통상의 경우 비의식과 의식의 수행을 분리한다. 즉 비의식에 의해 무질서한 듯한 기호들을 심층 비의식계로부터 유출시킨 후에 의식의 상태에서 이 자료들에 관한 재구성의 작업을 행한다. 우리는 통상 기운이 모일 때는 초의식의 상태에서 작업을 행하지만 힘이 들면 후자의 방식으로 작업을 하게 된다.

주의를 기울여 보면 시인이면 누구나 시를 쓸 때 의식과 비의식을 번갈아 넘나들고 있음을 알게 될 것이다. 아무리 단순한 시구를 생각해 내고자 한다 하더라도 그들이 말하는 '의식' 상태에서 비유적 시어나 시적 통사질서의 구문을 생각해 내는 경우는 없다고 해도 틀리지 않다. 적합한 시어를 생각해 내기 위해 비의식에 빠져드는 가운데, 자신도 모르게 시어가 떠오르는 것이지 의식 상태에서 관련 낱말들을 선택해서 적합성 여부를 비교해 보고 맞지 않으면 다른 것을 또 다시 집어 들고 다시 선택, 비교, 재연상하는 등의…… 이런 자각상태에서는 시어는 결코 찾아지지 않는다. 물론 어쩌다 찾아낼 수도 있겠지만 그건 요행일 뿐이다.

우리가 찾고자 하는 시어는 우리가 자각하지 못하는 가운데 우리의 마음이 작업을 행하여 찾아낸다. 의식이라는 지각기능이 수고를 하지 않아도 아니, 오히려 의식 기능이 중지되어야 비로소 비의식이 작업을 행한다. 또한 역으로 그런 까닭에 의식과 심층 비의식을 동시에 유지하는 초의식의 실행이, 훈련되지 않은 우리로서는 힘든 것이다.

참고로, 비의식을 우리는 사고작용 그것으로 이해하며, 사고작용은 또한 상징 그것으로 이해한다. 따라서 우리는 비의식을 '상징'이란 말로 대체할 수 있다. 그럼에도 우리가 '비의식'이라는 용어를 쓰는 건, 상징이란 용어는 그간 제반 인문학의 부적합한 이해들이 덧붙여져 있는 까닭에서이다. 그리고 의식을 우리가 인지기능으로 이해한다는 점에서 비의식이란 용어 또한 비인지기능의 정신작용에 사용하는 것이 마땅치 않느냐고 할 수도 있으나, 상징이란 용어에 대한 앞에서와 같은 이유로 인해 우리는 창조적 정신작용에 비의식이란 용어를 사용하는 것이다. 그러나 '비의식'이란 용어는 기존의 '무의식'이란 용어의 문제점을 환기시키기에 도움이 되기도 하므로 또한 그 의미가 없는 것도 아니다.

우리는 또한 비의식을 '심층비의식'과 '의식비의식'으로 구별한다. 전자는 '의식'이 수반되지 않은 상태의 '비의식' 작용을 말한다. 그런 이유로 우리는 심층비의식을 '순수 비의식'이라고도 이름 한다. 의식비의식은 일상생활 속에서 진행되는 비의식으로서, 말하기와 같이 깊은 생각 없이도 가능한, 의식이 수반된 상태의 비의식 작용을 말한다. 심층비의식과 의식이 동시작용적이면 초의식이다. 그런데 의식비의식과 초의식의 능력 정도는 개인마다 차이가 있어 일률적이지는 않다.

4. 텍스트 · 의식 · 비의식

텍스트에 대한 사후추론적 분석을 중심으로 한 기존의 시론은 텍스트 생산 주체의 상징 생성 원리에 관한 기술과의 병행이 요구된다. 앞서 언급한 바와 같이 상징과 비유는 의식에 의하지 않는다. 의식은 비의식의 인지 기능일 뿐임은 언급한 바와 같다. 그런데 기존의 시작 교육은, 의식 상태에서 시적 상징을 생성해 내야 한다고 가르친다. 그러나 의식은 비의식의 활동을 방해한다. 따라서 이 경우 당연히 심층적 사유 작용이 생성되지 않는다.[50] 융도 이 점에 관해서 언급한 바 있지만, 의식 상태에서의 시 착상은 텍스트의 질을 저하시킨다. 그러나 비의식에만 의존하면 표상이 꿈처럼 혼란스럽다. 따라서 비의식에 의한 1차적 자료 생성 이후 의식의 상태에서 그 자료들을 재구성하거나 또는 비의식의 정신작용과 의식을 병행해 나가게 된다. 앞서 언급했듯 비의식과 의식의 동시 수행 상태를 우리는 초의식이라 한다. 물론 우리는 평상시 언제나 의식, 즉 지각이나 자각 상태에서 비의식을 진행한다. 사무처리나 말하기, 길 찾기 등은 모두가 현재 자신이 행하는 일이 제대로 잘 이루어지고 있는지를 확인하는 상태에서 추론, 판단 등 사고작용이 이루어진다. 그러나 초의식이라 함은 앞에서 언급이 있었듯이 '심층비의식'과 의식의 동시적 수행을 뜻한다.

---

50) 의식이 비의식을 방해한다는 것은 비단 시·예술이나 학술의 경우만 그러한 것이 아니다. 스포츠나 레저 같은 운동의 경우에는 더욱 그러하다. 의식의 상태에서는 원하는 결과를 결코 얻을 수 없다. 그래서 신체적 운동조차도 '멘털 게임'으로 여기는 건 너무나 당연한 일이다. 직선형의 초점적 사고는 실제의 상황에서는 적용되지 않는다. 초점적 사고는 개념적으로 추상화된 무차원계이고, 실제의 상황은 수많은 차원계가 융합되고 녹아드는 유기적 상황이다. 실제적 상황에서는 절대적으로 비의식이 요구된다. 의식은 목적하는 바를 벗어나지 않도록 확인하고 수정하기 위해 요구된다. 그러나 비의식이 요구되는 상황에서 의식이 개입되어서는 안 된다. 다만, 심층비의식과 의식이 동시에 수반되는 초의식 상태라면 그것은 별론의 문제이다. 예를 들어 골프나 야구의 경우 "이렇게 쳐야 하겠다." 하는 의식의 상태에서는 결코 좋은 스윙이 나오지 않는다. 단지 비의식의 스윙을 해야 좋은 결과가 나온다. 물론 그가 초의식의 상태를 견지토록 정신기능을 연마하였다면 그것은 또 다른 문제이다.

쉬르레알리슴의 자동기술은 비의식 또는 초의식 상태에서의 작업이다. 초의식, 즉 영감적 상태에서의 작업은 성서 집필가, 예언자 등을 비롯하여 시인 예술가 등에게서 고대로부터 사용되어 왔다. 잭슨 폴락(Paul Jackson Pollock, 1912~1956)이나 禪화가들의 경우 역시 자동기술법의 사용자들이다. 앙드레 브르통은 그러한 작업의 방식을 '자동기술법'이라고 일러 초현실주의 기법의 전매특허인양 특화시켰을 뿐이다.[51]

그런데 현대예술의 특징인 텍스트의 난해성과 관련하여 한 가지 이해해야 할 것은, 난해성은 자동기술과 심층비의식의 표출도 그 주요 요인이지만, 보다 본질적 요인은 기호의 구성 방식이다. 난해성의 텍스트는 도식성과 자연성을 지양하여, 비유의 자의적 구성을 바탕으로 한다. 따라서 '텍스트의 의도'는 이미지로 구현된다. 여기서 우리가 '작가의 의도'라는 표현 대신 '텍스트의 의도'라는 표현을 사용한 이유는, 현대 예술은 작가의 비의식이 텍스트에 투사되는 과정에서 텍스트가 작가의 비의식을 이끌어 나가 텍스트가 주인이 되고 말기 때문이다. 깊은 비의식의 자동 표출은 이러한 결과를 이끌어 낸다. 그래서 우리는 이러한 작업에

---

51) 쉬르레알리슴의 '자동기술'은 칸트가 『판단력비판』에서 '천재'로 넘긴 '구상력의 표상'의 현대적 표현이다. 쉬르레알리슴은 '초현실주의 마술의 비결'이라며 '주제를 미리 생각하지 말고 빨리 쓰도록 할 것, 기억에 남지 않도록 또는 다시 읽고 싶은 충동이 나지 않도록 빨리 쓸 것'을 말한다. 오늘날 우리의 관점에서 이것은 비의식으로부터 일차적 자료를 불러내는 기법이다. 비의식의 세계를 의식화해 내는 작업은 쉬르레알리슴 선언 이전에도 보스나 말라르메 같은 예술가들이 사용하고 있었다. 현대 시, 예술이 마치 쉬르레알리슴이나 프랑스의 상징주의로부터 비롯된 것으로 이해하는 경우가 있는데 이는 비의식이나 초의식의 창조적 정신작용이 인간의 보편적 정신태라는 점을 간과한 것이다.

의한 텍스트를 자동성의 텍스트라고 이름 한다.

그런데 이때 의식 상태에서 미학적 재구성을 하는 경우에도 그 작업의 과정은 비의식으로 이루어진다. 의식, 즉 의도화는 순간순간 있을 뿐이고, 의도가 결정되고 나서 그 의도를 실행하기 위해서 요구되는 사유작용은 비의식이 행한다. 의식은 목적, 방향 등을 설정하기 위한, 즉 일관성 유지를 위해 요구되는 상황 인지가 그 주요 기능이다. 상황 인지란, 자신의 비의식 정신작용의 진행과 외부 세계와의 관계 인식이다. 일반적으로는 환경적응의 문제를 의미하지만 시 창작의 경우는 텍스트 자료 인출과 미학적 기호체계 형성을 위한 재구성 간의 문제이다. 초점적 사고작용에 요구되는 의식은 비의식의 출력물을 시적 체계로 재구성을 하기 위해 요구된다.

심층비의식과 자의적 상징에 의한 텍스트의 대표적 예로 말라르메의 「주사위 던지기」, 옥타비오 파스(Octavio Paz Lozano, 1914~1998)의 『태양의 돌』과 같은 시편 등을 들 수 있다. 물론, 이들 작품 역시 의식상태의 재구성 작업이 있음은 말할 것이 없다. 논리적 산문의 경우는 직관적인 수사적 기술의 방식이 그러한데 이 모두 2차원적 서술을 벗어난, 감춰진 부분을 평면 위에 그려내는 일종의 사영기하 방식의 기록으로 볼 수 있다. 칸트는 천재는 시인이나 예술의 분야에서만 가능하다고 하였으나 그러한 심층 비의식, 초의식의 능력은 수학이나 물리학, 철학 등에도 당연히 요구되며 또한 사용되고 있음은 말할 것이 없다.

창조적 정신은 '유비성', 즉 제1차 과정의 압축과 전치의 이성적 실행에 의한다. 그것은 선형적 사고의 극복에 있다. 전체적 통찰과 깊은 직관이 유비적 사유를 하게 한다. 유비적 사유는 '상징, 즉 사유작용'의 최고의 형태이다. 그러한 점에서 '비유법으로서의 상징'을 개념으로서는 다 표현할 수 없는 이념이라고 한 칸트나 괴테(Johann Wolfgang von Goethe, 1749~1832)의 인식은 옳은 것이다. 그러나 칸트가 말한 천재는 다름 아닌 심층비의식 그것이고, 그가 말한 천재적 시적 표상은 다름 아닌 초의식에 의한 것이다. 칸트는, 뉴턴(Sir Isaac Newton, 1642~1727)이 비록 위대한 물리학자이나 그의 물리학은 호머(Homer, 800?~850?)의 『일리아드』와는 달리 누구나 학습해 낼 수 있는 것인 까닭에 그의 물리학은 천재에 의한 것이 아니라고 말한다. 그러나 수학자나 과학자들은 그들이 자각하지 못한 가운데 초의식적 사유를 행한다. 그들은 일반인과는 달리 초의식의 사용에 매우 익숙해 있다. 단지 그런 사실을 인지하지 못하고 있을 뿐이다. 물론 그들의 초의식이 오래 지속할 수 있을 정도로 강력한 에너지의 집중의 상태는 아닐 것이다. 그러나 그들은 '의식비의식'을 넘어선 '심층비의식'을 의식의 상태에서 잘 활용한다고 볼 수 있다.

5. 미래파의 시작원리와 미래파의 미래

우리 시단의 '미래파'라는 자의적 상징계의 태동은 이미 충분히 예감할 수 있었다. 2003년 들어 상징계의 비평가들은 각 문예지를 통해 이들의 움직임을 주시하고 있었다. 2003년도에 들어서 시단의 중진 평론가들은 각 시 전문지를 통해 젊은 시인들의 난해시에 비판적 관심을 보이기 시작했다. 난해시라고 하면 이미 이상, 조향, 이승훈, 이성복, 송찬호와 박상순, 함기석, 이수명 등도 실행하고 있었다. 그런데 그들은 줄곧 시단의 주목을 받아 왔을 뿐, 비평가들로부터 비난이나 비판은 없었다. 그런데 어떤 변화의 조짐이 일기 시작했다. 당시 중진비평가들은 2000년 전후로 활동을 보이기 시작하던 새로운 얼굴들을 그 타깃으로 삼았다. 이것은 우리 비평계가 모순된 이중적 태도를 보여주는 일이었다. 그러나 2, 3년 후 평단은 그들 자의적 상징계의 변이적 텍스트에 한 젊은 비평가가 사용한 '미래파'라는 이름을 추인하면서 새로운 측면에서 관심을 표하기 시작한다.

우리 시단의 소위 '미래파'라고 불리는 2000년대 이후 모습을 드러낸 일부 젊은 시인들의 시작 방식은 비의식 중심의 작업을 행한다. 그들의 텍스트가 난해성을 띠는 것은 그 때문이다. 비의식 상태에서의 상징은 언급한 바와 같이 그 내용이 꿈과 같이 일관성이 없다. 물론, 그들은 비의식의 내용물을 의식적으로 의도화시킨다. 그런데 보다 바람직한 건 초의식의 활용이나, 초의식에 의한 텍스트의 생성은 힘이 드는 만큼, 비의식의 결과물을 의식 상태에서 미학적 재구성을 하게 되는데, 그러한 노력의 진지성 여부에 따라 그들 텍스트의 성과는 평가될 것이다.

'미래파'라 불리는 자의적 상징을 사용하는 시인들은 꿈의 표상 방식인 순수 비의식을 사용하는 관계로 전통 작시법과는 대조적으로 특징화된다. 그 요인은, 비의식의 표출만이 아니라 텍스트의 구성에 있어서도 응축적이고 비약적으로 기호들을 배치한다는 점이다. 그런데 이는 20세기 초반의 쉬르레알리슴의 작시법 그것이기도 하다. 사실은, 20세기 직전 **후**의 프랑스의 상황이 21세기 오늘의 우리 시단에도 유사한 방식으로 표상되고 있음을 우리는 알 수 있다.

그런데 쉬르레알리슴이 우연의 기법과 예지력, 염동술, 텔레파시 등 정신계 내의 여러 초능력들까지도 고려했다는 점에서 보다 폭넓은 시도이지만, 자의적 상징의 표현에 있어서 우리 젊은 시인들과 차이점이 있다면 당시의 그들이 비의식의 재현에 보다 적극적이었던 반면 우리의 시인들은 사유와 텍스트 구성에 있어서 비교적 '의식적'이다. 다시 말해 우리의 상황은 사후 재구성의 미학성을 고려한다는 것이다. 그런데 쉬르레알리슴이나 우리의 '미래파' 모두 논자가 보기에는 '자의적 상징'을 사용한다는 점에서 본질적으로 동일한 기술 방식의 원형을 공유하고 있다.

인간은 감성적이든 오성적이든 자연으로부터 부여받은 그 어떤 패턴과 원형성을 지니고 있다. 나의 생각과 남의 생각이 우연한 일치를 보이는 수가 있으며 내가 하고 있는 생각에 대해서는 또한 수많은 선각자가 이미 있어 보다 구체적으로 연구를 해 놓았거나 아니면 적어도 나의 수고를 많은 부분 덜어 주고 있음을 발견하게 되는 것도 그러한 연유이다. 인류의 내면 깊은 곳에는 칼융이 인지한 바 있듯, 집단적 무의식이라는 원형이 있으며 그 한 양태인 비의식이 오늘날 우리 시단에도 상징계의 표층부를 뚫고 표출된 것이다.

콜리지(Samuel Taylor Coleridge, 1772~1834)는 "현재 나의 견해의 모든 요소들, 대수학자들의 말을 빌자면 '미분화될 수 있는 모든 요소'들이 볼프와 라이프니츠 이후의 독일 형이상학자들의 책을 보기 전에…… 이미 나에게 내재해 있었다."라고 말한 바 있다.(『서한집』 제2권) 동시대 또는 시대를 달리하여 전혀 영향을 주고받지 않은 사람들이 유사한 문제나 혹은 동일한 문제를 연구해 내거나 동일한 결론에 도달하는 것을 우리는 종종 볼 수 있다. 라이프니츠(Gottfried Wilhelm Leibniz, 1646~1716)와 뉴턴의 미적분의 발견, 라부아지에(Antonie Laurent Lavoisier, 1743~1794)와 프리스틀리(Joseph Priestley, 1733~1804)의 산소 발견, 융과 프로이드의 무의식에 관한 관심, 20세기 초 양자물리 이론의 출현과 무의식 논의의 발현 등이 역시 그러하다. 자연은 부분과 전체의 자기 상사성을 갖고 있다. 자연과 역사는 원형의 변전적 표상, 다시 말해 프랙탈의 양상으로 자신을 전개한다.

미래파의 출현은 시단에서 동일자의 자기 영속을 위한 운동의 변이적 표상으로 이해할 수 있다. 앙리 메쇼닉(H. Meschonnic)은 리듬에 관하여 "담화의 의미를 조직해 주는 것"이라고 하였다. 그런데 이러한 리듬의 본성 역시 하나로서의 자연이 현전하는 가운데 나타나는 거시적 표상의 한 양태이다. 프랙탈의 양식으로 확인되는 자연의 속성은 동일성을 기초로 한 차이, 즉 변화의 움직임 다시 말해 존재의 본질을 구현하기 위한 변전의 양태이다. 리듬의 본질은 동일성과 차이의 상보적 수렴의 표상이다.

시 미학 코드의 원리는 다름 아닌 '비유'[52]이다. 비의식의 비유는 꿈과 마찬가지로 그 압축과 전치의 질과 폭이 심하여 초점적 상징의 사고와는 달리 일관성이 없어 보인다. 따라서 비의식의 1차 유출로서의 표상물을 미학적으로 재구성하게 된다. 그런데 미

[52) 유비는 추론을 말한다. 따라서 비유는 상징에 있어서 '생성 과정'을 말하며 상징의 생성물은 '비유물'이다. 유비는 비유의 타당성을 조회하는 정신작용 과정이다.

학적 재구성에 있어서의 '상징' 생성 역시 비의식의 정신작용임
은 앞서 언급한 바와 같다.

'비유기호' 생성은 난해성, 지시 내용, 소재가 문제인데, 비유에
거리가 있을수록 일반의 이해를 구하기가 쉽지 않으며, 유사성의
정도가 가까울수록 일반의 이해를 구하기가 쉽다. 전자는 자의적
상징, 후자는 자연적 상징이라고 논자는 이름 한다. 전자는 보조
관념과 원관념 간의 결합이 마치 수학의 π의 경우처럼 강제적
결합인 듯 보이며, 후자는 장미와 애정 표현의 관계처럼 그 유사
성이 잘 드러나기 때문이다. 그러니까 전자는 실험성을 띠게 되
며, 후자는 대중 친화성을 띠게 된다. 그런데 여기서 실험성·대
중성을 문학성·비문학성으로 도식화하거나 그 가치의 유·무 등
을 논해서는 아니 된다. 전자는 시문학의 미래를 담보하는 뿌리
이며, 후자는 동시대의 사람들에게 직접적으로 시문학의 그늘을
향수하게 하기 때문이다. 그래서 시를 쉽게 써야 한다거나 혹은
어려운 시가 좋은 시라는 등의 대립은 무용한 일이다.

비유의 '소재'는 신선함, '지시 내용'은 깊이와 관련된다. 우리
시단의 자의적 상징의 텍스트들은 비유 기호의 지시 내용 깊이보
다는, 비유 기호의 새로움에 관심을 두고 있다. 자의적 상징의 경
우 비유가 매우 우회적이거나 단절성이 심한데, 이 경우 깊이의
문제와 관련이 있을 수도 있지만 새로움이 그 요인일 수 있다.
그런데 새로움, 즉 소재의 문제는 철학적 관점에서 자연의 자기
동일성의 또 다른 표상이다. 새로움은 동일자의 표층부를 찢는
내부의 빛이다. 젊은 시인들의 시어들은 머잖아 새로운 패러다임
을 예고하는 지표로서의 기호이다. 그 지표기호를 간과할 때 기

존의 상징계le symbolique는 강력한 기호계le sémiotique의 분출 현상을 경험하게 된다.

정신분석학을 사회학적 주체의 문제에 접목한 크리스테바는 유클리드적 질서계를 가리키는 표피적이고 안정적인 상징계le symbolique와 불확정성의 미시계를 가리키는 심층적이고 불안정한 기호계le sémiotique를 상정하였다. 크리스테바는 자연의 변전과 동일성의 문제를 그녀의 '기호분석이론'의 대표 개념인 기호계와 상징계에 결부 짓지는 않았다. 그러나 크리스테바가 기호계의 충동으로 인식한 창조적 정신의 발현은 자연의 동일성을 깨뜨리는 '차이'의 표상[53]으로서, 그것은 또한 자연의 본성이다. 크리스테바는 라캉이나 데리다, 들뢰즈가 접근했던 일자와 분화, 동일자와 차이적 변전의 문제를 '시적 언어'의 차원에서 다루고 있었다.

'미래파'라고 불리는 자의적 상징계의 그들은 순수 비의식의 특징인 소위 응축과 전치의 비유를 주로 사용한다. 응축과 전치란 일찍이 프로이드가 꿈의 표상 방식을 함축적으로 지시한 용어인데, 칼 융 역시 응축과 전치를 사용하는 꿈이 곧 시의 표상 방식 그것임을 인지한 바 있으며, 크리스테바 또한 기호계의 충동이 무의식 속에서 전위와 압축이라는 과정을 수행함을 인지하였다. 또한 그것은 시인으로서의 우리의 창작 경험 과정에서 확인된 사실과도 일치한다. 사실 다의적 응축과 비약적 전치는 시·예술 텍스트의 핵심적 요체이다. 그런데 중요한 것은 꿈이든, 신경증이든, 창조적 비의식이든 그리고 정상이든 비정상이든 상관없이 본질적으로 우리는 복합적 차원을 투사하는 전치와 압축의 상

---

53) 베르그송의 경우는 '생명의 비약' 또는 '직관'의 기능이다.

징작용을 행할 수 있다는 사실이다.

순수 비의식은 의식비의식과는 달리 표상작용인 상징이 다의적이고 비약적이다. 전통적 시작법은 통상, 의식 상태에서 비의식인 사유와 상상작용을 행하므로 비유기호의 사용이 다의적·비약적이기보다는 일의적이고 인접적이다. 그것은 특정한 방향의 사고를 지향하게 하는 '의식'이라는 자각상태를 유지하면서 비의식을 사용하는 관계로 당연한 결과이다. 반면에 그러한 표상방식의 전통시는 심층적 미학성은 약하나 감성적 원형성에의 접근이 용이하여 대중과의 교감에는 유용하다. 이것은 앞에서도 언급이 있었듯이, 전통시와 실험시의 관계를 의미하는 것이기도 하다.

미래파의 등장은 이제 우리의 시문학이 한 차원 더 진화하였음을 의미한다. 이제는 자의적 상징의 시문화가 우리 시단에 어느 정도 뿌리를 내렸다고 할 수 있을 것이다. 이들이 전통적 작시법에 미친 영향은 서정이나 리얼리즘 텍스트에서도 사유 그 자체인 상징과 '비의식'에 대한 관심이 드러나고 있음에서 알 수 있다. 전통의 시편들이 미학적 코드의 구성으로 비의식을 정제된 가운데 표상하고 있으나 이는 심층 사유 없이 생성되지 않는다. 이러한 결과, 비의식의 자유로운 표출의 작업은 그 유의미성이 계속 확인될 것이다. 말라르메나 프랑스 상징주의, 이상李箱, 쉬르레알리슴 그리고 옥타비오 파스 등의 쉬르레알리스트적 작업방식들이 지속적으로 이어지지 않은 것은 그에 대한 사후추론적 이론의 정립이 확고하지 못한 것이 그 이유이기도 하다.

그러나 지금의 우리의 상황은 그와는 다르다. 프랑스 상징주의자들이나 쉬르레알리슴 당시만큼이나 젊은 시인들의 폭넓은 지지와 관심이 있고, 또한 이들의 작업 방식은 이제 서정을 대표하는 전통적 작법의 시인들에게도 수용되기 시작하고 있음을 알 수 있다. 그리고 그에 대한 논쟁과 이론 작업들이 충전되는 등 그 유의미성이 확고히 정립되고 있다. 이러한 결과는 향후 우리의 시·예술 작업의 방향을 지시할 것이며, 아울러 창작의 질을 근본적으로 심화시킬 것이다. 비의식에 대한 의식에서의 사후추론적 규명의 필요성은 여기에 있다.

그런데 쉬르레알리슴이나 미래파와 같은 자의적 상징이 의식에 치중한 전통적 작시법의 텍스트와의 차별성과 새로움은 있으나, 자의적 상징의 사용이 곧 미학의 수월성을 담보하는 것은 아니다. 미학성의 확보는 비의식의 깊이가 병행됨으로써 실현된다. 쉬르의 소멸이 그러하였고 전통 서정이나 리얼리즘 그리고 포스트모더니즘 또한 그러하다. 비의식의 깊이는, 제반 학문과 예술에 있어서도 물론이지만, 시미학에 있어서도 반드시 요구되는 사안이다. 심층 비의식의 사유思惟가 결여될 때 시 텍스트는 소재와 감성의 낯섦으로 한때 관심을 불러일으킬 수는 있으나 20세기 초엽의 쉬르레알리슴 운동처럼 유행적 사조에 그칠 수 있다.

비의식을 보다 심화시키려면 젊은 시인들의 자기희생적인 끊임없는 사유의 노력이 요구된다. 사유의 축적이 심층 비의식을 형성하며 또한 표상해 낼 수 있기 때문이다. 쉬르레알리슴이 발전을 멈춘 건 자동기술법에 의해 정신계의 여러 내용들을 불러내어 사용하는 데 관심을 가졌을 뿐, 비의식계를 심화시키는 사유의 뒷받침이 부족한 데 있었다. 비유는 기호의 이동을 지시한다. 그런데 아무리 비유가 신선하더라도 그 비유의 기호가 지시하는 의미가 단순하다면 텍스트로서 생명성을 가질 수 없다.

단토(Arthur Danto)는 『예술의 종말 이후』에서 "이제는 더 이상 실례를 들어서 예술의 의미를 가르칠 수는 없게 되었다. 그것은 외관에 관한 한, 어떠한 것도 예술작품이 될 수 있다는 것을 의미했다. 또한 그것은 당신이 예술이 무엇인지를 알아내고자 한다면 감각 경험으로부터 사고thought로 전환해야 한다는 것을 의미했다. 간단히 말해서 당신은 철학으로 향해야 한다."고 말하였다. 단토가 말한 '철학'이란 우리의 미학적 코드에서 '심층 비의식의 사유'이다. 미래파는 기호학적 관점에서 새로울 수 있다. 그러나 상징론의 관점에서 새로움 여부는 별개의 문제이다. 상징론은 사유 그것을 다루기 때문이다. 이 점은 우리의 난해 시인들 역시 근본적으로 고민을 해야 할 사안이다.

자의적 상징이 관습화되면 상징계가 형성된다. 그러면 더 이상 그것은 새롭지 못하며 또 다른 기호계의 침입을 받게 된다. 어쩌면 이제 시단의 '미래파'는 유클리드적 동일성의 상징계로 진입하였는지도 모르는 일이다. 그렇지 않다 하더라도 그러한 상황의 도래는 시간이 문제일 뿐, 우리는 또 다른 새로운 움직임을 눈여겨보아야 하는지 모른다. 자유로운 비의식의 사유와 기호의 표상 작업은 앞으로도 지속적으로 행해질 것이다. 그러한 측면에서 볼때, 미래파의 기조는 지속될 것이라고 말할 수 있다. 그러나 소재적 측면의 변화로서, 기존의 미래파 시인들과 차별을 강조하는 시인들의 등장을 예상할 수 있으며 기왕의 미래파라는 이미지는 종국적으로는 변화할 것이다. 사실은, 그 연장선에 있다 하더라도 말이다. 우리는 그것이 시·공적 위상계의 자연의 자기 보존을 위한 불가피한 선택임을 알고 있다. 차이의 발현은 자연의 본원적 속성이다. 시문학이라고 해서 그러한 자연의 본성을 벗어날 수는 없다. 오늘의 현상인 비의식의 자유로운 표출 작업에 바탕을 둔 미래파라는 조류 역시 또 다른 미래의 시인들에 의해 세미오시스의 수레 자국이 새겨질 것이다. 하지만 그것은 우리가 누차 언급하였듯 자연의 자기 동일성의 확인에 다름 아니다.

새로움에 못지않은 중요한 본질적 문제는 동일성에 대한 관심의 촉구이다. 존재, 즉 기호는 시·공계의 차이로서 현상하나, 그 동일성은 시·공계를 초월하여 영원하다. 우리는 상징의 기호들을 관찰함에 있어서 새로움과 차이적 현상계에 관심을 기울이는 것 못지않게 기호의 지시 내용, 즉 자아와 자연의 본성에 관심을 기울여야 한다. 우리가 '비유', 즉 '상징'의 심층 지시성에 관심을 갖는 이유는, 자연과 자아 그리고 우리들 정령들은 하나의 기운으로 연결된 전체라는 인식에서이다.

사유 작용이 궁극적으로 지향하는 바는 자연과 자아를 동일한 하나로서 이해하는 것이며 그것은 또한 자아와 타인 그리고 다른 정령계와의 동질성을 인식게 한다. 자연의 원형적 본성은 차이를 통해 현전한다. 자연의 본성은 우리에게 동일성의 상징과 차이성의 기호로 주어진다. 자연계는 하나의 물활론적 생명계이다. 자연과 자아, 나와 타인 모든 정령계는 유리되어 있지 않은 하나의 '정령'으로서의 생명이다.

II. 오세영의 "우상의 가면 — 김수영론"에 대한 메타 비판

글을 시작하며

이 글은 오세영의 "우상의 가면 — 김수영론"을 두 가지 관점에서 논한다. 하나는 사르트르의 사물과 도구 양분설의 오류에 관해서이고, 하나는, 정통과 실험, 의식과 무의식의 도식에 바탕을 둔 오세영의 김수영에 대한 비판적 태도에 관해서이다. 그러나 이 두 가지는 결국은 하나의 문제로 귀착된다. 세계는 고정적 의미체의 구성물이 아니다. 고전주의자들의 문제는 여기에 있다. 그들은 여전히, 세계는 명료하고 안정적이며 감각적이길 바라는 것 같다. 하지만 그들은 세계를 '변화' 그것으로 직관한 고대의 헤라클레이토스와 현대의 화이트헤드를 상기할 필요가 있을 것이다.

시 · 예술은 고도로 집중된 정신 작용의 산물이다. 그러나 시 · 예술 생성의 정신작용은 의외로 연구가 깊지 않다. 이것은 '이성'을 중시해온 서구의 전통에 기인한다. 정통미학이 의식의 소산이라는 오세영의 견해 역시 그러한 배경에 기인한다. 칸트 역시 '상징의 표상'이라는 '의식' 저 너머의 정신작용을 '천재'라는 자연의 힘으로 넘겼다. 서구의 그러한 전통은 인간의 창조적 정신작용을 '의식'의 틀 내에 가두어 두려는 문제를 안고 있다.

그 결과, 20세기의 예술가들은 프로이드의 '무의식'이라는 초신성의 자장 속으로 급속히 빨려 들어갔다. 사실 그들에게 꿈과 '무의식'은 잃어버린 자연과 신들의 세계를 대신했다. 하지만 그들이 지향하는 세계는 결코 '무의식'이라는 정신병리적 지평의 세계가 아니다. 김수영 역시 '무의식'을 예술의 본질과 결부시킴으로써 오세영의 비판을 초래했다.

정신분석이론은 직관이나 영감, 통찰 같은 능력을 다루지 않는다. 서양의 전통적 심리학과 철학 역시 마찬가지이다. 오세영의 문제 역시 여기에 있다. 사르트르와 마찬가지로 오세영은 상상력을 의식의 차원에서 보고 있다. 그러나 데리다는 사르트르를 프로이드에 대한 과소평가라며 비판했다. 하지만 문제의 본질은 그들이 논하는 의식과 무의식에 있지 않다.

문제는 초의식에 관한 솔직하지 못한 그들의 태도이다. 이것은 합리성에 매달려온 서구 전통의 딜레마일 것이다. 그러나 현대의 양자물리학, 즉 미립자의 세계에서는 '주사위 놀이'가 벌어지고 있음을 보여준다. 그것이 보이지 않는 '숨은 요인'에 의한 것이라 하더라도, 어쨌든 거시물리 현상에 익숙한 그들의 '합리성'이란, 자연계의 하위 범주의 이해 방식이라는 사실은 부인할 수 없다.

오늘날 우리는 '의미'란 하나의 우연한 만남의 '상징'임을 이해한다. '미'란 상황과 관점, 맥락과 관계의 부딪힘 속에서 생성하고 소멸한다. 논자는 이러한 양자quantum의 움직임과 같은 상황론적 시·예술의 특성을 '미시 미학' 그리고 '자의적 상징'의 개념으로 표현한다.

1. 김수영에 관한 오세영 비판의 문제점들

> "남이 보기에는 시인이 하나의 문장을 만드는 것으로 보일 것이다. 그러나 그것은 겉보기에 그럴 뿐이다. 그는 작문이 아니라 한 대상을 창조하고 있는 것이다."(사르트르, 『문학이란 무엇인가』)

1) '앙가쥬망 문학론'은 '사물 / 도구'라는 은유적 나르시즘의 환영이다

오세영은, 김수영의 시가 "진정한 의미의 참여시가 되기는 힘들다."(『현대시』 2005. 2월호, 41면)라는 주장의 이론적 논거로 사르트르의 '앙가쥬망 문학론'을 제시한다.

사르트르는 같은 언어 행위이기는 하지만 산문가(산문)와 시인(시)의 그것을 엄격히 구분하였다. 산문가는 말을 하나의 도구로 '사용하는' 사람이지만 시인은 언어를 하나의 '사물'로 인식하는 자이기 때문이다. 그리하여 그의 소위 '앙가쥬망의 문학'에서 그가 시만큼은 철저히 배제하였다는 것은 잘 알려진 사실이다.(같은 책, 35면)

시에 ― 산문문학에서 주장되는 ― 이와 같은 앙가쥬망의 원칙을 적용하면 이미 시로서의 존재가치가 사라진다는 것은 두말할 필요가 없다. 그것은 어떤 정치적, 사회적 목적 실현을 위한 도구로서의 가치는 살아 있을지 모르지만 문학적 가치로서의 존재의의는 상실된다는 뜻에서 그러하다.(같은 책, 36면)

김수영을 비롯한 한국의 참여론자들은 ─ 시에서도 산문과 똑같이 실천하고자 주장했다는 점이다. 이로 볼 때 김수영은 ─ 적어도 사르트르의 관점에서는 ─ 시와 산문의 장르적 차이를 모르고 있었거나 어떤 특정한 목적의식 때문에 이를 의도적으로 무시한 것이라 할 수 있다.(같은 책, 40 – 1면)

그러나 시는 사물의 언어이며 산문은 도구로서의 언어라는 사르트르의 이분법적 앙가쥬망 문학론은 '실존은 본질에 앞선다.'라는 자신의 제1명제에 모순된다. 『노동의 새벽』은 박노해 노선 도구였지만 논자에게는 감동 그 자체였다. 시는 사물로서 그려질 때 오히려 강력한 도구일 수 있다.

현대는 일상과 예술의 간격이 없다. 일상이 곧 예술이요, 예술은 곧 일상으로 옮겨진다. 팝아트와 포스트모던은 그 뚜렷한 징후들이었으며 그러한 양상은 오늘날 디지털 매체 속에서 더욱 가속되고 있다. 오늘날 우리의 일상에서 디자인은 곧 기능이다. 자동차의 형체와 안전성, 배기량은 자동차라는 개념의 다른 표현에 불과하다. 현대의 학문, 예술, 일상은 아름답지 않으면 더 이상 실용적이지 않다. 기능은 아름다움 혹은 미적인 것의 다른 표현이다.

앙가쥬망 문학론의 문제는, 세계는 본질, 즉 고정된 의미의 구성체가 아니라는 점을 도외시하고 있다는 점이다. 상황 속에서 존재는 뉴런처럼 수많은 다른 신경체와 이어져 의미는 물론 무의미 역시 관계망 속에서 무수히 변전한다.

우리는 본질로서의 사물이 상황 속에서 도구가 되는 또 다른 예를 들 수 있다. 오세영은 "정교한 6각형의 벌집이 예술이 될 수 없는 이유"를 "작가의 의도가 중요하기 때문"이라 한다. 자연으로서의 사물은 작위적 예술의 소산이 아니라는 말이다. 그러나 뒤샹이 1917년 당시 '샘Fountain'이란 제목으로 '정교한 벌집'을 출품했더라면, 지금까지 예술작품으로 남지 못했을까? 오늘날 현대 예술가들 중에서 '그렇지 않다.'라고 대답할 용기를 가진 사람들은 극소수에 불과할 것이다. 정교한 자연의 벌집 그것은 오세영이 말한바, '의도' 그것으로 인해 예술작품이 된다. '의도'란 질료적 기호가 아닌, '상징' 그것이기 때문이다. 다시 말해, 차이와 관계, 상황과 맥락으로 인해 특정 지어지는 '의미'로서의 '흔적'이라는 말이다.

미국 미술계의 면상에 소변기를 집어던졌다고 할 정도로 당시 관습적 재현의 작업에 환멸을 느낀 뒤샹의 논지는 단순하고 명료했다. 그것은 작가와 수용자의 '만남'이다. 사르트르가 뒤늦게 회귀했던(1973년 『집안의 백치』에서 산문의 비사물성을 포기하였다는 것은 주지의 사실이다) '도구와 사물의 등가성' 이것 역시 작가와 수용자의 행복한 만남에서 이루어진다. 마그리트의 「이것은 파이프가 아니다」 역시 도구의 사물화이다. 마찬가지로 박노해의 『노동의 새벽』은 사물로서의 도구였다. 그의 시는 고통의 공유로서의 카타르시스였으며, 그러한 카타르시스는 곧 사회 정의를 호소하는 훌륭한 도구였다. 김수영이 참여시의 수준을 질타한 것은 그러한 전범을 지양한 것이었다.

김수영 참여시의 실패는 앙가쥬망 문학론의 위반에 있었던 것이 아니라 김수영의 도구가 사물이 되지 못한 것에 있다. 다시 말해 김수영은, 시는 도구가 되지 못한다는 싸르트르의 앙가쥬망 문학론을 철저히 부정하지 못한 채 산문, 즉 도구설에 끌려 시를 산문화시킨 데 있었다.

2) 시 · 예술 생성의 정신작용과 의식 / 무의식 용어 사용의 문제성

오세영은 김수영의 쉬르레알리슴적 경향을 비판하면서 "정통적인 미학에 있어서 예술 행위란 본질적으로 '무의식'이 아니라 '의식'의 소산"이라고 말한다. 그런데 오세영이 칸트의 논의를 끌어들인 것을 볼 때 '의식' 개념은 철학과 심리학에서, '무의식'은 프로이드의 심리학에서 빌려온 것으로 생각된다.

그러나 오세영의 그러한 입장은 시나 예술 생성의 심리적, 정신 작용을 깊이 내관하지 않음에 기인한 것이다. 프로이드 심리학의 의식과 무의식, 철학과 심리학에서의 의식 혹은 잠재의식의 개념은 결코 창조적 정신활동의 심리작용을 설명하는 것이 아니다. 프로이드의 '의식'은 억압이나 본능의 산물인 '무의식'의 대립적 개념일 뿐이며 철학과 심리학에서의 '의식'은 일상적 사유 또는 생물학적 인지 기능에 수반한 정신기능으로서의 의미일 뿐, 시나 예술, 학문 같은 깊은 정신계의 작용 원리를 그 탐구 영역으로 삼고 있지 않다.

오늘날 '무의식'과 '의식'의 무분별한 사용은 시와 예술 생성의 원리를 왜곡하고 은폐한다. 말할 것도 없이 오세영의 '의식 / 무의식'은 시·미학 생성의 창조적 정신작용과는 무관한, 타성적 사유의 퇴적물인 것이다.

오세영의 "무의식의 자동기술"(같은 책, 47면)이라는 표현 역시 옳지 않다. "무의식이라는 프로이드의 이론과 자유연상이라는 아이디어"(『현대시』, 2005. 2월호, 54면)라는 프린스톤 백과사전의 기술 역시 쉬르레알리슴을 제대로 이해했다고 보기 어렵다. 정작 브르통은 '무의식'이란 용어를 사용하지 않는다. 또한 성격상 결부시킬 수조차 없음에도 외부의 인사들은 '무의식'을 쉬르레알리슴과 결부시키고 있다. 쉬르레알리슴은 1924년, 1929년, 1942년의 각 선언에서 기법과 의도, 입장을 명확히 하고 있다. 하지만 그들은 '무의식'이란 용어를 사용하지 않는다. 다음은 브르통이 제1차 선언에서 내린 정의이다.

쉬르레알리슴: 남성 명사. 마음의 순수한 자연현상으로서, 이것으로 인하여 사람이 입으로 말하든 붓으로 쓰든 또는 다른 어떤 방법에 의해서이든 간에 사고의 참된 움직임을 표현하는 것. 이것은 또 이성에 의한 어떠한 감독도 받지 않고 심미적인 또는 윤리적인 관심을 완전히 떠나서 행해지는 사고의 구술.

쉬르레알리슴의 중심인물인 앙드레 브르통은 정신분석의로서 프로이드를 직업적으로 연구했다. 그는 '자동기술'을 프로이드의 '자유연상치료기법'에서 차용하였음을 밝히고 있다. 아울러, 꿈의 연구와 함께 프로이드에게 심심한 사의를 표하고 있다. 하지만 그는 인간의 창조적 정신세계에 관해 깊은 내관과 통찰을 하고 있었다. 제2차 선언문은 연금술과 쉬르레알리슴의 유사성의 인식은 물론, 칼 융과 마찬가지로 점성술, 심령학, 우연적 일치의 원리(칼 융의 '동시성이론' 및 장 아르프의 '우연의 법칙law of chance'의 기법) 등 '설명 불능의 인자'가 개입된 자연현상까지 도입고자 했다. 자동기술이 의도한 것은 심원하고 자유로운 정신 세계였지 불명료한 '무의식'의 세계가 아니었다.

(1) 시·예술 생성의 창조적 정신작용과 의식 / 비의식 / 초의식

의식은 인지되는 정신 작용으로서 수학적·인과적 추론의 선형적(linear)이고 언어적인 정신 작용이 특징이며 비의식의 최종 산물로서 현실 중심적인 대외적 표방용으로서의 정신작용이다. 따라서 면밀하고 용의주도한 일에는 적합하나 코울리지의 2차 상상력, 칸트의 상징 등의 복합적 심리작용은 일으키지 못한다.

비의식은 비인지 정신 작용으로서 '의식'의 원천으로, 지각 또는 자각된 정신 영역인 '의식'과는 달리, 4차원의 병렬적 질서의 정신 작용이다.(프로이드는 '무의식'에 관하여 '무시간적'이라 한 바 있다.)

초의식은, 강한 에너지로써 비의식의 심리과정을 순간에 진행시켜 직관, 통찰, 영감, 예지력 등에 이르게 한 창조적 정신 상태이다. 이때의 정신 작용은 다양한 정신 기능을 무시간적으로 동시에 병렬 처리한다. 상상력의 경우 재생, 회상, 지각관념 등 단일한 것에서부터 시나 예술 생성에 요구되는 상징적 상상력이 있는데 후자는 비의식에서 활동이 시작되어 초의식의 상태에서 표상된다.

상징과 같은 비유는 통합적 정신작용으로 그 융합의 과정을 우리는 명료히 '의식'하지 못한다. 단지 나타난 현상과 결과만을 인지하고 사후추론적으로 해석할 수 있을 뿐이다. 인지과학과 신경과학의 분야는 더디게나마 그러한 병렬적 정신 작용에 관해 연구해 나가고 있다. 하지만 거기엔 인문학 종사자들의 직관이 함께 병행되어야 한다. 안타까운 일이나 그러한 노력은 칸트 이후 답보적이라 해도 과언이 아니다. 시·예술 생성에 관한 정신작용을 제대로 이해하지 못할 때 시·예술의 발전은 더 이상 기약할 수 없다.

오세영이 인용하였듯 김수영은 "시의 예술이 무의식적이라는 것이다. 시인은 자기가 시인이라는 것을 모른다. 그리고 그것은 시의 기교라는 것이 그것을 의식할 때는 진정한 기교가 못 되기 때문에 그렇게 되는 것"이라고 했다. 그러나 칸트 역시 예술작품의 생성에 있어서 '구상력의 표상과 오성의 융합'이 시인의 눈앞에 어른거려서는 안 된다고 하였다. 비록 김수영이 '무의식'이라는 용어를 사용하기는 했지만, 적어도 그는 시의 생성이 비의식(사실은 '초의식')의 정신작용임은 인식하고 있었다. 그러한 김수영에 대한 오세영의 비판은 오히려, 오세영 스스로가 시·예술 생성의 정신작용을 이해하지 못하였다는 오해를 불러일으킨다.

(2) 칸트에 대한 오해

오세영은 김수영의 쉬르레알리슴적 작품을 비판하기 위해 "정통적인 미학에 있어서 예술 행위란 본질적으로 '무의식'이 아니라 '의식'의 소산"이라며, 다음과 같이 주석한다.(같은 책, 48면)

칸트는 그의 『미적판단력비판』에서 예술은 '작위'(作爲facere)의 소산이고 자연은 '행위'(行爲agere)의 소산이라고 하였다. 그 결과 전자는 작품이 되지만 후자는 작용이 된다. 예술작품은 본질적으로 이성에 토대한 의지력의 활동이 지배하고 자연은 이성적 사려가 없는 본능의 표현이기 때문이다. 즉 예술작품은 작가의 의도가 중요하다는 말이다. 모든 형식은 이 의도에 의해서 결정되는 것이다.

그런데 '정통'은 '올바른 계통', '정확하다.'라는 의미를 갖고 있다. 전통을 내세우는 이들은 '정통'이라는 용어를 사용함으로써 자신들이 이론적, 계통적으로 우월적 견지에 있음을 내비추려 한다. 그러나 '정통'이란, 말 그대로 관습주의자의 '전통'에 대한 피알(Public Relation)적 겉포장에 그쳐서만은 안 될 것이다.

오세영은, '정통 미학'에서 예술 행위는 본질적으로 의식의 소산이라는 논거로서 칸트의 미학을 빌린다. 그런데 오세영은 "우상의 가면 — 김수영론"의 각주 제51번에서 '『미적판단력비판美的判斷力批判』'이라고 표기했는데 아마 칸트의 『판단력비판』제1부의 표제 '미적 판단력 비판Kritik der ästhetischen Urteilskraft'을 말한 것 같다. 그런데 오세영의 각주 제51번은 "『미적판단력비판美的判斷力批判』에서……"라고만 되어 있을 뿐 페이지는 물론 그 출전이 명확히 밝혀져 있지 않아 칸트와 주석자 또는 오세영의 진술을 가리기가 어렵다. 그러나 어쨌든 결론적으로 오세영의 주석은 칸트에 대한 오독이라는 게 논자의 생각이다.

칸트는 "예술은 언제나 무엇인가를 만들어내려는 일정한 의도를 가지고 있다."(『판단력비판』, 이석윤 역, 185면)라고 말하지만 그러나 '의도'란 형식을 부여하기 위한 것으로 '구상력'과 '오성'의 융합을 방해해서는 안 된다고 말한다.(같은 책, 193면) 한편 칸트는 "예술의 산물은 규칙들에 의거함으로써만 의도된 산물이 될 수 있다."라고도 하였다.(같은 책, 186면) 하지만 그런 까닭에 오세영이 '예술 행위'가 '본질적으로' '의식'의 소산이라는 입장의 논거로 삼았는지 모르나, 칸트는 또한 그러한 '규칙'은 "고심의 흔적이 없고, 격식에 구애되는 형식이 엿보이는 일이 없으며, 다시 말하면 규칙이 예술가의 눈앞에 아른거려서 그의 심의력들을 구속했다는 자취를 보이는 일이 없다."라고 하였다.(같은 책, §46) 뿐만 아니라 "창작자는 그 산물을 만드는 데 자기의 천재에 힘입고 있지만, 어떻게 하여 그 산물에 대한 이념들이 자기 머리에 떠오르게 되는가를 스스로 알지 못한다."라고도 하였다.(같은 책, 187면)

예술작품의 생성에 있어서 칸트가 말하는 '의도'란 결국, '의식'되지 않는, 비의식의 작용이라는 말이다.(그러나 사실에 있어선 '초의식'에 해당한다.) 결론적으로, 작품에 형식부여를 위한 '의도'나 '오성'은 결코 '의식'적이어서는 안 된다는 것이다. 따라서 형식과 의도를 내세워, 정통미학에 있어서 예술의 본질이 곧 '의식'이라고 말하는 오세영의 주장은 칸트에 어긋난다.

또한 오세영은 칸트가 자연과 예술을 대척적 관계로 이해하였다고 보고 있다. 하지만 그것은 예술을 도구이자 완수해야 할 과업으로 여기며 칸트의 무목적적 합목적성을 비판한 사르트르의 견해이다. 사르트르는 "자연의 아름다움에는 예술의 아름다움과 비교될 수 있는 것이라고는 아무것도 없다."(『예술이란 무엇인가』,

김붕구 역, 61면)라고 말하였다.

칸트는 인간을 자연의 한 속성이자 연장으로 보았다. 그러한 정신은 데카르트를 제외하고, 멀리는 원자론의 데모크리토스로부터 범신론의 스피노자, 미세의식을 언급한 모나드론의 라이프니츠, 정신·자연의 동일성을 피력한 셸링 등을 거쳐 양자물리학에까지 이르는 정신·물질 동질론의 서구 사상의 중요한 흐름이다. 칸트는 진·선·미의 삼각 도식을 이루는 그의 3대 비판서를 통해 곳곳에서 자연과 결부 짓고 자연을 인간의 모체로서 인식하고 있음을 드러내 보여준다. 칸트가 '자연'에 대해서도 '의도'라는 표현을 썼다(같은 책, 178면)는 말은 사족에 불과할 것이다. '의식·인간' '무의식·자연'의 도식에 바탕을 둔 '의도·예술' '작용·자연'이라는 이원론적 도식은 데카르트의 '심신 이원론'만큼이나 위험하다.

(3) 전통 / 실험 미학은 '의식 / 무의식'의 문제가 아니라 '도식' 혹은 '이미지'의 문제다

오세영이 이해하고 있듯, 시·예술의 경우 '의도'는 '형식'의 부여에 요구된다. 그러나 '형식'이란 일종의 '도식'으로 그것은 말할 것도 없이 비의식의 산물로서 강한 에너지의 발동으로 직관된 것이다. 다시 말하지만 '의도'란 자아가 분명한 초점을 갖고 있는 정신 상태로서 '골똘한' 생각의 결과물이다. 골똘한 생각은 단순한 의식의 생각이 아니라 '비의식'의 산물이며 '의도'란 장시간의 비의식의 영역에서 숙성되어 문득 떠오르거나 또는 초의식에 의해 생성된다.

'의식'은 단지, 자아와 외부 세계를 연결하는 창문(기능)으로서 '의도'를 자각할 뿐, '의도' 그것은 '상징'과 마찬가지로 결코 수학적 정리나 공식에 의하듯 주어진 규칙에 따라 '의식' 속에서 자동적으로 계산되어 얻어지는 것이 아니다. 예술의 형식 역시 그러하다. 사실, 의도와 형식이 이성의 산물이라는 오세영의 언급은 무의미한 진술로서 내용상으로 동어반복의 명제일 뿐이다.

프레밍거의 『시와시학 프린스턴 백과사전』(1974)은 '무의미의 시'와 쉬르레알리슴의 근접성에 관해, '주거한다'라고 조심스레 표현하는 면밀함이 있다.

"확실히 무의미의 시와 쉬르레알리슴 사이의 시행은 구분하기가 어렵다. 무의식이라는 프로이드의 이론과 자유연상이라는 아이디어에, 아키타잎 혹은 시 유형에 대한 염증으로부터 영향을 받아 20세기의 많은 예술가들은 무의미의 시에 매우 유사한 시들을 산출해 내었다. ……그리하여 무의미란 한편으로 위트와 유머 사이의 좁은 영역에, 다른 한편으로는 쉬르레알리슴에 주거한다."(『현대시』, 2005. 2월호, 54면, 재인용)

하지만 "'무의미'시는 물론 본질적으로 쉬르레알리슴의 표현"이라는 오세영의 논지는 오해의 소지가 있다. '비의식'의 정신계는 '의식'이라는 빛에 의해 드러난 정신계보다는 훨씬 복잡하다. '의식계'의 속성이 2차원적이라면 '비의식계'는 다차원적이다. 그 구조가 입체적이고 복잡다기하며 그 기능 역시 그러하다. 그러한 세계를 2차원의 의식계의 언어로 기술해 내자면 실타래를 풀듯 한없이 길어진다. 그런 까닭에 일상적 언어법과는 다를 수밖에 없다. 그것이 일상적 어법의 관점에서 '의미의 단절'로 보이며 비쉬르레알리스트들은 '무의미'라고 한다.

그러나 단절의 어법은 단순히 '의미 없음' 혹은 '무질서'의 언어가 아니다. 시인은 누구나 그러하지만 특히 '무의미'의 기법은 이차원적 통사질서의 단절을 이미지로 채워 넣는다. 오세영은 김수영의 의미 단절을 비판하지만 김수영 역시 '무의식'을 경계했으며 그 결과 이미지즘을 지향했다고 보아야 할 것이다.

산문적 언어 그리고 고전적 시 어법은 '도식성'이 지배적이다. 그러나 '무의미'의 기법은 '이미지'가 지배적이다. '무의미'의 기법은 사물을 가장 사물답게 보여주기 위한 기법의 하나이다. 오세영은 전자를 선호한다. 상상력을 사용하더라도, 도식성의 명료한 상상력을 원한다. 김수영의 '무의미' 기법에 대한 비판적 시각은 그러한 연유에서 비롯한 것일 터이다. 그러나 오세영이 말하는 정통미학은 '자연적 상징'의 고전 미학으로서 '자의적 상징'의 예술과는 그 성격부터가 다르다.

오세영이 말하는 '의식'적 예술행위란 2차원적 통사질서의 도식적 언어의 사용을 의미한다. 그런데 도식은 이미지보다 직접적이다. 따라서 상상력의 심도가 낮은 독자를 위해선 이미지를 도식화하는 것이 필요하다. 그러나 도식은 일종의 개념화 작업으로서 실체가 추상에 의해 왜곡된다. 따라서 도식화하더라도 일정 부분 이미지의 사용은 불가결하다.

이미지는 4차원적 통사질서의 표현법으로서 깊이를 준다. 시·예술의 본질적 표현법은 도식이 아닌 이미지이다. 도식은 시에 명료성을 주지만 시를 깊고 심원하게 하는 건 도식의 여백에 채

워진 이미지로 인해서이다. 그러나 시·예술에 있어서 '도식'이란 결국 이미지적이기 마련이다. 언어의 '의미'나 '음향'은 애초부터 이미지와 깊이 결부되어 있다. 본질적으로 시어는 '지시적 기호'가 아니라 미적 상징을 지향하는 때문이다. 다시 말해, 이미지와 도식은 뼈와 살처럼 깊이 융합되어 있다.

의식이 정통미학의 본질이라는 오세영의 견해는 창조적 정신작용에 관한 이해 부족에서 기인한 오류임은 앞서 언급한 바와 같다. 그리고 전통/실험 미학의 구분은 '의식/무의식' 등의 시·예술 생성의 정신작용의 문제가 아니다. 그 변별성은 다름 아닌 '도식' 혹은 '이미지' 여부에 관한 문제라는 사실을 오세영은 간과하고 있다.

2. 오세영이 비판한 김수영의 초기 시 두 편은 비판의 대상이 아니다

시를 무의식의 표출로 본 김수영은 그의 실제 시작에서도 자동기술법과 무의미한 진술들을 적극 활용하고 있다. 가령 초기에 쓴 「아메리카 타임지」나 「공자의 생활난」 같은 경우는―수준 미달이고 일종의 시적詩的 사기詐欺여서 논란의 대상으로 삼는다는 것 자체가 우습지만……(오세영, 같은 책, 49면)

소쉬르의 구조 언어학의 논리가 그러하듯, 의미는 주위와의 관계 속에서 드러난다. 고전적 거시미학이 은유 등의 유사동질성에 바탕을 둔 자연적 상징에 의한다면 현대의 미시 미학은 질료적 조형성을 탈피하여, 의식 내에서의 추상적 작업을 지향한다. 실험이나 전위적 작업들은 대부분 자연적 상징을 벗어나 자의적 관점의 미학을 생성한다. 관점과 맥락, 상황에 따른 태도의 미학이 그것이다. 이를 우리는 '미시 미학'이자 '자의적 상징'이라 한다. 자의적 상징의 미시 미학에서, 시는 구상적 문자의 옷을 벗어던진다. 시는 문자만으로 표상되는 것이 아니다. 시·예술의 본질은 우리의 추상적 의도 그것이라 할 것이다.

뒤샹의 '샘'이나 메타시에서 볼 수 있듯 자연적 상징을 떠나 시 역시 문자의 옷을 입혀 손으로 생산해야만 하는 것이 아니다. 시·예술은 의식 속에서 얻게 되는 미적 관점 바로 그것이기 때문이다. 「이것은 파이프가 아니다」(1928-9, 마그리트)는 '자연적 상징'의 거시미학의 관습성을 해체하는 친절한 문구이다. 파이프의 그림을 파이프로 보지 말아 달라는 건 기존의 관습에 대한 자의적 아이러니의 반격이다.

다원성, 상대주의, 차이, 차연, 맥락의 관점을 피력하는 포스트모더니즘은 '자의적 상징'의 전형적 양상이다. 재현적 성격의 '자연적 상징'과는 달리 자의적 상징은 사물과 미를 특수한 관점에서 바라본다. 이것은 예술이 '추상' 그 자체가 되고자 하는 노력이다. 이것은 매우 중요하다! 인간이 추상, 즉 상징의 본질을 획득해 나가는 과정이라는 점도 있지만, 자의적 상징은 향후 과학과 예술의 진정한 통일을 성취케 할 것이다.

상황적 만남의 '추상적 관계'란 미의 '상대성'을 의미하며 또한 역으로 철저한 주관주의를 의미한다. 그것은 '레디메이드적(무기교적)' 작품인 「샘」이나 「이것은 파이프가 아니다」 같은 작품 그리고 다른 한편 말라르메의 「이지튀르」 같은 절대상징의 작품에서 볼 수 있다. 말라르메는 삶의 본질 그 자체를 보여주고자 노력했다. 말라르메의 「주사위 던지기」의 경우 재현적 이미지 혹은 서사성을 읽어내려 해서는 안 된다. 오직 혹독한 사유의 세계 속에서 함께 고뇌하고 이를 통해 절대의 쾌락을 찾아내길 말라르메는 강권한다.

우리는 이러한 '자의적 상징'의 작품 앞에서 모두가 감동해야 한다고 주장할 수는 없다. '자의적 상징'에서 칸트의 '공통감'은 그 의미가 없다. 말라르메의 작품은 위대하면 할수록 그의 독자 수는 철저히 제한될지 모른다. 독자와 시인의 그런 고독한 만남의 관계가 '자의적 상징'의 시·예술의 실존성이다. 우리는 말라르메나 뒤샹에게서 의미의 주관성을 엿볼 수 있다. 자의적 상징의 텍스트로서, 레디메이드의 경우 미적 의미가 수수께끼처럼 지적으로 조작된 듯이 보일 수 있으며, 절대상징의 경우는 이미지와 도식의 고도의 조작으로, 일상의식 상태에서는 의미생성이 일어나지 않는다.

그러나 '자연적 상징'은 그와 다르다. 그리스 고전의 조각이나 서정시 등 재현적 상징의 작품들은 미적 의미의 주관성이 그렇게 자리하지 않는다. 레오나르도 다빈치의 경우 마지막 작품들인 「젊은 세례 요한」, 「레다」는 말할 것도 없지만 심지어 「모나리자」, 「최후의 만찬」까지도 다빈치에게는 실수가 남아 있는 작품일 수 있다. 하지만 다빈치의 생각과는 상관없이 거의 모든 감상자들은 훌륭한 작품으로 인정할 것이다. 하지만 말라르메와 같은 '자의적 상징'의 텍스트 앞에서는 어떨까. 만약에 「주사위 던지기」를 말라르메 자신이 미완성작이므로 작품의 목록에서 배제하겠다고 할 때 수많은 독자들은 그의 말을 부정하는 대신 진정 위대한 작품으로 받아들일 수 있을 것인가? 모두는 쉽게 대답할 수 없을 것이다.

그것이 현대의 '자의적 상징'의 텍스트와 고전적인 '자연적 상징'의 텍스트의 다른 점이다. 김수영의 쉬르레알리슴적 작품들은 '의미 제시'가 아닌, 독자 '의미 생성'의 텍스트들이다. 이러한 자의적 상징의 텍스트에 있어서 작품에 대한 인지 여부의 권리는 먼저 시인에게 있음은 말할 것이 없다. 설령, 김수영이 「주사위 던지기」를 써두고 작품으로 인정치 않더라도, 독자와 비평가는 그러한 시인의 생각을 존중해야 한다. 그러나 굳이 그들이 작품성을 인정한다면 그 텍스트는 독자 혹은 비평가의 것이다. 누군가 김수영의 쉬르레알리슴적 작품을 마치 보편적 미적 가치를 지닌 것처럼 평한다면 그것은 오세영의 비판대로 김수영에 대한 '우상화'일 수 있다. 그러나 오세영도 알고 있듯 「공자의 생활난」과 「아메리카 타임지」를 김수영은 자신의 목록에서 삭제했다. 그럼에도 비판을 가한다는 것은 옳지 않은 일이다.

오세영은 많은 석·박사논문 작성자들이 김수영의 위 두 작품에 대단한 의미를 둔다며 그것은 '난센스'라고 말한다. 그러나 시인이 버린 작품도 수용자 입장에서 미학적 의미를 발견할 수가 있다. 이 경우 독자는 시인의 텍스트에 또 다른 의미를 부여함으로써 그 텍스트를 작품으로 재창조해낸 것이다. 반면, 자의적 상징의 작품 앞에서 독자는 스스럼없이 "No!"라고 거부할 수 있다. 이것이 '자의적 상징'의 미학의 특수성이다.

자의적 상징의 텍스트에 있어서 의미의 생성은 전적으로 독자의 것이다. 아울러, 자의적 상징의 작가는 자신 작품의 독자는 단한 사람 자기 자신뿐일 수도 있음을 인정해야 한다. 현대 예술의 세계에서 작가와 수용자의 위치는 그 이상도 이하도 아니다. 그러한 사실을 견뎌내지 못한다면 그는 고전적 상징의 세계로 돌아가야 한다.

3. 맺음

카시러는 '신호는 조작자operators이고, 상징은 지시자designators'라는 찰스 모리스의 견해를 받아들여 신호, 즉 기호는 물질이요 상징은 의미 기능의 세계라는 중요한 말을 한다. 기호적 삶에 머무는 동물은 주어진 현실 속에 갇혀 있을 뿐이지만 상징을 구사하는 인간은 존재하지 않는 미래를 창조한다. 이성의 인식론에 머물렀던 칸트에 비해 이성의 근거를 상징으로 이해했던 카시러의 중요성은 여기에 있다. "입으로 말하든 붓으로 쓰든 또는 다른 어떤 방법에 의해서이든 간에 사고의 참된 움직임을 표현하는 것"이라며 현대예술의 본질을 정확히 설파한 브르통은 '이성'이란 사슬을 깨뜨리고 초현실의 자유를 실현코자 했다. 칸트는 구상력의 표상을 개념을 초월한 '천재', 즉 비상한 자연의 능력을 부여받은 시인의 표상으로 보았다. 그러한 인식의 도달은 상상력을 직관 또는 초월의 인식으로 이해한 코울리지 역시 비슷했다. 이제 우리는 그러한 상상력을 더 이상 '의식'이라는 질료적 기호의 세계에 위치시켜서는 안 된다.

칸트는 과학의 논문이 시가 될 수 없다고 말했다. 그러나 오늘의 우리는 칸트와 견해를 달리한다. 현대의 예술은 이미 오래전에 순수한 추상의 미학으로 들어섰다. 그것은 혼란과 혼돈, 미몽과 백일몽의 착란이 아니다. 그것은 실재와 일상의 확장이며, 시인과 독자의 경계를 무너뜨리는 일이다. 오래전에 바르트는 『S / Z』를 통해 발자크의 사실주의적 소설 『사라진』이 사실은 매우 의미심장한 상징적 작품임을 알리며 그 소설의 분석을 통해 작가와 독자의 경계를 허물었다. 『S / Z』라는 Symbol로써 바르트는 독자로 하여금 무한한 의미 생성과 유희의 길을 터놓았던 것이다.

독자는 이제 더 이상 수신자로서의 기관이 아니라 창조하는 생성자의 위치로 바뀌고 있다. 현대의 예술은 질료적 존재로써가 아닌 '사유와 의식' 그것으로써 존재하는 세계로 진입했다. 그것이 '자의적 상징'의 세계의 면모이다. 금번 오세영의 "우상의 가면 — 김수영론"에 대한 메타 비평의 글을 통해 논자는 우리 시단이 현대 시·예술의 이러한 흐름과 경향에 인식을 새로이 가져줄 것을 주문한다.

제5부

상징과 기호의 시 텍스트 생성에
관한 연장 대담 · 비평

Ⅰ. 함기석 시인의 페이스오프의 기호 미학
(대담: 함기석 · 변의수)

— 시 · 공간의 재해석을 위한 도상학적 기호 유희

변의수: 반갑습니다. 무척 오랜만입니다. 함기석 시인을 만나니 청주의 안온한 기온이 새삼 느껴집니다. 그런데 지면 관계상 먼저 드릴 얘기는, '현대시'에서 마련한 오늘의 기회에 여러 독자들이 함기석 시인의 정신사의 편력 과정과 걸어온 길 등에 귀를 기울이고자 할 것이나, 함기석 시인의 경우 자연인 또는 시인으로서의 외견상 사건이나 에피소드는 모두가 함기석 시인의 텍스트 문제로 환원되고 수렴되리라는 생각에서, 함기석 시인의 텍스트와 기호 세계를 추적함으로써 함기석 시인의 가족사나 외부의 생활이 짐작되도록 대담을 진행해 나가고자 합니다. 그리고 대담 진행상 이제부터 존칭 대신 편하게 '함 시인'으로 칭하겠습니다. 이 점 양해해 주시기 바랍니다.

약력을 보니 함 시인은 수학도 출신입니다. 혹시, 수학자들 중 함 시인에게 시적 영향을 준 사람은 없는지요?

함기석: 대학시절 관심을 가졌던 수학자로는 칸토르, 힐버트와 화이트헤드, 라이프니츠 그리고 김용운 교수님을 들 수 있습니다. 인간사유의 금기 영역이었던 무한을 수학적으로 개념화하여 집합론을 창시하고 정신병원에서 불행하게 생을 마쳤던 칸토르에 깊이 매료되었던 적이 있습니다. 보르헤스의 「모래의 책」 같은 작품은 집합론의 무한 개념을 인물과 상황을 통해 구체화한 좋은 예이고, 그의 다른 많은 작품들 역시 대수학이나 기하학의 사유 방식을 깔고 있습니다. 당시 재직 중이던 김용운 교수님은 토폴로지라는 위상수학 전공자이셨는데 수학자의 눈으로 본 문학관련 책들을 많이 쓰셨죠. 위상학적 사유는 제게 시적 발상을 어떻게 할 것인가 하는 부분에 영향을 주었습니다.

변의수: 화이트헤드는 철학에 현대물리학의 옷을 입혔다는 점에서, 라이프니츠는 미세의식과 보편 기호문법 측면에서 저 역시 관심을 가졌었습니다. 함 시인은 그들의 어떤 점에 끌렸는지요?

함기석: 화이트헤드의 경우 유기체론 특히 관계론에 대한 철학적 사유가 인상 깊었습니다. 라이프니츠는 현상과 본질을 보는 눈을 뜨게 해주었죠. 미적분은 단순히 계산방법이 아닙니다. 미분이 현상으로부터 본질을 추출해 내는 방법론이라면 적분은 그 반대로 추출된 본질로부터 또 다른 현상을 유추해 내는 방법론입니다. 그러나 시적 미분은 본질마저 깨고 본질의 무화까지 상상력이 뻗어 나가야 합니다.

변의수: 예전에 모 잡지에서 함 시인은 시가 되지 않을 때 수학문제를 푼다고 했습니다. 수학도 깊은 비의식의 사유와 직관을 필요로 합니다. 천재들은 극과 극에 대한 상보적 이해태도를 보인다고

하지만 수학문제를 풀다가 시적 영감이 떠오른다니 재미있군요.

함기석: 시 혹은 삶이 미궁에 빠져 있다는 생각이 들 때 그런 행위가 나타납니다. 아마도 수학이라는 학문 자체가 구체적 현실 세계 그러니까 어떤 대상 세계를 전제하지 않기 때문이라 생각됩니다. 수학은 어떤 메시지 전달을 목적으로 하지 않고 그 과정 자체와 진행 방식을 중요시하는 메타 학문입니다. 무엇보다는 '어떻게'가 더 중요한 거죠. 약호들의 추상 공간 속에서 숫자나 기호들의 인과 관계 혹은 역전 관계 속에서 노닐다 보면 야릇한 희열을 체험할 때가 있습니다. 시간이 정지된 혹은 시간이 거세된 모래밭을 맨발로 거니는 뭐 그런 느낌 말입니다. 제 시에 있어서 인식 전개의 메커니즘은 수학 영역의 영향이 많았을 것입니다.

변의수: 심리학자 르미 드 구르몽은 「말도로르의 노래」를 쓴 로트레아몽을 의심할 여지없는 정신병자라고 했습니다. 함 시인의 첫 시집 『국어선생은 달팽이』에는 다락방의 염소와 깨어진 꽃병, 광기 어린 아버지가 나옵니다. 매우 혼란스런 가족질서죠. 두 번째 시집은 「착란의 돌」이었고, 시편의 인물들은 잘리고 찢기고 공포에 차 있으며 정신분열증적 환상으로 가득 차 있습니다. 도대체 왜 그런 분열증적 양상의 시를 쓰게 되었는지 궁금합니다. 오해하지 말아요. 혹시 함 시인의 가족병력은 없습니까?

함기석: 부정하고 싶지만 아버지 쪽으로 정신 병력이 있는 게 사실입니다. 어린 시절 삼촌들과 슬레이트집에 같이 살았는데 큰 삼촌이 분열증을 앓았습니다. 가끔 저녁에 도끼나 몽둥이 같은 것들을 들고 마당에서 뒤뜰로 오가며 소리를 지르곤 했어요. 집

뒤편으로 노란 개나리 울타리가 길게 있었고 아카시아 나무들이 있었어요. 나팔꽃과 해바라기도 많이 피어 있었고 화장실 뒤로는 아주 오래된 큰 대추나무 두 그루가 있었어요. 가끔 혼자 훌쩍이다가 거기로 올라가 피리나 하모니카 같은 작은 악기들을 불던 기억이 납니다. 토끼, 개, 염소 등은 어릴 때 직접 기르며 보살피던 가축들입니다. 그러나 식구들에게 그건 어디까지나 식용이었지 애완용이 아니었습니다. 아버지가 토끼 가죽을 머리부터 발끝까지 통째로 벗기는 것을 처음 본 것은 초등학교 2학년 때입니다. 충격적이었죠. 집엔 할머니까지 포함해 아홉 식구가 살았는데 지금 생각해도 평온한 기억보다는 우울한 기억이 많아요. 시집이 나온 후 다시 읽다 보니 유독 9라는 숫자가 자주 나오더군요. 아마 당시 가족 수가 저도 모르게 제 무의식 속에 각인된 건 아닐까, 그런 생각이 들더군요. 제 바로 위로 사랑하는 작은 형이 있는데 착하고 성실합니다. 그러나 형 역시 오래전부터 망상형 정신분열증과 편집증을 앓고 있어요. 지금은 상태가 많이 호전돼 주기적으로 약만 타다가 치료받고 있어요. 아마도 집안의 이런 기질적인 영향으로부터 저 또한 완전히 자유롭지는 못하다고 생각합니다. 제 시에 일정 부분 영향을 미쳤으리라 생각됩니다. 그러나 제 시에 등장하는 그로테스크하게 떠도는 초현실적 이미지들이 왜 어디서 발아하는지, 그에 대한 근본뿌리나 원인은 저도 잘 모르겠습니다. 어떤 때는 제 의지, 의식, 경험 등과는 전혀 상관없이 그런 이미지들이 동시다발적으로 쏟아져 나와 통제 불능 상태에 직면할 때가 있거든요.

변의수: 기존의 상징계에 대한 전복적 힘으로서 기호계le semiotique를 설정한 크리스테바는 금지, 권위, 규범 따위에 대항

하지 않고서는 삶의 기쁨을 맛볼 수 없다고 했습니다. 저는 함 시인의 신텍스Syntax는 기존의 기호 조직론을 전복하는 최전선의 것으로 일찍부터 보아왔습니다. 함 시인의 시작 통사론은 비평가나 독자들의 기호 질서를 와해시키는 고통을 안겨 주리라 생각되지만 그러나 미학적 쾌감을 증폭시키고 있는 것 같습니다. 이런 양면적인 현상을 어떻게 이해해야 합니까?

함기석: 비평가나 독자의 상징계는 거기서만 통용되고 허락되는 언어문법, 통사, 가치체계가 있습니다. 저의 시작과정은 그러한 상징계에 균열과 붕괴를 일으키는, 전복적 폭발력을 내장한 텍스트의 산출과정이라 할 수도 있습니다. 텍스트 자체적으로 무의식적 활동을 할 수 있게 유동적 언어들의 시공간 장field을 만들어 주고 싶은 거죠. 외관상 언어유희로 보이겠지만 유희는 하나의 전략이고 방편이지 그것 자체가 목적은 아닙니다. 그러나 유희가 목적인 유희텍스트가 필요합니다. 만약 기호계를 하늘, 상징계를 땅으로 비유한다면, 요즈음의 몇몇 시인들은 땅을 박차고 하늘을 자유로이 날아다니는 비행기 혹은 새가 아닌가 하는 생각이 들어요. 새들에게 허공은 도피공간이 아니라 비행놀이공간이자 삶의 가장 일차적인 현장입니다. 개인적인 취향입니다만 그런 조류시인들(?)이 좀 더 나왔으면 좋겠어요.

변의수: 말라르메의 「주사위 던지기」 등에 대해 Zola는 형태상의 온갖 광기의 폭발, 통제력의 상실, 명료성이 아니라 어휘의 조각들의 조화를 위한 것 같다고 폄하했습니다. Lanson 역시, 말라르메는 통사 논리를 결한 '불완전한 예술가'라고 했죠. 함 시인의 많은 작품들이 말라르메 생존 당시의 불명예스런 작품들과 외견

상으론 같은 태도를 보이고 있습니다. 졸라나 랑송이 오늘날 우리 시대의 비평가들이라면 그들에게 어떤 대답을 할 수 있습니까?

함기석: 시인은 말을 음표처럼 사용해야 합니다. 시의 밀도는 이미지보다 리듬에서 나옵니다. 빛의 언어와 어둠의 언어를 운용할 때 각기 다른 접근방식이 필요합니다. 어둠 속 어휘들의 동적 에너지와 그 에너지를 무화시키는 부동성 에너지 사이의 긴박하고도 끊임없는 텐션이 시의 밀도를 상승시킵니다. 그런 말의 운용 측면과 공간분할배치 감각에서 말라르메는 대단히 탁월합니다. 그러나 형식적 요소들이 들어간 저의 일부 텍스트들을 형태시 패턴시 등으로 부르는 것에 저는 동의하지 않습니다. 그것은 어휘나 도상을 통한 형태 재현이 목적이 아닙니다. 그것은 시공간 재해석을 위한 도상학적 장이지 형태재현을 통한 메시지 전달의 장이 아니었습니다. 현실에 위치한 사물들을 언어라는 도구를 이용해 평면으로 이동시킨 것이 아니라 평면상의 언어들을 입체적 사물들을 통해 3차원의 공간으로 탈출시켜 보려는 시도였습니다.

변의수: 함 시인의 텍스트는 언어 기호를 사물화, 달리 말해 기호에서 기의를 제거하여 기표 그것으로서 기의를 삼으려는 듯한 시편들로 보입니다. 무의식으로 돌아가자고 외친 라캉의 차연적 기호 그것을 보여주는 것 같습니다.

함기석: 예리한 지적입니다. 사물화된 언어 텍스트가 곧 현실 텍스트가 될 수도 있다는 꿈을 꿉니다. 언어가 사물과 현실을 지시한다는 말이 아닙니다. 정반대로 언어는 근원적으로 현실이 될 수 없다는 인식이 그런 꿈을 꾸게 하고, 시와 현실과 창작행위의 관계를 비판적으로 바라보게 합니다. 그러니까 사물화란 언어의

사물死物화로 상징계적 의미 혹은 기능의 죽음을 말하는 겁니다. 그것이 환상을 낳고 낱말들의 공중부양을 낳고 어휘들의 무중력 야간비행을 낳습니다. 시니피에가 제거된 시니피앙을 통해 전혀 다른 시니피에를 발산하는 텍스트, 이는 곧 본래의 의미가 박탈된 문장을 통해 전혀 다른 무수한 의미를 발산하는 문장으로 전이시키는, 말하자면 부재의 언어를 통한 부재의 텍스트 부재의 시학이라 할 수 있겠죠. 텍스트엔 순수부재만 남아 하나의 의미가 담기면 곧 비워지고 또 다른 의미가 담기는, 그 과정이 끊임없이 반복되는 그런 차연적 텍스트 말입니다. 제가 텍스트 내에서 유쾌한 기호놀이를 통해 기호체계를 깨는 것은 세계라는 텍스트에 대한 부정정신의 발현이자 도무지 이해할 수 없는 제 자신의 무의식에 좀 더 가까이 다가가려는 고투이기도 합니다.

변의수: 프로이드, 라깡과도 만났던 달리는 글「부패한 당나귀」에서 편집증적 비판방법이라 명명한 이중영상기법을 기술하였습니다. 함 시인의 작법은 회화적 기호들로부터 영감을 받은 듯도 합니다만?

함기석: 미로, 샤갈, 달리, 마그리트 같은 초현실주의 화가들의 작품을 좋아했습니다. 살들의 외침, 힘과 피의 파동을 섬세하게 그린 베이컨의 작품도 흥미로웠습니다. 베이컨은 고통의 색채언어를 감각의 잔혹성으로 표현한 화가죠. 에곤 실레는 비교적 나중에 접했고요. 이유는 알 수 없지만 그들의 작품세계에 호감이 갔으니 알게 모르게 영향을 받았겠죠. 그들 작품의 이미지를 직접 시에 차용한 적은 없지만 오브제를 시적 소재로 활용한 적은 있습니다. 지금은 그들의 작품에 다소 식상해져 있습니다. 추상회

화작품들 그리고 심플한 그림들이 오히려 더 재미있습니다.

변의수: 함 시인은 일전에 인사동에서 서예전에 참여한 적이 있는 걸로 압니다만.

함기석: 서예는 일 년에 한두 번 정도 회원전이나 그룹전에 참여하고 있습니다. 서예는 쓰는 동시에 페인팅하고 새긴다는 느낌이 듭니다. 시, 회화, 조각이 혼재된 퓨전장르라는 생각이 들어요. 형식과 내용을 동시에 표출해야 하는 서예의 이런 특성이 제 시작업에도 어느 정도 침윤되어 있습니다. 시각적 도상기호 표출을 통한 심미적 내용전달은 저에게는 형식실험이기 이전에, 몸과 언어 그리고 장르라는 삼자관계에 대한 고민이 들어 있습니다.

변의수: 시를 쓰지도 읽지도 않는 저의 한 동료 직원이 곁눈질로 함 시인의 「Hi! High Hill」을 보더니, 놀랍게도, 만화처럼 재미있다고 입을 열었습니다. 함 시인의 텍스트에 대한 만화적 사고의 접근을 어떻게 생각합니까?

함기석: 만화는 신나고 즐겁습니다. 문자의 구속과 현실논리로부터 매우 자유롭죠. 그분이 저의 시를 만화처럼 감상했다면 아마도 그분의 눈과 상상이 열려 있기 때문일 겁니다. 제가 그 시를 쓸 때 어떤 만화나 만화의 특정장면을 떠올리며 쓴 것은 전혀 아닙니다. 저의 시가 만화와는 전혀 상관없이 산출됐음에도 만화적 상상력의 접근이 가능했다는 것은 저로서는 아주 기분 좋은 일입니다. 무거운 형이상학적 주제의 시를 가벼운 언어기법으로 처리한 점이 만화적 기법과 매치된 것으로 보입니다.

변의수: 만화적 접근에 관해 함 시인께서는 문자의 구속과 현실논리로부터의 일탈로 보았습니다만, 함 시인의 그 말을, 논리적이고 분석적 독법이 아닌 이미지적 접근으로 이해해도 될는지요? 아시겠지만 비의식 가운데 다의미적 상징을 생성케 하는 독법이라 생각되거든요.

함기석 :그렇다고 볼 수 있습니다. 여행을 할 때도 가이드의 설명만으로는 풍요로운 여행이 될 수 없는 이치와 비슷하다 할 수 있겠죠.

변의수: 그리고…… '가벼운 언어기법'이라는 표현을 썼는데, 사실은 무서운 기호 운용이지요. 가볍고 부드러운 보법에는 감춰진 질서에 대한 인식을 강요하고 있습니다. 이에 관해 조금 언급해 주시겠습니까?

함기석: 우리 시단에 좀 부족하다고 생각되는 점이 존재나 죽음 같은 무거운 소재를 다룰 때의 위트와 유머감각입니다. 마치 꽃상여를 멘 상여꾼의 가벼운 보법을 연상하면 좋을 것 같습니다.

변의수: 함 시인은 메타언어, 즉 언어를 또 다른 기호로서 사용하고 있는데 최근의 기호 전략은 무엇입니까?

함기석: 언어의 기호변용 문제는 기존 언어에 대한 회의와 혐오감이 점점 더 심해지고 있기 때문입니다. 도구화되고 인습화된 언어로써 세계를 감성적으로 해석하고 진술한다는 건 저로서는 매우 견디기 힘든 일입니다. 곤충이 탈피를 통해 새로운 세계로 변신해 들어가는 것처럼, 언어라는 얼굴의 안면박피수술 혹은 페

이스오프를 진행하고 있는 셈이죠. 언어의 의미는 문장 혹은 문맥 속에서 결정됩니다. 텍스트상에서 언어의 위상학적 좌표가 이동 또는 변경되면 그 언어는 본래의 의미와 기능을 상실하게 됩니다. 부사가 형용사로, 동사가 명사로, 술어가 주어로 변신하기도 합니다. 기존 통사론의 규범 자체에 균열이 생깁니다. 하나의 구나 절 혹은 문장 전체가 이동할 수도 있겠죠. 그럼 그 문장은 죽고 전혀 다른 의미의 문장으로 재생합니다. 개개의 어휘나 문장을 어떤 절대적 공간좌표에 위치시키는 대신 상대적이고 개방적인 공간으로 이동시켜 세미오시스를 최대한 확장시키려는 것입니다. 우주라는 텍스트 자체가 그렇게 매순간 변환되고 있다는 생각이 그러한 기호 운용을 행하게 합니다.

변의수: '우주라는 텍스트'는 재미있는 표현입니다. 우주 곧 텍스트라는 말은 나에게 있어서는 '세계＝상징＝기호＝텍스트'라는 등식으로 표현됩니다. 그러한 이해의 도식은 아마 함 시인의 무의식에 대한 도식화 그것이기도 할 것입니다만, 함 시인의 견해는 어떤지요?

함기석: 제게 텍스트는 진행형입니다. 완결이 없는 현재 이전과 이후 사이에 놓인 가교입니다. 또한 문학범주만으로 한정되지도 않습니다. 인간, 사물, 시간, 예술, 과학 등은 모두가 독립적이면서 긴밀히 연결된 상보적 텍스트들입니다. 우주는 그런 미시텍스트들이 모인 거대한 텍스트 그물망인 셈이죠.

변의수: 현대과학은 수식으로 기술됩니다. 수식은 가장 깨끗한 언어기호의 하나입니다. 플라톤은 자신의 아카데미 정문에 기하학을 모르는 자는 출입할 수 없다고 썼습니다. 기하학은 세계의

이데아입니다. 카시러가 말한 상징의 그 원형을 플라톤은 이미 이해하였다 할 것입니다. 함 시인의 텍스트는 현상계에 관한 또 하나의 이데아라고 볼 수 있습니까?

함기석: 수식은 인간의 사고를 가장 압축적으로 표현한 기호형 식입니다. 거기엔 물질계를 지배하는 현상의 원리와 법칙이 내장 되어 있습니다. 하나의 물리공식 혹은 수학공식이 인정될 때 그 건 그 공식이 품고 있는 현상계에 대한 해석원리를 인정한다는 것입니다. 그러나 그것도 시대의 산물이고 역사의 산물이어서 와 해될 가능성을 배제할 수 없습니다. 그런 점에서 저는 수식의 완 전성을 인정할 수 없습니다. 플라톤의 기하학은 유클리트 기하학 입니다만 이후 기하학은 평면 · 입체 · 해석 · 위상기하학 등 다양 하게 세분화되고 복잡하게 변화했습니다. 방금 변화라고 말했습 니다만, 완벽한 수리형식 완벽한 물리형식, 그건 이성과 논리의 산물이고 시간 공간의 변화 때문에 불가능합니다. 그런 점에서 그것은 인간이 꿈꾸는 이데아가 될 수도 있습니다. 그러나 저는 텍스트를 통해 그런 추상적 이데아를 꿈꾸는 게 아닙니다. 저의 텍스트는 저 자신과 텍스트에 등장하는 인물들, 사물들, 언어들의 생사소멸과정이 담긴 구체적 개방공간이길 바랍니다.

변의수: 나에게 있어서 이데아란 사물을 낳는 인식 곧 '원형으 로서의 상징'을 의미하기도 합니다. 함 시인의 텍스트인 '개방 공 간'은 그런 뜻에서 구체적이고 개별적인 '생사소멸과정'들을 낳게 한다고 봅니다만.

함기석: 그런 셈이죠. 직관적 인식이 기초가 된 감성적 개방공 간이길 소망하는 것입니다.

변의수: 일상인은 거시물리적 감관 세계에 기거합니다. 그러나 함 시인은 미시물리적 세계에서 마치 투명인간처럼 노니는 듯 보입니다. 함 시인의 경우, 거시적 감관의 세계는 미시물리적 환상의 후경에서 흐릿하게 존재합니다. 그런 미묘한 세계의 시를 쓰면서 함 시인은 무엇을 보고 있습니까?

함기석: 인간의 몸은 극미한 세포들의 집합체고 물질은 원자가 모여 덩어리를 만들고 사물이라는 물리적 형태로 존재합니다. 지구와 별, 은하계와 우주의 형성 역시 마찬가지입니다. 미시물리의 세계는 거시물리계의 배경이자 출발점입니다. 텍스트가 하나의 거시 우주라면 텍스트 내부에 존재하는 무수한 미시물리적 요소들을 간과할 수는 없는 일 아닙니까? 이러한 작업이 선행되지 않은 채 텍스트를 통해 인간과 세계로의 접근을 시도한다는 건 저로서는 어불성설인 거죠. 우주의 90퍼센트는 암흑물질이고 그 암흑물질의 65퍼센트는 물질이 아니면서도 에너지를 갖는 소위 진공에너지로 채워져 있답니다. 제가 미시물리적 감각으로 언어의 음소 단위까지 고민하면서 낱말과 문장과 여백 등을 사유하고 탐험하는 것은, 시 텍스트라는 우주 속에서 행성처럼 떠도는 어휘소들 사이에 광대하게 퍼져 있을지도 모를 암흑물질과 진공에너지를 찾아보고 싶은 욕망 때문입니다.

변의수: 함 시인의 암흑물질과 진공에너지의 텍스트는 미시물리학에서의 접힌 차원의 세계를 여행하게 하는 것 같습니다. 사실은 그러한 세계는 곧 선적禪的 세계이기도 하겠지요. 연기적緣起的 질서의 공간이기도 할 것입니다. 함 시인의 텍스트 중 그런 사유의 시편을 본 것도 같습니다만…… 공원에서 명상적 사유와

시 · 공 이동의 현상을 보여주는 작품인 것 같았습니다. 기억나는지요?

함기석: 「뽈랑공원」을 말씀하시는 것 같습니다. 그 시에서 인물과 사물들은 책이라는 시공간 이동매개체를 통해 또 다른 공간으로 이동합니다. 아이러니컬한 것은 시에 등장하는 책이 바로 그 시가 실려 있는 독자가 손에 들고 읽고 있는 책이라는 점입니다. 그것이 공간의 순환구조를 낳습니다. 현실공간의 독자의 위치는 비현실공간인 시 속의 청소부라는 인물로 혹은 그 반대로 대치됩니다. 시공의 이동순환현상이 머나먼 우주뿐만이 아니라 실제로 우리가 발을 디디고 있는 이 현실에서도 벌어지고 있다는 인식이 그런 초월적 구조의 텍스트를 낳은 것 같습니다.

변의수: 요즘 난해 시인들을 전위파라 하지 않을 수 없습니다. 함 시인은 시간적으로 그들의 앞 세대에 위치하여 있습니다. 요즘의 난해파 시인들의 위치는 어떻게 보십니까?

함기석: 전위는 거리개념으로 보면 다른 사람보다 앞에 위치하지만 평면개념으로 보면 중심에서 벗어난 아웃사이드에 위치합니다. 아웃사이더가 가야 할 길은 험난하고 외로운 미개척지입니다. 소외와 고독으로 점철될 모험의 길이자 탐험의 길입니다. 막연한 동경과 단순한 미적 취향 혹은 그 기질만으로 선택할 수 있는 길이 아닐 것입니다. 전위는 자신의 무늬를 끝없이 지우고 부정해 나가야만 하는 비극적 운명을 요구합니다. 그래서 전위파 혹은 전위시인이라는 말은 행위의 결과축적 이후 냉혹한 평가 그 이후에 붙여져야 할 선택적 용어라고 봅니다. 삶 전체를 통한 팽팽한 전위정신의 지속성이 유지될 때 그 시인을 전위시인이라 불러야

한다고 생각합니다.

변의수: 마지막으로 현재의 텍스트 미학의 전략을 조금 밝혀 줄 수 있겠습니까? 그리고 다음 시집의 화두가 있다면?

함기석: 사물을 지칭하는 단어를, 장소를 지칭하는 단어로 변용해 사용할 때 혹은 그 반대일 때, 텍스트 내에서는 어떤 변화가 일어나고 또 인간의 인식체계에는 어떤 변화가 일어나는가, 최근 고민하고 있는 문제 중 하나입니다. 놀이 이외에 어떤 의미 찾기도 원천적으로 불가능한 순수놀이텍스트, 아마 그게 현재 저의 화두라면 화두라 할 수 있을 것 같습니다.

변의수: 장시간 편집증적 질문에 답하느라 힘드셨을 겁니다. 오늘 함기석 시인의 언급들이 독자들에게는 또 하나의 선적 화두의 텍스트가 되지는 않을는지 모르겠습니다. 저의 질문이 아리아드네의 실이 되기보다는 오히려 미노타우루스의 암굴이 되어 버린 까닭일 것입니다. 이제 뒤풀이 장에서 오늘의 스트레스를 풀도록 하지요. 귀한 시간을 내주셔서 감사합니다.

II. 심해의 우주율을 자아내는 사유의 누에고치: 김백겸의 『비밀 정원』

　기호의 음향이 지시하는 의미를 배제할 때, 시편의 시어들은 무한 공간에 흩어져 있을 뿐이다. 그 각각의 시어는 우주의 밤하늘에서 행성이나 혹성처럼 떨어져 외로운 파편처럼 빛을 낼 뿐이다. 허공의 무한 거리로 떨어져 있는 의미의 불빛들을 우리의 상상에서 꺼 버릴 때, 그 별들은 무의미한 소음의 파편들로 부딪힐 뿐이다. 하지만 그러한 별들의 음향이 우리의 상상 속에서 멜로디와 화음을 이루고 시어와 시어들이 교향악을 이루는 것은, 시인이라는 창조자가 놀라운 직관으로 저마다의 다른 질량과 인력의 별들을 한순간의 힘으로 붙잡아 두었기 때문이다. 우리의 상상력과 정보체의 우주선이 시인의 텍스트의 세계를 항행할 때 그 우주의 신비로움에 감탄하게 되는 것은 시인의 우주가 알 수 없는 힘으로 코스모스를 이루고 있기 때문이다. 그 음향이 지시하는 감미로움과 떨림은 아름다운 리듬으로 파동 짓고 있으며, 그 음향들이 상징하는 별들의 형상과 질량, 부피 등은 우리의 감각이 잠 깨어나도록 아름다운 빛을 내며 상상의 기하학을 생성하게 한다.

1. 재창조의 창조

현대 시·예술에 있어서 '의미'는 독자의 상징 생성의 방향과 개성에 따라 결정되고 형성된다. 의미에 관한 진술은 '자의적'일 뿐이다. 현대시학[54])에서의 관심은 형식이 어떻게 의미를 지니게 되는가 하는 것이다. 사후추론의 관점에서 텍스트를 접근함에 있어서 우리는, 시인이 텍스트를 어떻게 구성하는지, 텍스트 구조의 관점에서 기호의 구조가 어떻게 그런 다양한 의미들을 생성하는지 그리고 관계자[55])(독자, 비평가 등)는 또한 어떻게 다양한 의미들을 생성하게 되는지, 그 기호소[56]) 구성의 내용과 그 기호소를 운용하는 시인의 상징 형식을 감지하게 된다.

구조의 완결성이란, 의미의 통일적 조화에 의한 하나의 전일체로서의 생명이다. 물론 그 '생명'의 내용은 관계자 각자의 것이다. 한편 그 구조의 완결성은 독자나 비평가가 기호(텍스트)에 어떤 방식으로 접근하는, 사고의 구조와 내용의 문제이다. 텍스트는

---

54) 미시적 관점의 시학을 이른다. 전통시학(고전시학)이 감성 중심의 환정적喚情的임에 비해 '사유미思惟美'까지 확장한 시론. 그 특징은, 기호학적 접근과 현대물리학의 세계관 등이 개입된다. 문맥에 따라 '현대시론'이라고도 한다.

55) 논의자들은 '수용자'라는 표현을 쓰고 있기도 하지만, 독자나 비평가 등 시·예술 작품을 대하는 이는 작가의 의미를 제한적으로 받아들이는 수동적 입장에 있지 않다. 그와 달리 나름의 관점에서 쾌감(미학적 의미)을 생성해 낸다. '관계자'가 작가의 작품에 자신이 생성해 내는 쾌감 이상의 또 다른 의미가 있다고 생각하여 그것을 찾아내는 데 의미를 두는 것은 또 다른 문제이다. 독자나 비평가를 '접촉자'라고 부를 수도 있지만, '관계자'라는 표현이 더 나을 것 같다.

56) 여기서는, 전체 텍스트를 구성하기 위한 단위 기호로서 낱말의 의미·음향 등이다.

단순히 '새'와 '나무'가 만나지만 관계자가 제3의 무엇을 개입시 킴으로써 '새'와 '나무'는 온갖 다른 것이 된다. 그런데 제3의 그 무엇이란 다름 아닌 우리들 각자의 기호체계와 사유작용, 즉 상징의 기능이다. 우리는 저마다 나름의 상징작용으로 텍스트를 대하고, 경험한다. 우리는 단순한 수용자가 아니다.

> 하늘에는 빛과 소리가 가득 합니다
> 시간은 얼음이 녹아내린 수면처럼 모든 정보를 흡수 합니다
>
> ―「텔레파시」 부분

"하늘에는 빛과 소리" 그리고 "시간은 얼음이 녹아내린"이라는 시문에서 우리는 우주와 존재의 비밀에 관한 상상을 이미 하기 시작한다. 그러한 까닭에 시편의 이하는 읽지 않아도 우리는 미학적 쾌감에 사로잡힌다. 이미 우리는 창조적 상상의 세계로 빠져들고 있는 것이다. 위 두 줄의 시문을 통해 시인은 미지의 세계의 그 어떤 우주의 껍질 또는 피사체를 우리에게 전송해 보여준다. 빛과 소리가 가득한 그 하늘이 어떤 시공적 위상에 속한지를 시인은 위의 두 시행에서는 알리지 않지만, 그곳은 가장 빠른 매체인 빛과 가장 효과적 매체의 소리인 음향과 음파로 가득한 곳임을 예측게 하며 또한 그러한 점들에서 '하늘'은 환정적 측면에서가 아닌, 시원이자 영원성으로서의 시공간임을 내비춘다. 다시 말해, 시원적 존재의 빛과 그 말씀인 소리는 영원을 의미하는 '시간'이라는 단순한 개념의 우주체로 환원되며, 시공의 형상과 속성의 파동으로 차 있는 세계는 얼음과 물의 관계처럼 액화적 요소의 정보들이 가역적으로 유기적 홀로그램화 또는 고형화될

수 있다는 현대 과학의 견해들을 우선 떠올려볼 수가 있는 것이
다. 그러니까 위 두 시행은 종교성과 신화성을 현대의 물리이론,
천체론과 융합하여 상호 호환됨을 보여주고 있다고 생각할 수 있
다. 그런데 그 이하의 시문엔 다음과 같은 내용이 있다.

> 텔레파시 안테나가 모세의 뿔처럼 머리에서 돋는다면
> 당신은 세계의 하모니를 듣는 청중일까요
> 페르몬을 통해 몸이 거대한 단일정신으로 피어나는 개미세계처럼
> ......
> 에덴으로부터 걸어온 진화의 나무는 수천 가지로 갈라져서
> 메두사의 뱀 머리칼처럼 목숨을 울부짖습니다
> ......
> 전주파수대역의 텔레파시는 아직 지상에 출현하지 않았고
> 하늘의 빛과 소리는 홀로 은하성단 저편까지 흘러갑니다

이는, 필자의 예측과 상상이 시인의 텍스트상의 상징계와 완연
히 달리하는 것은 아님을 알 수 있다. 물론, 시인의 텍스트는 단
순히 그런 형이상학계의 유기적 호환성 같은 것을 말하고자 함은
아니다. 텍스트를 이루게 하는 중심 컨셉은, 우리 인간이 존재 우
주의 의미 그 자체를 감지 못 한 채 자의적 욕망의 바벨탑의 축
조에 혈안이 되어 있음을 안타까워하는 내용임을 추측게 한다.
또한 그렇듯이, 필자의 앞에서와 같은 그러한 상상이 아주 개인
적인 것임은 우리가 확인하고 있는 바와 같다. 그러나 시인은 오
히려 그러한 개인의 자의적 상상의 가능성을 상정하였다고 볼 수
있다. 그것은 전통의 시문법 위에 현대의 강력한 의미론적 상징
의 시문법을 겹친 김백겸 시인의 텍스트의 특징이다.

이와 같은 경우, 우리는 텍스트에서 그 내재적 의미의 확인에

만 의미를 두지 않는다. 텍스트로부터 감동적 미학의 쾌감을 발견하고 작가의 것을 즐길 수도 있지만, 우리는 자신의 상징기제에 따라 작가의 텍스트를 통해 저마다 나름으로 세계의 비밀을 여행하는 상상의 창조행위를 하게 된다. 그런 까닭에 현대의 시론에서 우리는, 의미는 발견이 아니라 발명이라고 말한다. 이것은 고전시학과 달리 현대의 텍스트가 우리에게 전해 주는, 작가중심의 시작법, 작가중심의 독해법, 작가중심의 텍스트론에 대한 전복적 메시지이다.

2. 기호 기능에 시가 있다, 시 속에 시가 있지 않다

외국어의 경우 그들 문자는 지표index라고도 할 수 없는, 단지 검은 잉크 자국의 흔적일 뿐이다. 만일 우리가 그 문장의 낱말 기호 하나하나의 사전적 의미를 알아낸다 해도 모국어의 문법으로 읽는다면 그 문장은 마치 어린 아이가 더듬거리듯 뱉어내는 언어의 조각물들에 불과할 것이다. 하지만 한 걸음 나아가 그 외국어의 어문법을 안다면 그 문장은 아주 자연스런 의미 있는 표현으로 모양을 갖추고 있음을 알게 될 것이다. 의미는, 문면에 써져 있는 것이 아니라 그 문자를 접하는 우리들이 지닌 어문체계의 적용에 의해 드러난다. 그러나 그 어문법을 적용시켰다고 하더라도 만약 그 문장이 일반적 기술문이 아니라 시문이라면 우리는 또 다른 어려움에 봉착한다.

　　그런데 "바다는 이상한 생각을 하는 물고기를 부화시킨다." 이 문장은 참으로 이상하지 않은가. 뿐만 아니라 '물고기가……숲에서 태어난다니?' 만약 보고서가 이러한 문장으로 써져 있다면, 이것은 우리가 의미를 잘못 해독했거나 아니면, 그 문장은 우리가 알고 있는 모국어가 아닌 이상한 외계의 언어일지도 모른다고 생각할 일이다. 물고기가 생각을 한다는 건 언어도단이다. 그리고 우리들 인간처럼 생각을 하는 정도를 넘어서, 그 물고기가 '이상한' 생각을 하고 있다니, 그것은 또 무슨 말인가? 그러한 물고기가 있다면 그것을 화자는 과연 어떻게 입증할 것인가? 그것이 일종의 보고서라면, 그런 보고를 받아야 하는 사람은 참으로 난감하기 이를 데 없을 것이다. 그러나 우리가 다른 관점에서, 즉 보고서報告書가 아닌, '시문詩文'으로 대한다면 문제는 또 달라진다. 지시대상과 그 낱말이 정확히 일치해야 하는 보고서와는 달리 시문은 또 다른 차원의 문법이 있다. 그러나 그 문법 역시 시의 문면에는 표기되어 있지 않은 것이다.

　　시 문법은 상상의 정보체계로서, 우리의 인체에 내장되어 있다. 그러한 정보체계를 고려할 때, 즉 '바다는 물고기를 부화시킨다.'고 하는 평범하기 그지없는 문장과는 달리 '이상한 생각을 하는 물고기'라는 말도 되지 않는 표현을 부가하여 "바다는 이상한 생각을 하는 물고기를 부화시킨다."라는 건너뛸 수 없는 세계를 넘어 뛰어 '물고기＝사람'이라는 신화소적 비유를 자연스레 받아들이는, 시의 세계의 문법을 고려한다면, 우리는 그 문장이 우리의 상상의 정보체계[57]를 매우 자극적으로 활성화시키는 대단히 훌륭한 시문임을 알게 된다.

이제 그 두 시행을 음미해 본다면, 그 물고기에 우리는 어떻게 다가갈 것인가? 단순한 환타지의 차원에서, 진귀한 신화나 전설속의 동물로 생각해서 상상을 전개하여 즐길 수도 있을 것이다. 아니면 시인 자신의 내면세계를 조종하는 근원적 무의식에 의한 영적 목소리 같은 것인지도 모른다. 또 아니면, 시인 외부의 세계에서 영감을 전해 받은 그 어떤 경험을 신화화하여 적어놓은 것

---

57) 상상의 정보체계란 곧 상징기능을 말한다. 상징기능의 '상징'은 다름 아닌 사유이다. 그 사유, 즉 상징은 기호로 표상되는데, 지시내용에 따라서 기호의 유형을 다음과 같이 나눌 수 있다. 여기서는 미시적 관점에서 기호를 상징이라는 말로 대신 사용해도 무방하다. 왜냐하면 사유작용으로서의 상징은 기호에 투사되며, 투사된 상징은 기호기능과 구조에 의해 기호 자체가 세미오시스의 상징작용을 촉발시키기 때문이다. 이것은 또한 본질적으로 상징과 기호 역시 하나(존재)에서 비롯한 것이기 때문이다. 그러나 거시적으로는 상징과 기호는 구분된다.
1. 표상 기호: 의식상의 단순한 표상.
2. 기호: 표상기호를 물리적 기호로 재표상한 기호.
   가. 제1차 기호: 자의적 연결의 단순한 대리(자연 언어, 수학·과학의 언어 등)
   나. 제2차 기호: 직관적 성격의 유비·추론적 지시(시·예술·종교 등). 시·예술에서는 해석 기호와 함께 주요한 관심의 대상이며, 우리는 제2차 기호 중에서도 비유법의 상징을 '∞상징'으로 표기한다.
   다. 해석 기호: 꿈, 자연현상 등과 같이 의도적으로 그 내용을 알고자 하지 않으면 단순히 '표상 기호'로만 여겨지나 의미를 알고자 그 해석을 시도하면 '기호'로 살아나는 것.
   라. 죽은 기호: 수사학의 죽은 은유, 단순히, 발화행위물로서의 언어.

인지도 모르겠다. 혹은 황폐화된 인간의 문명계를 정화시켜 낼 영적 에너지로서의 유영체를 상정할 수도 있을 것이다. 그러나 아무튼 그것은 개인 저마다의 직·간접의 경험적 정보체계가 자연스레 그 문면 위의 기표에 작용하여 그 문자들을 살아 있는 물고기로 퍼덕거려 숨 쉬게 할 것인데…… 그것은 저마다의 정보체계에 의해 달라질 것이며 그때마다 그 문장은 또 다른 생물체로 되살아나고 모습을 바꾸어 읽는 이들을 흥미롭게 할 것이다.

그런데 이제 그와 같이 우리의 정보체계를 시의 문면에 적용함에 있어서는 그 어떤 합의된 세계의, 기호학적, 언어학적 규범체계가 마련되어 있지 않다. 그것은 저마다의 생명 정보의 체계에 의해 적용될 것으로 그곳에서부터는 저마다의 창조적 세계가 펼쳐진다. 그곳에서는 필경 시인의 의미의 과녁을 벗어나게 될 것인데, 그러나 그렇다고 하여서 작가가 시를 오독했다거나 의도를 외면하였다고 탓하지는 아니할 것이다. 사실은 시인은 상상의 연못을 제공하였을 뿐이고, 독자는 그 연못에서 나름의 미학을 펼쳐 유영을 즐기면 되는 일이다.

별 / 인간, 시간 / 유리창 – 풍경, 죽은 별 / 배가 뒤집힌 선장, 보선달 같은 구름……벌집궁전……그 관계적 기표들이 이룬 텍스트의 구체적 의미의 내용을 우리 상상의 상징계는 창조적으로 채워 넣는다. 시인은 존재계의 비밀을 기호로 전한다. 우리는 그 텍스트의 '파워스위치'(「컴퓨터」)를 켠다. 그리고 '전생의 전생이 기록'된 '허공'의 '거대한 하드디스크'를 가동하여 창조계의 신비를 생성하게 된다. 물론, 그 창조의 유형과 내용은 우리의 영혼의 하드디스크와 프로그램에 따라 달라짐은 물론이다. 김백겸 시인의 텍스트는 우리를 그와 같은 빛과 사유의 숲으로 안내한다.

> 길을 잃은 벌이여
> ......
> 유리창 밖 백일홍 꽃밭이 도원경처럼 펼쳐졌는데
> ......
> 시간이 유리창이라는 깨달음이 오지 않느냐
> 유리창에는 집으로 가는 숲길과 하늘이 비쳐있다
> 숲길은 정화가 보선(寶船)단을 이끌고 아라비아로 가는 길처럼 멀다
> ......
> 필사적인 날개소리가 침묵으로 만든 배 한 척을 진수시켰으나
> 너는 배가 뒤집힌 선장처럼 하늘을 향해 발버둥친다
> 유리창이 시간이라는 깨달음이 오지 않느냐
> 유리창 밖에는 보선寶船단 같은 구름이 푸른 하늘에 가득하다
> 침묵 밖에는 벌집궁전에 사는 여왕벌의 눈이 태양처럼 빛난다
>
> — 「보선(寶船)」 부분

3. 텍스트; 호문쿨루스

표현미학이 사유와 직관적 통찰을 유도해 내고 이끌어 나가는 경우가 있다. 이런 경우 우리는 텍스트의 바다와 산해경을 끝없이 여행하고 환타지를 경험하게 된다. 시인이 옮겨놓은 바윗돌 하나하나마다 우리는 기이한 풍경과 삶을 엿보게 된다. 이때 우리는 사유의 몰아경에 빠진다. 텍스트에서 시의 마법적 상징[58]의

---

58) 상징은 '사유' 곧 '비의식'인데, '각주3'에서도 밝혔듯이 단순한 '표상' 작용에서 심층 상징 작용까지의 스펙트럼을 가진다. 주술이나 '시적 상징'들을 나는 '∞상징'으로 기표하기도 하는데, 본문의 '상징'은 이 경우이다.

힘이 뻗어 나오기 때문이다. 여기서 철학은 시인들에게 귀를 기울인다. 시·예술이 철학을 앞질러 영감을 불러일으키는 순간이다. 시 텍스트의 언어들이 저마다 일정한 양태를 벗어나 자유로운 움직임으로 햇살을 비춰내 보여주기 때문이다. 이것은 언어 원소들의 물리적, 화학적 성분과 함량을 직관으로 측정하고 감지하여 세미오시스의 작용을 황금률로 기호화해 냄으로써 가능하다. 이때 언어의 물질들은 영혼을 부여받게 된다. 이것은 헤파이스토스와 같은 대장장이silversmith들이 할 수 있는 일이다.

> 천의 영혼을 품은 당신과 술래잡기를 한다
> ......
> 천의 가면을 쓴 당신과 연극무대에 오른다
> ......
> 천의 이름을 가진 당신과 사랑놀이를 한다
>
> —「가면 놀이」 부분

그의 '빛 물고기'의 지느러미는 심해의 진경을 찾아 어디론가 뚜렷한 목적지를 향하고는 있으나 사실은 그곳은 그만의 영적인 신비경으로 누구도 그들 물고기들의 내면 깊은 혈관에 새겨진 근원적 비의식의 지도는 완전히 펼쳐 볼 수 없다. 우리들 생명이 하나의 완전한 비밀경이듯 시인은 자신의 영적인 비밀경을 생명의 발원지 그것으로 삼아 물살을 가르고 나아가기 때문이다. 사실 현대의 우리는 누구도 완전한 하나의 비의의 객관적 실체를 찾아낼 수 없다. 그것은 저마다의 혈관 속에 내재된 하나의 완전한 자족적 개체로서 작용한다. 우리를 포함한 모두는 그 어떤 관계나 언어·기호의 일정한 형식으로 한정지어지지 않는다. 저마다의 생명들은 스스로가 독립적이며, 그들의 관계 세계는 시인이 보여주는 '빛 물고기'의 움직임처럼 자유로운 세계이다.

세계는 본질적으로 그 어떤 하나의 형식으로 정형화되거나 모형 지어지지 않는다. 우리는 이러한 사실을 현대의 물리학자들이나 시인들의 텍스트의 제작 방향을 통해 엿볼 수 있다. 예전엔 이러한 양상을 '해체'나 '탈구조' 등의 용어로 얘기하였지만, 사실은 본질의 이면엔 이러한 '빛 물고기'와 같은 비춰낼 수 없는 세계의 본질이 심해의 숲 속에서 헤아릴 수 없는 우주계의 물결로 일렁이고 있다. 우리는 그러한 진경의 비의를 알 수 없는 이름의 물고기를 통해 엿볼 수 있다는 사실 하나만으로도 그 우주계의 무한성을 감지할 수 있다. 우리는 상징의 지도가 지금까지는 경험하지 못한 차원의 세계를 따라 펼쳐지고 있음을 느낄 뿐이다. 그리고 우리가 시인이 기록한 지도의 의미로움을 감지하기만 한다면 우리는 시인의 텍스트가 안내하는 신세계에서 누구를 만나고 어떻게 시간을 가질지는 전적으로 우리 의사의 자유에 맡겨져 있다.

정원의 입구가 드러났다
입구 안에는 황금사과가 새벽의 어둠 속에서 빛났다
곧 사라질 신비를 향해 심장이 두근거렸고
발걸음을 멈춘 내 자아를
늙은 역사가 호기심으로 쳐다보았다
늙은 역사가 내 뒤를 따르면 비밀은 새 이름을 지울 것이 분명했다
(중략)

그 정원의 입구가 내 앞에 순간적으로 드러났다
나는 그 앞을 그냥 지나쳤다
황금사과에의 유혹이 여신을 향한 욕망처럼 갈증을 불러일으켰다
입구는 안개처럼 왔다가 안개처럼 스러지는 새 이름이었는데
늙은 역사가 담배를 피우며 죽음의 냄새를 풍겼으므로
나는 눈을 내리 깔은 채 정원의 입구를 지나쳤다

그 정원의 아름다움
비늘구름이 노을을 받아 거대한 붕새의 날개로 불타오르는 변신이나
들판의 잡초였던 풀이 구절초의 꽃을 피워 올리는 둔갑의 순간에서
잠깐 동안 모습을 드러내었던 비밀정원을 놓쳐버렸다
지식과 경험의 울타리에서 문지기로 사는 늙은 역사의 간섭 때문에
내 심장이 황금사과처럼 빛이 나는 피안을 질투한
죽음의 훼방 때문에

– 「비밀정원」

"정원의 입구가 드러났다 / 입구 안에는 황금사과가 새벽의 어둠 속에서 빛났다." 그 짧은 두 행만으로 우리는 주저 없이 상상의 물결에 우리의 '지느러미'를 내맡겨 비밀의 정원에 도달한다. 우리와 세계는 서로의 영적인 눈과 손길로 만나고 대화한다. 우리는 눈에 보이고 만져지는 것에 의해서 존재하는 것이 아니다. 마음의 눈, 상징과 상상의 빛은 시간을 벗어나는 다리와도 같다. 실제 오늘날 물리학자들은 시간을 가로지르는 지름길이 있다고 생각한다. 우리가 상상 세계의 다리를 건넜다면 이제 시인의 언어는 햇빛 아래 반짝이는 표지판에 불과하다. 시인의 사물과 시인의 신세계는 온전히 우리의 것이 된다. 우리는 "곧 사라질 신비"에 "심장이 두근거리지만" 우리가 기대하고 소망하는 '신비'의 대상 '황금사과'는 어느 왕족의 몰락을 밝혀줄 고대의 비문일 수도, 영원한 신비를 내장할 시인의 기록물일지도 모른다. 혹은 발

간되지 않은 채 비밀스레 적혀 있던 뉴턴의 연금술서일 수도 있고, 우리가 꿈속에서 보고 잊어버린 시문일 수도 있다. 시인의 '황금사과'는 우리가 찾아 헤맨 저마다의 간절한 바람의 내용에 따라 달라진다. 시인을 뒤따르는 '죽음의 훼방'과 '늙은 역사' 또한 우리에게는 김백겸 시인의 개인적 삶에 관한 상징의 지표로서, 우리가 상상의 다리를 건너는 상징물로서의 의미작용을 행한다.

아기는 죽음의 일등항해사
종이나비 검은 눈 속에서 죽음의 세계를 본다
요람에 누운 아기를 들여다보는 죽음의 기쁨을 본다
어둠의 자궁을 두려워하는 어른이 되어 뼈와 살을 내려놓고
저 세상으로 가는 비행접시인 무덤에 탑승하는 날
길을 잃지 않도록 죽음이 아기를 위해 커튼을 걷는다
나비인 영혼이 죽음이 사는 바다아래 숲을 기억하도록 한다
아기는 죽음의 일등항해사이지만
몸이 엔진을 멈추면 내부배관이 썩으며 이상한 빛을 낸다
갈매기와 독수리와 세균들만이 보는 빛을
바닷가 검은 자갈들은 쥐 떼로 변신해서 숨이 나간 몸을 깨문다
몸 안의 기운들은 연기처럼 흘러나가 시간으로 들어간다
검은 달이 바다아래 숲에 뜬다
……

– 「나비 길」 부분

　　시인의 텍스트는 우리를 심해의 사유 세계로 유영하게 한다. 우리는 시인의 텍스트를 통해 우리의 심원의 세계를 찾아 나가고 새로운 상징의 세계를 생성한다. 우리는 시인의 텍스트를 통해 내면의 새로운 세계를 찾아 나가는 데 열중함으로써 그만 시인의 존재를 잊어버리기도 한다. 하지만 시인은 사실은 자신의 텍스트를 통해서, 새로운 세계를 여행하는 우리들의 상징의 세계를 움직이

고 있는 것이다. 시인은 자신의 사유로서의 상징을 기호체의 텍스트에 투사한다. 하지만 그것이 관계자를 움직이는 요인은 아니다. 중요한 것은 텍스트 그것이 스스로 살아 움직이도록 시인이 구성을 하였다는 사실이다. 그것이 텍스트의 자동성이다. 아무튼 시인은 텍스트라는 신비의 현상계에 앞서 텍스트를 살아 움직이게 함으로써 또한 우리의 영혼을 새로운 세계로 헤엄쳐 나가게 한다. 지금 우리는 김백겸 시인의 텍스트를 이러한 관점에서 주목하고 있다.

4. 의미론적 사유미의 리듬

시인은 기표로서의 음향과 기의 기능의 결합으로 사물의 일면을 논증한다. 그러나 그것은 소위 말하는 노래이다. 노래의 본질은 즐거움이며 미美이다. 노래의 가사를 쓰는 일이 어려운 건 그것이다. 즐겁기 위해 시 기호는 아름다워야 하는 것이고, 그 아름다움은 음향과 시 기호 기능의 완전한 결합으로 이루어진다. 완전한 구조물의 미학은 소리와 빛에 의한 물리적 질감과 양감으로 형성된다. 그것은 우리가 감각으로 오해된 유클리드적 모형의 판에 익숙해 있기 때문이다. 회화나 음악 예술 역시 추상에서 구상을 희구하는 것은 그러한 까닭에서이다. 기호로서의 시·예술은 파동적 추상의 사유와 구상적 감각의 상보성적 결합으로 존재할 수 있다. 추상적 사유와 구상적 감각의 결합, 즉 기표와 기호 기능의 융합적 세미오시스에 있다는 말이다.

오늘날 현대 시인의 특장은 여백 기호의 구성력 달리 말해 내재적 리듬의 조성 능력에 있다. 그것은 다름 아닌 고전이론에서 얘기되던 내재율이다. 어떤 경우이든 수월한 텍스트는 직관, 즉 상징작용을 감관적 표상으로 기호화하되, 황금률의 미학을 견지한다. 하지만 현대의 텍스트에 있어서 황금률은 의미론적 내재율을 지향한다. 그런데 내재율의 리듬 미학 가운데서도 가장 늦게까지 이해되고 있지 않은 것이 '사유미思惟美'이다. 사유, 즉 직관은 의식에서 기호로 표상되어야 그 인식이 선명하며, 특정한 방향으로 코드화해 나갈 수 있다. 미술이 추상에서 구상을 지향하는 것과 현대의 자의적 상징의 시미학이 종국적으로 감각적 표상에 의하는 것은 모두 그러한 이유에서이다. 그런데 사유미를 생성하는 현대의 자의적 텍스트의 '여백 기호' 그 '상징의 표상' 또한 종국적으로는 '리듬'으로 환원되며 리듬은 또한 감관적 표상 다시 말해, 공간적이고 기하학적 인식의 표상으로 형성한다.

말 한 마리가 내게 선물로 주어졌지
말을 타고 바벨탑처럼 높은 언어의 천산산맥으로부터
벌판으로 내려가야 했네
백척간두를 피해서가는 곡예사처럼 등에 땀을 흘렸네
천산산맥은 가시덤불로 우거져 있고
천산산맥은 모서리가 날카로운 바위함정으로 굳어있기도 하고
천산산맥은 길이 끊어진 협곡을 보여 주었네
번개가 쳐서 언어들이 사원의 폐허처럼 무너져 내리기 전에
숲과 강이 펼쳐진 대평원으로 내려와야 했네
고비마다 매복한 언어는 마왕과 요괴였네
언어의 사원에는 왕국과 미인과 부귀가 있었고
언어의 사원에는 지식과 명예와 신분이 있었네
언어를 내 우상으로 받아들이라고 뱃심이 유혹 했네
언어가 상형문자로 구부러지더니 신탁을 토했네
언어가 날카로워져서 내 머리에 칼금을 그으려 했네

마왕과 요괴의 망치에 늘어나고 구부러지는 쇠 그물처럼
언어의 새장 안에 내 영혼을 가두려 했네
물러가라 언어들아
광야의 예수처럼 나는 소리쳤지
유니콘처럼 몸이 빛나는 말 한 마리가 내 심장이었으므로
언어가 펼친 기문둔갑을 황금말발굽으로 깨뜨려버리는
뿔이 난 말 한 마리가 내 미래였으므로

― 「천산산맥」

　　우리가 말한 사유미, 즉 의미의 기하학적 표상이란, 궁극적으로
'의미확장적 상징'(∞상징)[59]의 표상을 말한다. '모양'으로서 '의
미'를 드러내는 ∞상징은 그 통일적 의미를 이루어내는 과정에서
의미들의 형상과 그 형상들의 모양과 크기, 위치 등 공간감이 질
서 있게 조화와 균형을 이룸으로써 접근이 가능하다. '말―바벨
탑―언어―천산산맥―마왕―요괴―사원―날카로움―망치―쇠그
물―새장―유니콘―심장―황금말발굽―뿔―미래'로 이어지는 형
상의 의미체는 '천산산맥'의 '말'이 늙은 '사원'과 '요괴'의 '언어'
들을 "황금말발굽으로 깨뜨려 버리는" 시인의 '심장'이자 '미래'

---

59) '의미확장적 상징'이란 오늘날 수사학의 상징 그것인데 이미 칸트와
괴테가 그 본질을 정의한 바 있다. 나는 '∞상징'으로 표현한다. cf.
칸트는 감성적 이념은 "상상력의 표상을 의미하는 것으로, 이 표상은
많은 사유를 유발하지만 그러나 어떠한 특정한 사상, 즉 개념도 이
표상을 온전히 담을 수 없으며, 따라서 어떠한 언어도 이 표상을 다
설명할 수 없다."(『판단력 비판』§49)라고 하였다.
괴테 역시 1824년의 『금언과 성찰』에서 "상징은, 현상을 관념으로 변
형시키고 그 관념을 이미지로 변형시킨다. 그러나 그 관념이 항시 무
한히 능동적인 상태를 유지하고 이미지를 통해서는 접근이 불가하며,
어떤 언어들을 다 사용하더라도 의미가 남게 한다."라고 하였다.

이다. 유니콘의 뿔로 상징되는 시인의 관념은 우리가 추출할 수 있었듯, 그 언어의 외재적 형상들과 내재적 의미 관계의 거리들이 적절한 대비와 비율로써 질서를 이루며 유니콘의 심장으로 향하고 있음을 알 수 있다. 우리는 김백겸 시인의 텍스트에서 그러한 감관적 표상의 리듬으로 기호화되는 기호 구성력, 즉 그 여백의 기호 구성력을 음미하게 된다. 물론, 그 기호들의 리듬이 감싸고 있는 유니콘의 심장의 실체는 우리들 각자의 '언어'의 이념이다. 김백겸 시인의 텍스트는 우리 앞에 그 기호 세계의 문을 열어 두고 있다. 그것이 현대의 의미론적 내재율의 기호 유희의 표상이다. 언급이 있었지만 김백겸 시인의 텍스트는 유니콘의 심장으로 대표되는 자신의 언어를 제시하기보다는 기호들을 유기적으로 살아 움직이게 하여 관계자들로 하여금 사유하게 하는 기관이 된다. 그러한 텍스트는 우리로 하여금 의미를 발견하게 하기보단 의미를 창조하게 한다. 그것이 '여백 기호'의 의미론적 내재율이 제시하는 사유미로서의 '비밀 정원'이다.

5. 시인의 우주율; 동조성의 리듬

정보information의 연결물인 우리의 생명이 다하면 그 정보들은 인지할 수 없는 세계로 흘러간다. 그것을 복사해서 남기는 것이 또한 기호작용의 기능이다. 건축공은 벽돌이라는 기호로써 그들의 삶의 족적을 남기지만 시인은 문자로써 자신의 정보를 기록한다. 기록과 흔적들의 전달 형식과 목적은 다르나 집이든 문자이든 기호작용은 모두 타인에 대한 고려 그것이다. 나는 가끔 시인들을 본다. 그들의 모습은 나를 그들의 세계로 끌어들인다. 나는 그들의 세계가 인간과 자연의 본질적 마당임을 알고 있다. 그들은 자신들의 정보 수신기인 자신들을 통해 정보를 수렴하고 나는 다시 그들의 정보체를 수신한다.

고립된 기호의 세계는 '무'이다. 세계는 분절되지 않은 하나로서 존재한다. 우리의 신체기관으로서의 상징기관은 쉼 없이 세계를 역동체로 인식한다. 시인은 상징기관으로써 세계와 사물을 기표로 추상화시키며 아울러 기표와 기표 간의 기능을 고려한다. 시인은 그러한 딱딱한 감각의 도형체 이면에서 그 세계의 이음매를 조정한다. 몇 줄 되지 않는 짧은 시문일지라도 그것이 나름의 유기적 연결을 이룰 때 하나의 생명이 된다. 그때 그것은 피조물이 아닌 살아 있는 자동사로서의 구조가 되어 우리에게 메시지를 보내온다. 그리고 우리의 인체는 저마다의 정보체계를 가동하여 텍스트와 함께 새로운 창조계를 열어 나간다. 시인의 리듬은 곧, 기호 생성과 그 연결의 직관 능력이다. 그러한 시인의 숨결은 우리의 호흡을 조율하여 우주율에 동조하게 한다.

하나의 정보는 그것이 어떤 종류의 정보체이든 동일한 하나의 정보체와 만나 더욱 큰 상보적 에너지체를 이룬다. 그러한 정보체를 발견할 때 우리는 전율한다. 고독한 자신만의 세계에서 결코 자신이 암흑의 한 장소에서 단절된 존재가 아님을 인지하기 때문이다. 우리가 시인의 텍스트를 접하고 감동하고 기뻐하는 것은 자신과 하나의 정보체로서의 동조성을 인지하기 때문이다. 동조성의 리듬은 우주를 하나의 코스모스로 운행케 한다. 우리는 시인의 텍스트에서 그 별들의 각양의 위치와 모습, 형상들이 하나의 동일계를 이루며 위치한 질서를, 별빛들이 부딪혀 울려내는 음향과 멜로디를 크고 작은 파동으로 감지하여 수신한다. 그 파동들은 우리의 정보 구성체인 상상력의 기관과 악기들에 의해 다시 새로운 우주들을 생성해 내며 텍스트와 앙상블을 이룬다.

우리는 시인의 의미체를 수신하지 않는다. 오늘날의 우리는 시인의 그러한 화음구성과 멜로디를 이루는 리듬의 유형을 감지하여 그 리듬을 활로 삼아 우리의 정보체를 연주하여 새로이 상징을 창조한다. 시인의 텍스트에 그러한 우주율의 리듬이 없다면 그 시어의 행성계는 밤하늘의 황폐한 우주 미아나 유령의 우주 정거장이나 다름없다. 하나하나의 시어들 그 행성들이 황금률의 인력을 유지하지 못한다면 시어는 죽은 우주의 소립자들일 뿐이다. 우리는 왜 시인의 우주를 유영하는가? 그것은 시인의 우주가 우리를 끌어들이기 때문이다. 시인의 텍스트, 즉 그의 리듬은 우리의 정보 생체의 리듬과 동조성을 요구하며 하나의 우주음을 이루고자 신호를 보내온다. 훌륭한 리듬은 매우 강한 동조성의 힘을 품고 있다. 그것이 감성의 자장이든, 사유미학의 자장이든.

비밀정원 · 가면 놀이 · 미루나무 꿈속으로 · 도지사관사 · 요나처럼 · 천산산맥 · 침상 · 나비 길 · 컴퓨터 · 텔레파시 · 보선寶船 · 오븐이야기 · 디지털 카메라 · 혈연 · 빛 물고기……황금도시 · 죽지 않는 아이 · 세 번째 눈 · 총살형 · 괴물들 · 아라비안나이트 · 점단占斷 · 귀신과의 연애……하늘고래 · 콜럼버스의 항로 · 공중마차 · 열정의 진화 · 신들의 프로젝트 · 추억의 명화 · 윤회 꿈 마당극 · 축제 · 천라지망 · 벌레 환상 · 키스마크 · 충전기 · 아이스크림 · 마야 · 가야신화 · 나비침묵

（『비밀 정원』의 표제들）

둘이 아닌 하나의 점, 삶과 죽음, 초월과 현상의 뒤바뀜. 이러한 것들에 관하여 집요하게 탐색하고 한탄하며 현란한 유리구슬로 유희를 펼쳐놓은 시편들은 말 그대로 '비밀의 정원'이다. 김백겸 시인은 자신을 정제하고 정련하여 진경의 사리를 이루어 기호의 사원에 비밀의 정원을 새겨 놓았다. 일찍이 이러한 놀이를 구경한 적은 드물다. 간혹, 마법의 어휘를 거느리고 구름을 가른 빛처럼 언뜻언뜻 얼굴을 드러내는 유희자들이 있었다. 그러나 그런 시인들은 매우 드문 예에 속한다.

그의 '비밀 정원'의 동조성은 우리 각자의 '비밀의 정원'을 비춘다. 우리는 시인의 '비밀 정원'을 상징과 기호작용을 통해서 들여다볼 수 있을 것이다. 그러나 그러한 순간 '비밀 정원'은 우리의 것이 된다. 하지만 그것은 시인을 외롭게 하는 일이 아니다. 시인은 자신의 텍스트의 소유권을 포기함으로써 우리가 새로운 세계를 찾아 나서게 한다. 그러한 시인을 우리는 창조계를 움직이는 창조자라 부른다.

그러나 한 가지 분명한 건 시인과 우리 그리고 텍스트는 모두가 하나의 독립된 우주라는 사실이다. 하지만 서로는 또한 하나로 연결되어 있는 하나의 우주이다. 일찍이 라이프니츠는 이것을 '예정조화'로서 이해했다. 사실은 '예정조화'의 표상은 오늘날 우리가 말하는 우주율의 '리듬' 그것이다. 그것은 우주의 숨결이다. 시인의 텍스트와 우리가 생성한 텍스트는 하나의 '리듬'을 이루어 앙상블을 이룬다. 그렇게 김백겸 시인의 텍스트는 우리에게 강한 우주율의 리듬을 발신한다. 이것이야말로 시인 김백겸이 『비밀 정원』에서 이룬 진정한 시적 성취의 결과이다.

제6부

시 미학과
현대물리학의 투사

Ⅰ. 비결정론으로서의 미학; 하나로서의 세계

— 칼 융의 동시성Synchronizität과 파울리의 불확정성 원리의 조우

몇 년 전에 무크지 『시21』에 싣기 위해 허만하 시인께 시와 과학에 관한 에세이를 부탁드린 적이 있었다. 여기저기 수정한 육필의 논고였는데, 최근에 문득, 그 글이 생각나서 아침에 눈을 뜨자마자 다시 한 번 읽어보았다. 마르께스(Gabriel Garca Mrquez, 1927 –)의 『백년의 고독』을 인용하면서 연금술과 석굴암, 양자역학, 생물학자 린 마굴리스(L. Margulis)와 융의 동시성이론, 바슐라르(Gaston Bachelard, 1884 – 1962) 그리고 독일의 표현주의 시인 고트프리트 벤(Gottfried Benn, 1886 – 1956)의 이야기를 통해 죽은 자의 입에 물려 있는 꽃과 전공 분야인 병리해부학의 문제까지 연결한 200자 원고지 87매의 글이다. 그때 나는 왠지 시와 과학의 관계를 특집으로 꾸며 보고 싶었다. 그런데 이미 허만하 시인은 그에 관한 많은 서적을 넘겼던 것이다. 선생의 넓은 인문학적 보폭은 다시 한 번 감탄하게 한다.

그런데 이번에 논고를 작성하면서 데이비드 봄(David Bohm,

1917 - 1992)이 과학과 예술이 하나로 융합될 것이라는 말을 한 것에 나는 다시 한 번 놀랐다. 데이비드 봄은 미국 태생으로서 영국의 런던(Birbeck)대학교에서 이론물리학 교수로 재직했다. 그의 초양자장(superquatnum field) 이론은 양자역학에 관한 아인슈타인의 결정론과 닐스 보어로 대표되는 코펜하겐학파의 유기적 비결정론을 통합하고자 한 것이지만, 처음에는 '숨은 변수 이론'을 시작한 것에서도 엿볼 수 있듯, 양자역학의 불확정성에 대해 밝혀지지 않은 변수가 있을 것이라는 결정론적 입장에 있었다. 그런 철저한 인과론적 사고를 견지했던 학자로서 과학과 예술이 하나가 된다는 생각을 갖는다는 것은 특이하지 않은가! 한때 필화사건으로 마음고생이 심했던 마광수 시인 역시 자신의『상징시학』에서 상징과 상상력의 결합을 통한 예술과 과학의 결합을 얘기한 바 있고, 발레리 역시 "과학과 예술은 거칠게는 서로 반대되는 개념이다. 그러나 실제로 과학과 예술은 서로 떨어질 수 없다. ……나는 둘 사이의 다른 점을 명확하게 찾을 수 없다."라고까지 했으나 시인이니까 그러한 상상의 보폭을 지닐 수 있지 않았겠는가.

그런데 실제로 수학자나 이론물리학자들은 시인들 이상으로 아름다움에 관심을 갖고 있다. 뛰어난 물리학자들이 훌륭한 연주 실력을 지녔다거나 경험미학을 제창한 페히너(Gustav Theodor Fechner 1801 - 1887)가 물리학자였다는 등 얘기는 논외로 하고, 그들은 공식이나 정리의 수식들이 단순하고 아름답지 않으면 신뢰하지 않는다. 그러한 그들의 아름다움에 대한 관심은 일부 우리네 시인들처럼 경향이나 취미적인 것이 아니라 곧, 직업인으로서인 것이다. 봄의 생각이 이러한 까닭에서였는지는 알 수 없으나, 사실 그러한 문제를 떠나서 과학은 예술의 근본 바탕을 이루지 않을 수 없다. 우리가 잘 알고 있다시피 레오나르도 다빈치(Leonardo da Vinci, 1452 – 1519)는 한 장의 그림을 그리기 위해 먼저 과학자였고 해부학자이지 않았는가. 더욱이 이론의 구성을 위해서는 과학은 진실의 바탕이 된다.

리챠즈는 시어의 속성을 보다 분명히 드러내기 위해 언어를 과학적 지시어와 시적 언어로 대별하면서 과학과 시를 이원론적으로 분리시켰다. 『의미의 의미』를 통해 상징학의 대두를 전망하기까지 한 리챠즈로서 시론의 한 작은 것을 얻기 위해 보다 큰 것을 버리는 우를 범한 것은 안타까운 일이다. 박이문은 그의 『시와 과학』에서 리챠즈와는 달리 한 걸음 나아가 시의 의미에 대해서, 바슐라르적 몽상과 같은 행복, 즉 구체적 인간[60]이 자연 대상과의 소외를 메우기 위한 우주와의 화해를 얻는 경험이라고 한다.

그러나 필자가 보기에 시와 과학은 그렇게 극과 극에서 이격되어 있는 것이 아니라, 인간에게 있어서 유기적인 상호보완적 관계의 한 쌍으로서 요구되는 것들이다. 세계는 결코 분리되어 있지 않다. 종교는 과학을 배격하다가 과학을 받아들이게 되었다. 물론, 빅뱅이론 등과 같이 지금도 받아들이지 않으려는 부분이 있지만.[61] 그러나 시는 과학과 상치하지 않는다. 물이 산소 분자와

---

60) 박이문은 인간을 존재적 차원(물리 차원, 생물 차원)과 의미적 차원(감성 차원, 지성 차원), 즉 의식과의 구성체(구체적 인간)로 본다. 그리고 감성과 지성 차원의 의식세계는 물체로서의 세계 즉 대상과의 거리가 필연적으로 생긴다고 한다. 즉 의식의 발달로 인한 자연으로부터의 소외를 의미하는 것이다.(박이문, 『시와 과학』(서울: 일조각, 1975), pp.82 – 84 참조.)

61) 1981년 로마 교황청에서 주관한 세계적 우주론 권위자 회의에서 스

수소 분자의 결합물이듯, 시와 과학의 요소들은 서로가 쉽게 융합
된다. 그리고 시가 생물계에 있어서의 세포라면 과학은 그 원형질
과 같다. 다시 말해 과학은 시의 한 구성 요소라는 뜻이다.

 과학은 시와 삶을 한층 더 풍요롭게 하고 또한 그 본질적 원형
에 보다 가까이 접근하게 한다. 우리는 아원자와 초은하계와의
중간 세계, 그곳에서도 새나 다른 짐승들보다도 뒤처진 인간만의
감지 가능한 감각계 내에서 존재하고 있다. 그러면서도 우리는
감각계 너머 물 자체의 세계와 또한 물 자체를 넘어선 내면 본질
의 고차원의 세계를 희구한다. 과학은 그러한 세계를 밝혀주고
있다. 인간의 감각기관으로서는 다가갈 수 없는 그곳 세계들을
수학의 방정식과 초정밀 기구로써 인간의 감각기관을 대신하여
드러내 보여주며 인식하게 해주고 있다. 그런데 그러한 물 자체
너머의 본질과 감춰진 세계들에의 희구는 곧 시가 추구하는 이상
이었으며 그러한 세계를 인식게 하기 위해 시는 언어를 넘어선
언어, 즉 상징이란 기제를 사용하는 것이다. 그러나 과학 또한 시
의 형이하학자로서 손발이 되어서 그러한 기능을 충실히 수행해
주고 있는 것이다. 한편 시인의 초월적 세계에의 끊임없는 갈망
과 상징적 제시는 과학자들로 하여금 그러한 작업을 수행하도록
격려하며 자극게 한다.

 이번 글은 분석심리학의 창시자 칼 융의 초월적 동시성이론이
양자물리학적 관점에서 이해될 수 있음을 밝히고자 한 것이다.

 티븐 호킹이 빅뱅이론을 주장하자 교황은 빅뱅이야말로 창조의 순간
 이며 과학자가 빅뱅 이후의 진화를 연구하는 것은 좋지만 신의 업적
 인 빅뱅 자체를 연구하는 것은 좋지 않다고 한 바 있었다.

이러한 시도의 의도는 우리가 막연히 갖고 있던 초월적 신비주의의 세계와 현대 과학의 세계가 사실은 하나의 지점에서 만나고 있으며 바로 그 세계는 우리 시인들과 철학이 희원하고 지향하는 자유의 세계임을 또한 알고 있기 때문이다.

우리가 현상계 너머의 소위 본체라고 여기는 세계는 다름 아닌, 불완전한 인간으로서의 감각기관에 의존한 인식 그 너머의 완전한 감관으로써 바라본 신의 세계를 말하는 것으로 이러한 세계는 곧 철학자 칸트가 언급하던 물 자체의 세계이기도 하다. 이러한 사실은 우리로 하여금 시와 과학 그리고 철학, 나아가 막연한 신비주의의 세계에 이르기까지 사실은 모두가 하나의 세계에 대한 다른 언어들에 다름 아니었음을 알게 해준다. 나아가 그러한 세계가 곧 추상상징의 시세계가 치열하게 추구하고 드러내 보여주고자 하는 상징 양식의 세계인 것이다.

'비국소성'이라는 양자물리학의 개념을 사용하여 분리되지 않은 하나로서의 세계를 이해시키고자 애쓰고 있는 이 글의 이면에는 시와 과학 그리고 철학이 한자리에서 만나는 그러한 기획이 자리하고 있다. 단지 융의 동시성이론과 양자물리학에 관한 한 단편으로서 읽기보다는 자연과 우주 그리고 인간을 하나의 유기체이자 살아 움직이는 진자로서 혹은 하나의 작은 원자 내에서의 에너지들로서 부단히 융합하고 교차하는 기호들로서 또한 상징의 원관념의 세계로서 이해해 주길 주문한다.

사실, 동시성이론은 집단적 무의식의 원형의 발현에 관한 논구로서 이론화한다는 것이 매우 어려운 일일 것이었다. 뿐만 아니라, 초월적 예지력에 관한 문제는 중세의 시대에 있어서는 사악한 마법으로 이단시되었으며 융의 시대에 있어서도 신비주의자라는 오해 속에서 낙인이 찍힐 만한 일이었다. 마침, 물리학계의 세계적 석학인 볼프강 파울리와 함께 공동으로 책을 출판하게 됨으로써 융은 다소 용기를 얻었을 것이다. 그러나 양자물리학의 관점에서 인간 의식의 질료와 그 실체를 추적하다 보면 우리가 미신적이라거나 불합리하다고 생각해 온 신비주의적 문제가 사실은 인과적 근거에 바탕을 두고 있음을 알게 되며 또한 양자의 세계에서는 분리되지 않는 전일적 관계가 작용하고 있다는 이해할 수 없는 엄연한 사실을 확인하게 된다.

이 글은 우리가 소위 초월적 논의의 대상이라고 생각하기 쉬운 융의 동시성이론을 양자물리학적 관점에서는 오히려 어떠한 형태로서이든 인과적 관계의 결과임을 이해시키고자 하였다. 그런데 우리가 영혼의 한 요소라고 보는 의식이나 감정, 오성 작용은 전체이자 부분으로서의 양자 분야의 작용 바로 그것이다. 정령들로 가득 찬 원시 세계의 자연관은 뛰어난 심성주의의 결과라 할 것이다. 볼프강 파울리는 관찰자의 의식까지도 양자들의 질서를 교란시킨다고 보았다. 파울리는 정확했다. 의식과 양자는 동일한 질료로서의 힘, 에너지이다. 익히 우리가 알고 있듯, 우주와 나는 동일한 하나로서의 실체인 것이다. 정념과 의지 그리고 그 운동은 양자역학적 함수식으로 기술될 수 있다. 융의 동시성이론을 비롯하여 우리는 정념의 문제들까지도 언젠가는 수학적 함수식으로서 기술될 수 있을 것임을 우리는 확신해도 좋을 것이다.[62]

---

62) 1860년 G. T. 페히너가, 물리적 에너지와 감각반응 사이의 수리함수적 관계를 찾아내고자 정신물리학psychophysics을 주창하였는바, 이미 그 토대가 갖추어졌다 할 것이다.

1

조섭 캠벨(Joseph Campbell, 1904 - 1987)은 제임스 조이스의 『피네건의 경야』에서 빈번히 출현하는 숫자 1132의 뜻을 알기 위해 골몰하다가 『율리시즈』의 작중 인물 블룸이 더블린의 거리를 거닐며 '물체의 낙하 법칙, 초속 32피트, 초속……' 하는 생각에 32는 인류의 타락을 상징하는 숫자이며, 십진법의 매번 시작하는 숫자 1의 결합인 11은 구속일 거라는 생각을 하게 된다. 그리고 『피네건의 경야』와도 관련 있는 더블린의 가장 큰 공원의 이름이 '재 속에서 날아오르는 불새'를 뜻하는 피닉스라는 점에서 캠벨은 1132가 '죽음과 재생'일 것이라고 생각한다. 그런데 "하느님이 모든 사람을 순종치 아니하는 가운데 거두어 두심은 모든 사람에게 긍휼을 베풀려 하심이로다." 하는 '로마서'를 읽다가 '그래, 조이스가 하고 싶었던 말이 바로 이거로구나!' 하며 다음날 있을 강의 노트에다 '로마서 11장 32절'이라고 메모를 하다가 캠벨은 그만 놀라고 만다. 1132의 비의泌意가 바로 그곳에 있었던 것이다.[63]

『신화의 힘』에서 조섭 캠벨과의 공동 저자 빌 모이어스Bill Moyers가 "신학을 앞서가는 신비 체험을 서구인들이 이해할 수 있을까요? 샤만이나 이야기할 법한 이 궁극적인 바탕을 과학자들, 우리의 현실 감각을 장악하는 문화권의 하느님의 이미지에 갇힌 사람들이 어떻게 체험할 수 있겠습니까?" 하고 묻자 캠벨은 주저 없이, 중세에는 화형을 당했다고 말한다.

---

63) 조섭 캠벨 · 빌 모이어스, 이윤기 역, 『신화의 힘』(서울: 고려원, 1996), pp.227 - 228. 참조.

칼 융(Carl Gustav Jung, 1875 – 1961)은 비인과적 원리로서의 동시성개념을 55세 되던 1930년에 사용하기 시작하여 75세 되던 1950년 7월에 「동시성: 비인과적 연결 원리」라는 제목의 논문으로 볼프강 파울리(Wolfgang Pauli. 1900 – 1958)[64]의 「케플러의 과학이론에 미친 원형적 관념의 영향」이라는 논문과 함께 『자연의 해석과 정신』이라는 책으로 출간하게 된다.

이성적 교부철학의 나무를 키워 오던 기독교가 초자연적 샤머니즘을 이단으로 간주하여 화형이라는 상징적 의미의 불의 심판을 가했듯이, 케플러(Johannes Kepler, 1571 – 1630)에 이르러 그 절정의 꽃을 피웠던 17세기의 마술적 – 물활론적magical – animisic 시

---

64) 파울리는 1931년 결혼에 실패한 뒤 심한 좌절로 그해 겨울 최악의 상태에서 유명한 정신분석학자 칼 구스타프 융을 찾아간다. 이 만남은 훗날 둘 사이의 과학적 접촉으로 이어진다. 파울리는 측정행위가 대상에 영향을 미치는 양자역학적 과정을 관찰자의 주관적이고 심리적인 행위가 대상에 영향을 미치는 것으로 해석한다. 그는 양자역학이 지니는 비결정론적 성격을 종교에서 연금술적 상징들이 표출되는 집단 무의식을 다룬 칼 융의 심리학과 연결시켰다. 즉 관찰자의 주관적 행위가 대상에 영향을 미치는 것은 마치 소우주인 인간이 정신적으로 만다라mandala에 들어가서 우주 생성에 개입하는 것과 같다는 것이다. 양자역학적 대상에 관찰자의 측정행위가 영향을 미치는 전체성을 논함에 있어서 보어는 관찰을 원자계와 측정도구와의 상호작용으로 보았다. 하지만 파울리는 측정도구를 관찰자의 감각기관이 확장된 것으로 보면서, 관찰을 원자계와 관찰자의 의식과의 상호작용으로 간주한다. 파울리는 물질과 정신의 엄격한 구별을 강조했던 데카르트적 이원론의 견해와는 달리 실재는 물리적 측면과 정신적 측면을 동시에 포함하는 전체로서 이해되어야만 한다고 생각했다. 즉 물질matter과 정신psyche은 실재에 대한 상보적 표현이며, 끊임없이 서로 영향을 미치고 있다는 것이다. 파울리의 이런 생각은 연금술적 전통과 불교적 세계관과 깊은 친화력을 지니고 있다고 하겠다. (임경순, 「양자 역학의 형성과 학문적 스타일의 문제 — 막스 플랑크, 닐스 보어, 막스 보른, 파울리, 하이젠베르크를 중심으로」 중)

대가 스러진 이후 수학적 객관주의의 인과론이 바벨의 신화로서 비인과성의 관념들을 이단시하여 왔다. 융은 동시성개념을 조심스레, 그것도 1927년에 발표된 하이젠베르크(Werner Heisenberg, 1901~1976)의 불확정성원리가 1929년에 대중적으로 소개되고 난 그 이듬해 1930년에 그 개념을 사용하였다. 그것도 이론의 형태로는 그로부터 20여 년이나 지나 1950년에야 발표했다는 것은 정신의학자로서의 융이 초월적 세계에 대한 당대의 몰이해와 비난을 지극히 우려하였음을 엿보게 하는 대목이다.

중세(Dark Age) 교회가 오컬티즘[65])을 사악한 마법으로 몰아 단죄하였지만, 갈릴레이(Galileo Galilei, 1564 - 1642)와 같은 근대 과학의 정신마저도 감금한 교회는 아는 바와 같이 로마제국의 시대에 있어서는 순수한 초기 기독교회 그들 자신이 이단으로 취급되었었다. 이러한 역사적 과정에서의 저마다의 이단의 기준은 다름 아닌 '몰이해'이며 그 논거는 아이러니하게도 '이성理性'이나 '신성神聖'이다.

그런데 융 자신이 점성술, 강신술, 텔레파시, 염동念動, 투시력 등 초감각적 지각을 믿었고 이를 행할 수 있었던 입장에서 당대의 인과론적 과학의 패러다임에 맞서 자신의 견해를 내세우기는 상당히 조심스러웠을 것이라는 점은 언급한 바 있다. 그리고 융

---

65) 자연 또는 인간의 숨어 있는 힘이나 현상을 연구하는 신비학(occult arts or sciences)의 총칭으로서, 라틴어의 occultus(감추어진 것)가 그 어원이며, 신비학은 인과론적 연구방법으로는 파악할 수 없는 초경험적超經驗的 여러 원리를 탐구하는 학문으로 연금술, 점성술, 신지학神知學, 강신술降神術, 심령술, 복술 등이 포함되며, 근대 이후 뉴에이지 운동에 접목되었다.

은 꿈의 분석, 환자 증례 등 임상경험의 정리에서 보듯 유형화, 이론화를 경계하는 철저한 경험적, 귀납주의적 학자로서의 면모를 보인다. '동시성이론'에 있어서도 융은 "철학적 관점이 아니라 지적으로 필요한 원리를 가정하는 하나의 경험적 개념"66)이라며 쉽게 연역적 결론을 내리지 않는 것은 그의 학자적 신중함을 말해 주는 것이다.

그러나 당시 20세기 초·중엽의 양자물리학의 급속한 진전과 파울리, 아인슈타인(Albert Einstein, 1879－1955) 등 당대의 물리학 석학들과의 교분에도 불구하고 정신과 신체의 관계를 '원인 없는 질서'의 '동시성적'으로 보려 한다든가67) 하는 점 등은 다른 한편으로, 융이 의외로 쉽게 신비주의적 경향에 등을 기대는 건 아닌가 하는 아쉬움을 갖게도 한다.

융은 동시성에 관한 논문의 제목을 「비인과적 원리로서의 동시성68)Synchronizität als ein Prinzip akausaler Zusammenhänge」이라고

---

66) C. G. 융, 파울리 · 이창일, 이승일 역 『자연의 해석과 정신』(서울: 청계출판사, 2002), (이하 『자연의 해석과 정신』), p.183.

67) 융은 1946년 「정신의 본질에 관한 이론적 고찰」에서는 "**정신과 물질이…… 서로 끊임없이 접촉**하고 있으며, 결국 **둘 다 비가시적인 초월적 요소들에 근거**하고 있기 때문에 물질과 정신이 하나의 그리고 **동일한 것의 서로 다른 두 가지 측면**이라는 사실은 가능성 있는 일일 뿐만 아니라 심지어는 어떤 개연성마저 있다."라고 하여 정신과 물질의 동체성에 관해 양자물리학적 이론에 바탕을 두어 통찰하고 있음을 엿보게 하면서도 1950년의 「동시성: 비인과적 연결 원리」의 결론부 서두에서는 "심리적이고 신체적인 과정의 공동 작용이 **인과적 관계라기보다는 동시성적 현상**으로 고려될 수 있는지를 자문해야 한다."라고 하고 있다.(짙은 글씨체는 필자 강조)

68) 사실 동시성이란 표현은, 당시의 양자물리학의 진전에도 불구하고 깊은 이해를 갖지 못한 채 융이 그렇게 우려하던 신비주의자로서의 오

하였다. 융은 동시성에 관해 "둘 혹은 그 이상의 사건들 사이의 의미상의 일치"로서 제1. 마음과 사건이 일치하는 경우, 제2. 마음과 사건의 일치가 (대체로) 동일한 시간에 다른 곳에서 일어나는 경우, 제3. 사건이 미래에 일어나는 경우로 나누고 있으며 제1의 유형을 동시성synchronisity이라고 하고, 제2, 제3의 유형을 동시성적synchronistisch이라고 한다. 그런데 제목에서 보듯 융은 '의미 있는 일치'로서의 현상을 '비인과적' 원리로 나타내었으며 또한 '동시성'이라고 하여 '시간적 일치'라는 의미로 나타내었다.

융은 동시성에 관해 "현재로서는 인과적으로 설명할 가능성이 없기 때문에 우리는 임시로 비확률적 우연chance 또는 비인과적 성질의 의미상의 일치coincidence가 나타난다고 짐작할 수밖에"[69] 없다고 한 것으로 보아, 밝혀지지 않은 힘의 작용이 있으리라고 생각한 것 같다. 그러나 '의미 있는 일치'에 대해 "더 이상 순수

해를 스스로 불러일으키고 만 셈이다. 그러나 융이 「동시성: 비인과적 연결 원리Sinchronicity: An Acausal Connecting Prinicple」에서 동 이론의 선하로서 쇼펜하우어의 『개인의 운명에서의 명백한 계획에 대하여 On the Apparent Disign In the Fate of The Individual』의 "우리가 '우연'이라고 부르는 인과적으로 연결되지 않은 동시발생simultaneity"이라는 구절을 밝히고 있는 점으로 보아서 융이 '동시성'이란 용어를 사용한 것은 쇼펜하우어가 유사 개념을 먼저 사용함에 기인한 것이라 하더라도 어쨌든, 안이했다 하지 않을 수 없는 것이다. 융은 또 하나의 선하로서 라이프니쯔의 예정조화설을 들고 있는데 이것 역시 쇼펜하우어의 위 논고에서 "……그 두 종류의 연결은 동시적으로 존재하며…… 이것은 우리의 이해력을 넘어서는 것이며 가장 놀라운 예정조화(pre-established harmony)에 의해서만 감지될 수 있을 뿐"이라 함을 밝히고 있다. 그러나 예정조화설에 대한 관심 역시 비인과적acausal이라는 관념과 함께 융의 신비주의적 안일함을 드러내 보여주는 일단이라 할 것이다.

69) 『자연의 해석과 정신』, p.373.

한 우연이 아니라, 인과적 설명의 결핍"이라고 하면서도 그 '설명 불가능성'은 "원인이 미지未知라는 사실 때문이 아니라, 지적인 의미로는 그 원인을 생각할 수조차 없다는 사실에서 연유하는 것"으로 "공간, 시간, 인과율과 함께 동시성적 현상이 자연적 사건의 특별한 종류라는 점"이라며 연금술이 존중해 온 4위 일체적 관념으로서 동시성의 성격과 존재 영역에 관한 자신의 견해를 맺고 있다.70)

'동시성'(동일 – 시간성Gleichzeitigkeit)에 있어서 융은 뉴턴(Isaac Newton, 1642 – 1727)의 절대적 시간을 함의하고 있으나 융이 나눈 동시성에 관한 세 가지 유형 중 제2, 제3의 경우는 절대적 시간의 일치를 이루지도 않지만, 자연계의 관점에서 보아서 초월적 현상과 추상적 관념의 시간성과는 무관하다 할 것이다. 융이 동시성에 관심을 갖는 것은 말할 것도 없이, 동시성은 집단무의식의 원형 작용의 표상화로서 신성스런 힘(에네르게이아ἐνέργεια, numinosum)의 소질과 결부된다고 보기 때문일 것이다. 그런데 그 원형 작용의 소질은 융이 라인(Joseph Banks Rhine, 1895 – 1980)71)

---

70) 『자연의 해석과 정신』, pp.183 – 94. 참조.
71) 미국의 초超심리학자로 듀크대학에서 심리학자 W. 맥두걸 밑에서 연구하여 투시 · 텔레파시 · 예지 · 초능력의 존재를 실험적으로 증명. 또한 '초감각적 지각(ESP)'과 '초능력(PK: 정신동력학)'의 개념을 수립, 그 연구를 초심리학이라고 명명, 학문적 기초를 마련. 라인은 피실험자들로 하여금 5장의 카드(별, 사각형, 원, 십자, 두 줄의 물결선)를 알아맞히도록 했는데 많은 사람들이 적중 확률 5:1을 넘어선 6.5:1(가능확률: 250,000:1)을 나타내었으며 심지어는 가능 확률이 289,023,223,876,953,125인 25장의 카드를 모두 맞히기도 했다고 하며 융은 점성술과 함께 라인의 카드 예측 실험을 동시성이론의 실례로서 인용하고 있다.

의 카드 예측 실험을 제시하며 언급했듯, 동시성은 시·공은 물론 움직이는 주사위, 즉 동력자에조차 그 영향을 미치고 초월한다. 그러나 시공을 초월한다는 것은 단지 고전 역학적 의미에서의 인과성의 부재를 의미할 뿐, 자연계의 차원에서 볼 때, 원형적 기능의 작용에 있어 '시공간'과 인과적 일치의 여부는 부차적인 문제라 할 것이다. 더욱이 세계는 움직임의 관계로서의 존재이다. 우리는 굳이 시간이란 허구적 매개의 부존재자를 동시성의 논의에 끌어들일 필요는 없는 것이다. 융은 시간, 즉 '때'란 관념을 비인과적 현상을 구성하는 주요한 요소로 보았다. 그러나 '시간'이나 '비인과성'이라는 용어들은 동시성에 관한 신비주의적 오해만을 불러일으킬 뿐, 정신을 포함한 자연현상에 있어서 '언제' 일어나느냐의 문제는 자연의 세계에 있어서는 사실 아무런 흥밋거리도 중요한 일도 되지 못하는 것이다. 그냥 일어난다는 사실 그것뿐인 ― 폰 프란츠(Marie Louise von Franze)의 표현대로, 자연계에 있어서도 역시, '바로 그렇다는 이야기just‐so‐story' 그것일 뿐이라 할 것이다.

그러나 동시성이론에 철저한 합리적 논증 의식이 일면 결여되었다고 하여 그것을 허구적 구성물로 간주코자 하는 것은 매우 어리석은 일일 것이다. 오히려, 신비주의적인 면과 손을 잡는 듯한 그의 오컬트적인 면은 사실, 합리적 논증 의식의 결여라기보다는 초월적 직관지에 의한 판단으로 보아야 할 것이다. 직관력 그것은 '통찰'과 함께 동시성과 유사한 원형적 능력으로서 합리적 기술의 세계를 훨씬 건너뛰어 넘는다.[72] 이제 살펴보게 되겠지만, 융의 그

---

72) 경험적 인과율이 헤게모니를 이루기 전의 중세에는 직관은 신의 것, 오성은 인간이 신의 직관의 원형을 본 뜬 것으로 생각했다. 직관과

러한 동시성적 내용은 사실, 현대의 양자물리학적 관점에서 볼 때 결코 비인과율의 신비적 현상으로 넘겨버리거나, 단순히 불합리한 초월적 현상으로 취급할 수만은 없음을 이해하게 될 것이다.

2

스베덴보리(Emanuel Swedenborg, 1688 – 1772)[73)]는 자신의 저서 『靈의 세계』에서 길을 가던 한 농부가 갑자기 거리가 온통 붉은 핏빛으로 물들며 자신의 어린 아들이 난파선의 조각을 붙든 채 바다 한가운데서 수많은 다른 사람들과 함께 살려 달라고 애원하는 것을 목격하게 되고는 이후 결국 아들을 잃게 되는 사례를 책 머리에 실었던 것으로 기억하고 있다. 융은 이러한 스베덴보리의 예나 앞서의 조셉 캠벨의 경우와 같은 동시성적 사례를 꿈과 주

통찰은 '동시성'에서 볼 수 있는 예지력과 함께 인간의 원형적 능력의 하나로서 오성작용(의 잡다한 사고 과정)을 심상으로써 처리하는 능력이다. 훗설이 보았듯, 직관에서 논리가 시작한다는 견해는 직관의 주요한 하나의 기능이지만 보다 중요한 건, 직관은 순간적 심적 오성작용이라는 것이다. 비트겐슈타인이 '수학의 증명을 명제들의 연속이 아닌 그림으로, 공식을 명제가 아니라 규칙으로' 보고자 했다는 사실은 형식 언어의 한계를 넘어선 통찰이라 할 것이다.

73) 21세에 스웨덴 웁살라 대학 졸업, 그해 라틴어 자작 시집 발표, 대표작은 『천계비의』. 귀족원 의원, 철학·과학·수학·발명가로 활동. 55세에 그는, 그리스도교는 진정한 신앙을 잃어 많은 모순이 있으므로 죽은 뒤의 영계, 정령계, 지옥의 일과, 살아 행한 바에 따라 거하게 됨을 알리라는 계시를 받았으며, 일 년 전부터 자신이 세상을 떠나는 날은 1772년 3월 29일이라며 어린아이처럼 그날을 기다리며 기뻐하였다. 1908년 학사원 청원으로 국왕이 영국에 군함 파견, 유골을 가져옴. 칸트 역시 그의 불가사의한 능력과 저술에 깊은 관심을 가졌으며, 헬렌 켈러는 자신의 신앙이 스베덴보리에 따른 것임을 고백한 바 있음.

역, 점성술은 물론, 자신의 환자의 임상 사례와 자신의 경험 사례를 통해, 여기서 그 인용을 일일이 밝힐 필요도 없을 정도로 그의 저서 곳곳에서 풍부히 피력하고 있다. 서두에서의 조셉 캠벨의 경우와 스베덴보리의 이러한 사례는 융의 위 세 가지 경우 중 각각 제2, 제3의 경우에 해당한다 할 것이다. 그런데 제1의 경우와 유사한 사례를 우리는 양자물리학의 실험의 경우에서 볼 수 있다.

물론, 그것은 마음과 시간, 즉 때의 일치는 아니다. 그러나 융은 또한 동시성 현상에서 볼 수 있는 무의식의 앎은 고등동물의 대뇌피질과는 관계없이 생각하고 지각할 수 있는 어떤 다른 신경계의 작용에 의해서 매개되는 것이 아닌가 추정했다. 융은 그에 관해, 뇌손상 환자나 혼수상태의 환자가 주변상황을 정확히 지각함을 보여주거나 뇌가 없는 하등생물이 훨씬 더 의미 깊은, 매우 지적인 행위를 동시성 현상을 통해서 나타내는 경우가 많다는 사실이 그러한 추정의 뒷받침이 된다고 한다.[74] 그러나 물론 이 경우는 생물체가 아닌 단지 양자의 현상일 뿐이다. 하지만 종국적으로 우리는 생명과 비생명, 물질과 의식의 그 질료가 하나라는 사실과 아울러 그들 경계의 구분이 감각 경험적 인식의 한계성에

---

74) 가벼운 최면 상태에서의 출산 환자가 혼수상태에서, 당황해하고 히스테리컬한 행동을 하는 의사와 간호사의 행위를 소상하고도 정확히 관찰하였다가 수술이 끝난 후 의사와 간호사에게 알려줌으로써 그들을 놀라게 한 사례와 폰 프리쉬Von Frish의 벌에 관한 연구로서, 벌들이 춤으로써 동료들에게 자신이 발견한 먹이 장소의 방향과 거리를 알려주는 사례 등이다. 그와 관련하여 융은, 동시성 현상의 기원, 기능에 있어서 뇌척수계와 절대적으로 다른 교감신경계와 같은 신경 기체가 명백히 뇌척수계만큼 쉽게 사고와 지각을 산출할 수 있다는 결론에 이른다며 아울러, 폰 프리쉬의 관찰은 초뇌적 사고와 지각이 존재함을 증명한다고 언급한다. 앞의 『자연의 해석과 정신』, pp.174-181. 참조.

서 비롯된 것임을 깨닫게 될 지적 모험을 감행할 것이며 또한 그러한 과정의 연구자들을 만날 수 있을 것이다.

하이젠베르크의 불확정성 원리에 불만을 가진 아인슈타인은 1935년에 포돌스키(Boris Podolsky), 로젠(Nathan Rosen)과 함께 「물리적 실재에 관한 양자역학적 기술은 완전한가?」라는 제목의 소위 'EPR 사고실험'을 발표한다. 이 실험은 거시물리계에서 통용되는 뉴턴의 제3법칙인 '작용과 반작용'에 바탕을 두어, 불확정성 원리가 불완전한 이론임을 논박한다.

불확정성원리는 고전물리학의 결정론이 적용되지 않는 양자의 속성으로 인해, 양자의 위치와 운동량을 동시에 정확히 측정해 낼 수는 없다는 것이다. 그런데 아인슈타인은 작용과 반작용의 원리를 적용하여, 두 개의 입자로 구성된 물질을 서로 반대 방향으로 분열시켰을 때, 제1입자는 위치를 측정하고 제2입자는 운동량을 측정할 경우 서로 반대편으로 날아가는 제1, 2입자에 영향을 미치지 않고서도 한 입자의 운동량과 위치를 정확히 측정해 낼 수 있다는 것으로 이것은 불확정성원리의 이론이 궁극적으로 불완전한 것임을 나타내 보여준다는 것이다.

불확정성원리의 지지자인 보어(Niels Henrik David Bohr, 1885 – 1962)는 두 개의 입자가 공간적으로는 서로 떨어져 있지만 사실은 분리될 수 없는 하나로서 관찰 행위가 비관찰 입자에게도 영향을 미친다며 EPR 사고실험을 부인하였는데 아인슈타인은 이를 '유령 같은 원격작용'이라며 비웃는다. 그러나 'EPR 사고실험'은 어디까지나 사고思考 실험으로서, 1965년에 존 벨은 불확정성을 갖는 양자역학이 옳다면 결코 충족시킬 수 없는 어떤 실험적 예측을 할 수 있었는데, 그것은 수학적 부등식의 유도로 나타내어져 아인슈타인이 옳다면 벨의 부등식은 실제 실험 결과를 만족시키지만, 보어가 옳다면 그 부등식은 깨어질 것이었다. 하지만 결과는 보어의 입장을 지지하는 쪽으로 나타났다. 그리고 1982년에는 프랑스 파리대학 오르세이 응용이론 광학 연구소의 알랭 아스펙트Alain Aspect가 장 달리바르, 제라르 로저와 함께 레이저로 칼슘원자를 때려 쌍둥이 원자를 만들어낸 다음 각각의 광자를 파이프를 통해 서로 반대 방향의 특수한 필터를 통과토록 하였다. 이 실험 결과에서 역시 벨의 부등식(John Bell's inequality)을 만족시키지 못하여 결과적으로 보어의 견해를 강화시켜 주었고, 이것은 양자역학에서 불확정성 원리가 본질적인 것임을 다시 한번 말해주는 것으로 보였다.

그런데 아스펙트의 실험과 이후 더욱 정교한 영국 북부의 스털링 대학의 덩컨과 클라인포펜의 실험에서 놀라운 건, 입자가 그 자신의 짝이 되는 입자의 편광각과 자신의 편광각을 일치시킨다는 사실이었다. 그뿐 아니라 하나의 입자가 편광기를 통과하면 다른 하나의 입자도 반드시 자신 앞에 설치된 편광기를 통과하지만 만일 하나가 통과하지 못할 경우에는 다른 하나의 입자 역시 편광기를 통과하지 않는다는 것으로, 이것이야말로 아인슈타인이 '유령 같은 원격작용'이라며 비웃었던 일들이 현실로서 나타난 것이었다. 도대체 어떻게 이런 일이 일어날 수 있을까.

이것은 아인슈타인의 특수상대성 이론에서 불가능하다고 여겨진 초광속의 교신이 있었거나, 아니면 두 광자가 상호 연결되어 있어 비국소적임을 의미한다 할 것이다. 그런데 대부분의 물리학자들은 초광속 현상을 가정하려기보다는 비국소성을 인정하는 쪽이었다. 그러나 어쨌든 공간적으로 단절된 두 입자의 존재가 서로는 마치 약속이나 한 듯 똑같은 현상을 동시에 행해 보인다는 것은 그 이유가 초광속 작용에 의한 것이든, 비국소적 작용에 의한 것이든 고전적 인과율을 벗어난, 동시성(초월)적 현상이라 할 것이다.

물론, 이미 앞서 언급했듯, 융은 동시성을 마음과 외부 세계와의 관계로 규정하였지만, 그러나 정신과 물질의 극미시계적 관점에서 볼 때 서로는 분명 하나로 환원되어 상호 교통할 수 있다고 보아야 할 것이며 그러한 점에서 양자의 동시성적 현상은 융의 동시성 현상의 본원적 원형의 그것이라고 보아도 좋을 것이다.

그런데 1950년대에 데이비드 봄David Bohm은 배질 힐리와 함께 '양자 퍼텐셜'[75]이라는 이론으로, 비국소성을 받아들이면서도

---

75) 데이비드 봄David Bohm은 미국 출신의 런던대학 이론 물리학 교수로서 코펜하겐 학파의 불확정성 원리를 반대하면서 숨은 변수이론을 연구하였다. 그 결과, 봄은 아인슈타인의 공식($E = mc^2$물질↔에너지), 플랑크의 공식($E = hf$에너지↔양자×파동) 그리고 드브로이의 공식(h/mv물질↔파동) 등을 종합함으로써 물질은 원자로, 원자는 소립자로 그리고 소립자는 파동으로 환원될 수 있다고 생각하였다. 소립자란 파동의 다발(wave packet)이며 소립자의 종류에 따라서 그 진동수만 다른 것이라고 생각하였으며, 그는 마지막으로 파동이 어디서 기원하였는가를 연구하였다. 봄은 스칼라 포텐셜을 초양자장superquatnum field 혹은 초양자 파동이라고 불렀고, 파동의 출처는 우주의 허공을 채우고 있는 초양자장이라고 하였다. 우주는 충만된 초양자장 속에서 하나로 연결되어 있는데 이것을 비국소성 원리non-locality principle라고 한다. 3차원에서 보면 분리되어 있으나 4차원에서는 서로 연결되어 있다. 이것이 비국소성의 원리이며, 초양자장의 우주는 부분 속에 전체의 정보가 들어 있는 홀로그램hologram이다. 아울러, 존재는

아인슈타인의 국소성과 인과성因果性을 유지하려는 해석을 시도했다. 양자 퍼텐셜은 입자의 주변 환경에 대한 정보의 형태로서 나타나는 전일적 구조에 바탕을 둔 것으로서, 개개의 입자에 전체성이라는 차원의 성질을 제공하는데, 즉 분리되어 보이는 조그만 부분일지라도 전체의 상태를 반영하는 방식으로 입자들은 작용한다는 것이다. 이것은 입자의 파동적 속성을 고려할 때 충분히 예상할 수 있었던 이론일 것이다.

데이비드 봄의 초양자장 이론(양자퍼텐셜 이론)은 당시는 닐스 보어 등에 의해 이단적 이론으로 취급을 받았었다. 그러나 1935년 EPR사고실험의 역설과 1964년 벨의 부등식론 그리고 1982년의 아스펙트의 실험에 의해 봄의 이론은 그 타당성이 입증되었다. 아니, 결과적으로 봄의 이론은 EPR실험, 벨의 부등식, 아스펙트실험의 결과들을 가장 설득력 있게 해석하는 모범적 양자론의 모델이었던 것이다. 더욱이 놀라운 건 부분이 전체를 포함한다는 그의 홀로그램우주론이다. 다차원의 우주는 접혀 있으며 인간의 인식능력은 접힌 우주의 표면만을 감지할 수 있을 뿐 그 접힌 우주 내·외부 고차원의 현상들은 지각하지 못하고 있다는 것이다. 고전적 인과론의 거시물리학적 사고로서는 당연히 이해되지 않는 일들로서 당시 봄의 홀로그래피적 우주관은 과학이라기보다는 신비학이나 신비주의자의 논설처럼 들렸을 것이다.

크게 정신계, 에너지계, 물질계로 나눌 수 있으며 에너지가 분화하는 과정은, 초양자장 → 파동 → 에너지가 되며, 의식은 초양자장 → 파동 → 에너지 → 소립자 → 의식이 된다. 물질의 분화는 초양자장 → 파동 → 에너지 → 소립자 → 원자의 중첩 순으로 분자가 된다. 에너지, 마음, 물질 등은 동일한 질료로부터 만들어진다. 그리고 봄은 과학과 예술이 언젠가는 일시적 분화를 넘어 하나로 융합될 것이라 전망했다.

홀로그램은 헝가리 물리학자 데니스 가보어(Dennis Gabor, 1900 -1979)가 1947년에 홀로그래피 사진술을 생각해낸 이래 1963년 에밋 리드가 레이저를 사용해 실용화시켰으며, 백남준은 새천년의 첫해인 2000년 구겐하임미술관에서 레이저를 이용하여 전 세계인들의 이목이 집중된 가운데 웅장한 '야곱의 사다리'를 선보였었다. 간섭파 현상을 이용한 홀로그램은 사실 신비스럽기까지 하다. 홀로그램 사진의 필름은 일반 사진과는 달리, 여러 수십 조각을 내어도 한 조각의 부분만으로도 사진은 거짓말처럼 전체의 모습이 현상된다. 전체와 부분의 관계는 이제 홀로그램 현상을 통해 접힌 우주와 접힌 공간의 개념을 생성해 내게 된 것이다. 이러한 관점에서는 양자의 비국소적 현상은 어쩌면 접힌 우주의 현상으로 설명해야 할지도 모르겠다. 3차원과 4차원은 물론 그 이상의 수학적 차원의 세계는 공존하며 우주의 어떤 힘의 장에 의해 연결되어 있다고 생각해야 할 것 같다. 4차원의 지각 능력을 가진 우리는 보다 고차원의 우주계들을 접힌 그곳 우주의 한 조각 홀로그램의 조각 혹은 그 연결 부위들을 발견해 냄으로써 온전히 체험하게 될 수 있을지 모른다.

존재를 정신계, 에너지계, 물질계로 나눈 데이비드 봄은 그 공통적 구성계로서 초양자장superquantum field과 초양자장이 중첩된 파동으로 보았다. 우리는 봄의 초양자장이론의 모델이 아니라 하더라도 적어도 에너지 단위의 극미시계의 세계에서는 정신과 물질의 질료적 구분이 무의미하다는 것을 이해할 수 있다. 다시 말해 정신과 물질의 질료는 궁극적으로 하나라는 것이다. 그러하듯, 정신은 곧 물질이며 물질은 곧 정신인 것이다. 다시 말해 인간의 영혼은 육체 바로 그것이라는 말과도 같다.[76] 감성과 오성작용의 정신 현상은 물질이 에너지로 바뀌는 곳에서의 극미시적 물리현상이다. 이상의 논의에서 우리는 융의 동시성이론은 비인과적 현상으로서 심리학이나 신비학의 논의의 대상이 아니라 오히려 현대 미시물리학상의 논의 대상임을 알 수 있을 것이다.

양자물리학의 세계에 있어서 고전적 의미의 인과율이 확인되지 않는다는 사실은 의미 있는 문제들을 함축하고 있다. 정신과 물질의 관계 그것은 미시 물리 현상계의 작용으로서 고전 역학적 관념의 인과성으로는 이해되지 않는다. 그러한 까닭으로 인해 융은 정신과 신체의 상호 작용을 동시성적 작용으로 보고자 하였음은 앞에서 언급한 바가 있다.[77] 현대에 들어서 인지과학이나 인지심리학, 뇌과학 등이 뇌와 신경계의 화학물질 작용과 의식과의 문제에 관한 신화적인 연구를 시작하였지만 촘스키가 착안하였던바, 인간의 언어구사력 등과 같은 문제를 쉽게 해명해 낼 수 있을 것 같지는 않다. 그에 관해서는, 신경학과 생리학이 지각의 본질을 알려 줄 수는 없다(벤 알 틸그만Ben R. Tilgman)고 하는 견해 역시 만만치 않은 것이다. 그러나 이와 같은 문제들은 우리들이 아

---

76) 박이문은 『시와 과학』에서 "이성, 감성 등으로 분열되기" 이전의 하나로서의 의식에 관해 "물질적 의식"이라는 의미 있는 표현을 썼다.

77) 그런데 아마 그것은 융이 정신작용의 독립성을 너무 인식하고 있었기 때문이 아닌가 생각된다. 개인에 따라서는 강한 초월적 에너지의 생성으로 4차원 너머의 세계로 에너지를 보낼 수는 있겠지만 그렇다고 신체와 독립적인 존재로까지 생각한다는 건 무리가 있지 않을까 싶다. 사고작용은 뇌 기관으로만 이루어지는 것이 아니며 뇌를 비롯한 전신의 신체기관과의 협력적 작용을 통해 형성된다. 특히, 감성 작용의 경우는 전신의 신체기관과 밀접한 과계를 갖고 있다. 자아는 사고작용으로서만 성립되지 않는다. 오히려 감성적 직관이 더 자아의 본질적 속성에 가깝다는 사실을 새겨 보아야 할 것이다.

직까지도 고전적 인과성의 관념에 묶여 있기 때문일 뿐이다.

　그런데 조금 전 우리는 '물리현상'이라는 표현을 썼는데 사실 '물리현상'이라는 표현은 가시적 관찰경험에 믿음의 우선순위를 두려는 우리의 본능적 편견일 뿐이라 할 것이다. 마찬가지로 '정신현상'이라는 표현 역시 그러하다. 그러한 개념적 구분은 앞서와 같이 본능적 습관상의 인식론적 구별일 뿐이다. 이것은 우주계 존재자들에 대하여 향후 정신과 물질의 이분법적 구별 외에 새로운 관점에서의 내포적 개념과 기표적 용어를 도입해야 함을 말한다. 뿐만 아니라 가시적 관찰 경험 그것은 양자물리학에 있어선 지극히 불완전한 것임이 이미 드러났다. 파울리는 원자를 관찰하기 위한 기구를 관찰자의 확장된 눈으로 보았으며 그것은 관찰계에 영향을 미친다고 보았다. 사실 원자계 자체의 불확정성과는 달리, 관찰자의 의식은 초미시계의 파동적 에너지로서, 원자에 조사되는 레이저의 빛과 함께 관찰 원자계를 교란케 할 것이다. 이러한 논의가 아니더라도, 미국의 IBM사에서는 물체를 양자상태로 분해하여 송수신하는 입체팩스 기술을 연구 중에 있으며 현재 50여 미터 내외의 케이블을 통해 A_4용지를 송신하는 정도에 성공한 것으로 알고 있다. 이러한 사실은 물질의 파동 변환이 가능함을 말해 주는 것이다. 일찍이 봄은 자신의 양자이론에서 우리가 우주를 딱딱한 물질의 형태로 인식하는 것은 착각이며 우주는 홀로그램의 영상일 뿐이라고 한 바 있다. 우리가 물질이라고 부르고 인식하는 것들은 에너지의 진동에 의해 이루어진 껍질일 뿐이다. 바꾸어 말하면 우리가 말하는 물질은 진동하는 공간, 즉 우리가 인식하는 물질이라는 껍질 속으로 무한히 압축시킬 수 있다는 것이다. 블랙홀이 바로 그것이다. "물리학자들은 별이 무한

정 붕괴될 수 있다는 확신을 갖고 있다. ……(2개의 전자가 동일한 에너지 공간을 차지할 수 없다는 배타원리가 적용된 백색왜성의 — 필자) 질량이 태양의 1.4배 또는 그 이상이라면……원자핵들을 따로 떼어내고 원자를 부스러뜨린다. 결국 그것은 중성자별이 된다. ……그 별이 태양의 질량보다 3.6배 이상이면 수축작용이 중성자별 단계에서 멈추지 않는다. 이때에는 중력이 뚜렷이 앞장서서 일을 벌이고, 무자비하게 밀고 나간다. 그 별은 줄일 대로 줄여 그 자체의 무게의 희생물로 삼는다. ……그런데 작은 블랙홀, 예를 들어 원자핵만 한 크기의 블랙홀은 어떻게 생길까? ……한 토막의 쇳덩어리와 같이 작은 물체의 물질을 죄어서 아주 작은 공간, 가령 양자의 크기로 줄여 나간다면 어느 시점에 가서 자체 중력이 운동을 넘겨받게 된다. 압축작용은 계속되고 마침내 아주 작은 블랙홀이 나타난다."[78] 스티븐 호킹에 의하면 은하계의 중심부를 벗어난 작은 블랙홀의 경우, 평균 반지름이 10^{-13}cm 로서 양자 크기 정도이지만 무게는 약 10억 톤으로 에베레스트 산과 맞먹으며, 지구로 끌어올 경우 지구를 마치 솜베개처럼 꿰뚫고 달아날 것이라고 한다. 얘기가 장황해진 것 같지만 요지는 우리가 갖고 있는 물질에 대한 환상을 깨뜨려야 한다는 것이다. 물론, 정신이라는 관념에 대한 착시적 인식 역시 마찬가지이다.

파울리와 하이젠베르크의 학문적, 정신적 스승이라고 할 보어는 거시세계와 미시세계 간의 충돌과 모순 현상에 대해 "상호 배타적인 것들은 상보적"이라고 하였다. 보어가 그러한 상보성의 논의를 위치와 운동량, 입자와 파동, 에너지와 시간 같은 물리학

---

78) 존 보슬로우 · 홍동선 역 『스티븐 호킹의 우주』(서울: 도서출판 책세상, 1991년), p.88 – 89, 105. 참조.

적 세계에서만이 아니라, 정의와 사랑, 이성과 본능 같은 정신의 문제에까지 확장코자 했다는 사실은 시사하는 바가 크다 할 것이다.[79] 융은, 의식의 에너지가 강할수록 원형적 무의식의 세계는 소멸하며 또한 그 반대 현상 역시 성립한다고 했다. 융은 그에 대해 의식과 무의식의 상보성적 견해로 보았으며 융이언 빅터 맨스필드Victor Mansfield[80] 역시 "동시성 경험의 의미와 목적은 무

---

79) 보어의 원자론은 파울리가 노벨상을 수상(1945년)하게 될 배타원리 출현에 결정적인 역할을 했으며 보어 자신은 원자구조와 원자로부터의 내비침에 대한 연구로 1922년 노벨물리학상을 수상했다. 양자역학의 비결정론을 중심으로 보어와 아인슈타인은 평생을 날카로운 논쟁을 벌였고 보어는 그러한 논쟁을 아인슈타인의 사후에도 계속했었다고 전해질 만큼 보어는 아인슈타인과의 논쟁을 자신의 연구의 주요한 디딤돌로 생각했다. 데이비드 봄이 "천재들은 양립하는 두 주제들의 병존을 허용하기 때문에 다르게 생각할 수 있다."라고 하였지만, 상응하게 보어는 상보성의 이론을 발전시켰다. 사실 이러한 상보성(패러독스, 옥시모론)의 사유는 과학자의 유비(은유)적 능력과 함께 시작에 있어서의 강력한 상징화의 기제이다. 철학에서는 헤겔이 상보성의 사고를 학문적 수단으로 내세운 대표적 인물이다. 그러나 융도 헤겔은 무의식의 팽창으로, 스스로 만들어낸 우주에 위대한 진리를 투사한 변장한 심리학자라고 비판(앞의 융전집 제2권, 25 - 7면)하였지만, 그의 철학은 세계와 정신에 대한 상보(변증)적 통찰에도 불구하고 결과적으로 '정의는 곧 강자의 이익'이라는 현실론적 이성론이 되고 말았다고 하겠다.

80) 미국의 콜게이트 대학의 빅터 맨스필드 교수 역시 EPR 사고실험과 데이비드 봄의 이론을 바탕으로 융의 동시성 현상과의 관련성을 심도 깊게 논의한 것으로 알고 있으나 글을 접하지 못해 아쉬움이 남는다. 가능하다면 일독을 권한다.

그런데 봄은 사람의 마음이 현재의식, 개인무의식, 집합무의식 그리고 소립자, 파동 및 초양자장 등으로 구성되어 있다고 한 것으로 보아서 당시에 융의 이론을 접했음을 알 수 있다. 아이러니하게도 그런 봄은 아인슈타인과 마찬가지로 불확정성원리와 함께 닐스 보어를 중심으로 한 코펜하겐학파를 반대했다. 하지만 융의 동시성이론, 하이젠베르크의 불확정성원리, 봄의 양자퍼텐셜이론은 보어의 상보성원

의식적 보완을 통하여 구현되는 것"이라고 했다. 보어의 그러한 상보성 논의를 빌린다면, 정신과 물질은 배타적 관계로 보이나 사실은 에너지 현상의 다른 모습일 뿐인 것이다. 모든 것은 에너지의 진동이다. 문제는 생명적 현상의 에너지 묶음, 그 원형적 지도가 어떻게 나타날 수 있었는가가 물음의 근원이 될 것이다.

파울리는 양자역학이 바탕을 두는 비결정론적 세계관이 1세기는 더 갈 것이라고 했다. 그의 생각대로 비결정론적인 양자역학적 세계관이 21세기에도 계속 유지될 수 있을지는 지켜보아야 하겠으나, 아직도 거시 물리학적 인과율의 세계에만 묶여 있는 우리들로서는 파울리의 예언이 어떠한 메시지로 읽혀야 할 것인지는 보다 진지하게 숙고해 보아야 할 것이다.

헤밍웨이(Ernest Miller Hemingway, 1899 – 1961)의 소설 제목이 된 "누구를 위하여 종은 울리나"라는 구절의 기도문을 쓴 영국의 형이상학파 시인 존 던(John Donne 1572 – 1631)은 그 앞의 구절에서 "인간은 아무도 섬이 아니다. 모든 인간은 대륙의 일부이다. 어떤 사람의 죽음도 나의 일부가 사라지는 것과 같다. 왜냐하면 나는 인류에 속해 있기 때문이다."라고 말했다. 마찬가지로 우리는 '수많은 타인의 탄생도 나의 생을 증가시킨다, 왜냐하면 우리는 영원한 인류 속에 포함되어 있기 때문'이라고 말할 수 있을 것이다. 분리될 수 없는, 세계는 하나인 것이다.

리 속에서 모두 하나로 녹아들어 향후 출현할 정신학 기반의 한 토대를 이루리라 생각된다.

II. 비결정론으로서의 미학; 시간론

— 시간의 허구성과 단순정위화의 마법

자연은 물질의 기본 구성체와 같은 근원적 실체로 환원될 수 없으며 전적으로 자기조화를 통해서 이해되어야 한다.

('끈 이론'에서)

글을 열면서

20세기 초엽 현대물리학이 꽃을 피우기 시작한 지도 한 세기가 지났다. 1974년 카프라는 『현대물리학과 동양사상』을 펴내었다. 그러나 더 이전인 1950년에 칼 융은 배타원리로 노벨상을 수상한 볼프강 파울리와 함께 『자연의 해석과 정신』이라는 심리학과 물활론적 과학관에 관한 내용의 책을 내었다. 그런데 그 두 저서의 공통점은 공교롭게도 신비주의라는 전일적 세계관이다. 카프라는 위 저서에서 양자역학과 아인슈타인의 상대성이론 그리고 도교, 불교, 힌두교 등 동양사상의 접점을 논하였고, 칼 융은 동 저서에서 꿈과 비인과적 현상이 알려주는 초월적 예지 현상 등에 관한 논문 「동시성: 비인과적 연결 원리」를, 파울리는 마술적-물활론적 과학관을 견지했던 케플러의 원형 사상에 관한 글을 실었다. 그런데 앞서 얘기한 바와 같이 심리학과 현대물리학 그리고 동양 사상과 16세기 초엽까지의 연금술적이고도 물활론적 과학관은 그 모두가 신비주의적이자 전일적 세계관을 보여주고 있다는 것이다.

그런데 우리가 눈여겨볼 것은 특히, 현대물리학이 뉴턴 이래 소위 합리적 과학관의 바탕이 된 절대적 시·공간과 인과적 결정론을 벗어나 신비주의적 색채의 길을 지향하고 있다는 것이다. 20세기 이전까지는 확실히 우주는 수학적이고도 기계적 모형의 세계였으며 인간 역시 물리적 측면의 신체와 영혼이라는 정신의 그 이분법적 구분을 떨쳐 버리지 못했다. 그러나 양자물리학은 기계적 모형을 거부하고 유기적 존재로서의 세계관을 드러내 보이기 시작했다. 양자들의 세계는, 심지어는 관찰자인 인간의 눈과 의식까지도 피관찰 대상인 그들과 서로 분리될 수 없는 관계에 놓여 있음을 보여주었다. 이제 과학과 종교 사상 그리고 인간 그 자신을 세계와 함께 하나로 묶어 놓은 현대물리학은 확고한 시공간의 이념뿐만이 아니라 철학, 의학, 심리학을 비롯한 제반 학문의 패러다임과 기술사회를 혁신적으로 바꾸어 놓고 있다. 현재 인공생명과학 분야가 인문학과 실험과학의 교차로 역할을 하면서 급부상하고 있지만 생화학 분야와 함께 양자물리학의 결합은 인공지능의 문제를 해결할 전초 기지를 이룰 것 같다. 뿐만 아니라 전자 기술적 측면에 있어서도 역시 마찬가지이다. 그 한 예를 들자면, 미국의 IBM사는 입체 팩스를 연구 중이라는 건 근자의 뉴스를 통해서도 잘 알려진 사실이다. 현재는 몇십 미터 내에서의

A4 용지의 송수신에 불과하지만 향후 이러한 기술은 3차원의 물체를 비롯해 생명의 송수신까지도 전자적 정보로의 환원방식을 통해 가능해진다는 것을 뜻한다. 이러한 상황에선 과학과 신비주의의 구분은 무의미하다 할 것이다. 어쩌면, 오히려 과학이라는 용어가 낙후되었다는 느낌을 갖게 하는지도 모르겠다.

문제는 이러한 혁명적 패러다임의 인식을 유독 우리의 문학은 수용하지 못하고 있다는 것이다. 문학은 인간의 마음과 가슴, 영혼을 다루는 문제이므로 그러한 과학의 문제와는 관련을 지을 필요가 없다 할지 모르겠으나, 종교조차도 혁명적 과학의 세계관 앞에선 단장을 새로이 해야 했다. 백남준은 새천년 초두에 구겐하임 미술관에서 레이저를 이용한 홀로그램 영상으로 야곱의 사다리를 선보였다. 간섭파를 이용한 홀로그램 영상의 필름은 여러 수십 조각을 낸 그중 한 조각만으로도 전체의 영상을 투사해 낸다. 양자물리학의 속성 그것의 안과 밖을 그대로 상징하고 드러내 보여주는 간섭파 현상과 그 우주관, 그것은 미국 출신의 런던대 이론물리학 교수인 데이비드 봄이 제창하였다. 홀로그램 우주론은 4차원과 그 이상의 세계를 상정하고 있으며, 그의 이론은 오늘날 생물학, 의학의 분야를 비롯하여, 부분이자 전체로서의 유기적 세계관을 드러내는, 유령과 같은 양자의 비국소적 연결성의 설명 모델로서 유효하다. 뿐만 아니라, 그는 한 걸음 더 나아가 언젠가는 과학과 예술은 하나로 융합될 것임을 예견했다.

현대물리학자들은 양자물리학이 심리학과 같은 세계의 문제를 추구하고 있음을 토로했다. 그것은 물질이든 정신이든 그 구성 질료는 동일한 것임을 알고 있기 때문이다. 사실, 정신과 물질,

의식 이러한 개념들의 사용은 고전적 해부학적 관점에서의 의미를 가질 뿐이며 실상은 개별적으로 분리하여 존재하는 것이 아니다. 인간은 정신도 육체도 아닌 인간이라는 현상 그 전일적 상像으로서 이해해야 할지 모른다. 아니, 그러해야 한다는 게 나의 솔직한 생각이다.[81]

나와 세계 그리고 우리들과 우주가 누구임을 묻기 이전에, 무엇이며 또한 어떠한 관계에 놓여 있는지를 먼저 물어야 하는지 모른다. 그것은 형이상학적인 문제라고 하여서 피해 갈 일이 결코 아니다. 물론, 우리는 우주의 동굴 밖을 걸어 나아가려 하는 영원한 도정상의 존재일 뿐인지도 모른다. 자신과 존재에 관한 물음은 철학자들만의 과제가 될 수 없다. 시인과 시미학론자들에게 있어서 역시 중요한 근원적 문제인 것이다. 자신이 누구이며, 무엇인지도 모른 채 문학을 논할 수는 있다. 그리고 시 작업 역시 가능하지 않은 게 아니다. 그러나 그것은 우주의 껍질을 깨뜨리길 거부하는 일이다. 물론 현대물리학의 세계가 무슨 대단한 종교나 사상이 된다는 것은 아니다. 그러나 적어도 자신과 주변, 그 존재자들에 관해 다시 한 번 물음을 던져 보는 인식론적 전환의 계기와 토대는 될 수 있으리라 생각한다.

---

81) 파울리 역시 정신과 물질을 하나인 전체로서 이해해야 한다는 생각을 가졌었다. (임경순, 「양자 역학의 형성과 학문적 스타일의 문제 — 막스 플랑크, 닐스 보어, 막스 보른, 파울리, 하이젠베르크를 중심으로」 참조.)

1

'시간의 부존재성'은 유사 이래 누구에 의해서도 개진된 바가 없다. 그만큼 그것은 동서고금을 막론하고 종교적 불문율처럼 금기시되어 온 것 같다. 아니, 사실 그것은 종교적 불문율이었다. 시간은 애초에 신神·왕王의 제례 집전을 위한 사제들의 것이었으며, 근세에 들어서도 톨스토이(Lev Nikloaevich Tolstoi, 1828 - 1910)는 시간을 삶의 환상이라고 했지만(『요약복음서The Gospel in Brief』) 교회는 공식적으로 그에 반대했고, 러시아 당국은 금서로 규정했다. 그러나 과연 그들의 태도가 옳았을까?

"시간은 우리(인간)가 직관하는 주관적 조건이다. ……또 시간은 주관을 떠난 자체에 있어서는 없는 것이다. ……우리는 시간의 절대적 실재성에 대한 모든 요구를 거부한다. ……시간의 절대적 실재성만은 승인될 수가 없다. 시간은 우리의 내적 직관의 형식임이 틀림없다."[82]라고 칸트는 순수이성비판에서 발언했다. 그는 성서적 전통의 시간관을 대변하는 뉴턴의 실체적 시간관을 정면으로 부정했다. 시간은 객관적 실체로서 존재하는 것이 아니라 인간의 선험적 감성의 대상으로서 쉽게 말해, 인간의 마음속에만 존재한다는 것이다. 그렇다면 그들은 왜 그토록 결연한 칸트의 발언에는 침묵하였을까? 그러나 현대에 들어서는 종교적 해금 여부를 떠나, 아예 학문적 불문율이라고까지 해야 할 것 같다.

인간의 인식이 완전할 수 있는 것은 불과 2차원의 평면적 세계

---

82) 임마누엘 칸트·최재희 역, 『순수이성비판』(서울: 박영사, 1986, 개정 중판), pp.84 - 85.

에 불과하다. 인간의 눈을 가리는 건 한 장의 종이로서 충분하다. 부동의 3차원적 공간(그것도 외부의 표면적 세계에 불과한)조차 제대로 인식하지 못하는 인간들로서 소위 '변화'의 개념이 개입된 4차원의 구조에 관하여선 더욱 이해 불가하다. 그러나 '시간'이란 개념은 변화하는 세계에 대한 적절한 이해의 모델로서 유용했고 뉴턴은 시간을 신의 창조물로서 절대화했다.

그런데 20세기에 들어서 현대물리학은 시간의 그 절대적 허구성을 한 꺼풀 벗겨내었다고 할 수 있다. 그러나 인간 인식 능력의 한계성은 뿌리 깊은 경험적 사고관의 인습으로 인해 시간의 허구성을 완전히 떨쳐버리지 못하고 있다. 교회의 사제들은 물론, 현대의 물리학자, 철학자 그리고 우리 일반인들까지 그 누구도 시간은 존재하지 않는 허구라는 생각을 감히 말하지 못하고 있다. 그것은 실로 기이한 일이라 하지 않을 수 없다.[83] 물론, 칸트

---

83) 그러나 시간의 비실재성에 관한 믿음을 갖지 않은 사람이야 어디 없었겠는가. 엘리아데는 『이미지와 상징』의 「시간과 영원에 관한 인도의 상징」에서 "「삼유타 니카야」(Ⅰ, 141)에서 말하고 있듯이, '불타에게는 과거도 미래도 존재하지 않는다.' 불타에게 모든 시간은 현재가 될 수 있다.(「비숫디 마가」, 411) 이 말은 곧 그가 시간의 불가역성을 파기했다는 뜻이다."고 하였지만, 석가는 단지 형이상학을 거부하였을 뿐, 시간 개념을 받아들이지 않았다는 건 분명하다. 역시 엘리아데가 「마이트리 우파니샤드」를 인용하고 있듯 "태양에 앞서는 것은 무시간이자 미분화된 것이다. 태양과 더불어 시작하는 것은 부분을 가진 시간으로 그 형태는 해이다."라는 표현에서 알 수 있듯 시간의 비실재성에 관하여선 불교의 모체인 힌두 사상에서도 역시 나타나고 있다. 위 인용 내용은 고대의 힌두인들이 시간을 우주 그것으로 보고 있었음을 유추할 수 있게 하며 이것은 그들의 사유가 현대물리학, 천체물리학 이론과 일치함을 보여준다.
그런데 닐스 보어와 함께 핵분열 이론을 연구하였으며, 시간 여행 관련 용어인 웜 홀(worm hole: 이전에는 '아인슈타인-로젠 다리'라고

는 앞서와 같이 시간의 객체성을 부인했다. 하지만 선험적 종합 판단의 전제적 요건으로 승인하기 위해 시간에 대해 후천적 감성 대상으로서의 현상계의 변화 그 내재적 속성까지 부인한 그의 '시간'은 감성의 주체 속에 살아 있었다. 따라서 그는 진정한 시간의 부재를 선언했다고 할 수가 없다.[84]

프리조프 카프라(Fritjof Capra, 1939 –)는 『현대물리학과 동양사상』에서 신비주의를 바탕으로 동·서양 두 세계의 합일에 관하여는 언급을 하면서도 향후 물리학과 인간의 세계에 관해 정작 중요한 시간의 부존재에 관하여선 침묵했다. 그리고 동양사상의 신비적 심오함에 관하여선 주목을 하면서도 그들의 고대 세계의 철

불림), 블랙홀이라는 용어를 처음으로 사용한 존 휠러John Wheeler는 연구실 밖에서이지만, 보다 분명한 말을 했다. "시간이란 말은 하늘로부터 하느님의 선물로 주어진 것이 아니다. 시간이란 개념은 인간이 만들어낸 하나의 낱말이고 만약에 이에 관해서 미심쩍은 점이 있다면 (……) 그것은 우리가 말을 만들어 내고 사용했던 탓이다."라고.
사실 물리학자들은 그들의 모든 연구 수식數式에서 '시간' 개념을 삭제한 채 다시 써야 한다고 나는 생각한다. 그렇지 못하다면 그들의 수식에서 '시간'은 말 그대로 존재하지도 않는 '뱀의 발'을 붙인 채 기어 다니고 있는 꼴에 불과할 뿐이다. 존재계에서 '시간'이란 뱀의 발을 과감히 잘라내고 바라볼 때 그들의 우주와 수식은 새로운 문을 열게 되리라고 생각한다.

84) 칸트는 "시간은 자기 자신만으로 있는 것도 아니요, 사물의 객관적 특성으로서 사물에 속해 있는 것도 아니다. ……만약 시간에서 인간의 감성이라는 특수 조건이 제거된다면, 시간관념은 사라진다. 시간은 대상 자신에 속해 있지 않고 대상을 직관하는 주관에만 속해 있는 것이다."라고 하였다. Ibid, Ⅰ. 선험적 원리론, 제1부 선험적 감성론, pp.83 – 85.
사실 선험적 감성론에서의 칸트의 시간관은 공간과 함께 사물을 직관하는 방식의 한 축으로서 순수이성비판서의 대전제 조건이다. 따라서 그의 시간관의 오류는 그의 인식론적 통찰에 의문을 갖게 함과 아울러, 그의 비판 철학의 중대한 결함을 의미한다.

학, 즉 파르메니데스(Parmenides, B.C. 540 - 470)의 전일적 세계관 등에 대해서는 자세한 언급을 결하였다. 그러나 현상계를 그림자의 세계로 본 플라톤(Platon, B.C. 429 - B.C. 347)의 이데아론은 파르메니데스의 전일적 세계관의 3차원적 변형론에 불과하다. 그래도 아인슈타인(Albert Einstein, 1879 - 1955)은 용기 있는 발언을 했었다. "물리학을 믿는 우리에게 과거와 현재, 미래의 차이점은 단지 환상일 뿐이다. 설사, 그 환상을 부정하는 것이 매우 힘들다 할지라도 말이다." 물론, 이는 시간의 비외재성, 부존재에 관한 것이라기보다는 절대적 시간의 허구성에 관한 토로이겠지만, 아인슈타인은 '시간'에 대한 인간 감각 인식의 착란성을 언급했다. 그러나 파르메니데스는 이미 2,500여 년 전에 '변화'란 인간의 환각일 뿐이라고 했다.

동양의 세계관은 유기적이며 연기적 관계로서의 전일적 체계로서 매력을 지니고는 있다. 하지만 불교에서의 색즉시공론 역시, 변화란 환각에 불과하다는 파르메니데스의 생각과는 그 차원을 달리한다. 전자는 우주의 본질을 꿰뚫고 있지만 '변화', 즉 시간관념을 초월하고 있지는 않다. 그러나 후자는 그 초월을 의미한다. 물론, 파르메니데스의 변화의 부정이 곧 시간의 부존재를 뜻했다고 볼 수는 없지만, 그러한 가능성을 배제하는 것은 단지, 파르메니데스의 시적 사유를 축어적으로 생각하는 것만큼이나 어리석은 일일 것이다.

시공간 분절의 불가능에 관한 그의 제자 제논의 역설은 무엇을 의미하였을까? 불가에서는 깨달은 자는 다시 생명을 얻지 아니한다고 하였다. 완성된 자는 부족하지 않다. 불가에서는 해탈에 이름으로써 시간을 초월하는 것으로 보인다. 그러나 현대물리학적 신비론의 입장에서는 시간의 초월을 통해 존재계를 이해하게 한다. 그러나 시간과 깨달음에 관한 이러한 전도적 입장의 견해는 다시 파르메니데스의 '변화의 환각론'에 이르게 하는 것이다. 결론적으로 파르메니데스는 시간의 초월과 깨달음 이 양자를 모두 견지하였다 할 것이다. 또한 그것은 현대물리학에서의 입장과도 상통한다.

이상은 시간의 비외재성에 관한 간략한 안내이다. 그러나 이 글이 정작 의도하는 바는 시간에 대한 비외재성의 적시가 아니라, 시간과 시미학론의 유기적 관계의 가능성을 드러내고자 함에 있었음을 밝히며 아울러, 이 글은 본 내용의 전제로서 염두에 두었음을 또한 밝힌다.

2

옥타비오 파스(Octavio Paz, 1914 – 1998)는 "시간은 우리의 외부에 있지 않으며 시계 바늘처럼 우리 눈앞을 지나가는 어떤 것도 아니다. 우리가 바로 시간이며, 지나가는 것은 시간이 아니라 우리 자신이다."[85]라고 하여 시간을 부재로 인식하고 삶 그 자체로 환원하는 매우 현실적인 시간관을 보여주었다. 하지만 파스는 그

---

85) 옥타비오 파스, 김홍근 · 김은중 역, 『활과 리라』(서울: 솔출판사, 1998년)(이하 '『활과 리라』'), p.72.
쉘링 역시 "시간은 자아와는 독립하여 흘러가는 뭔가로서가 아닌, 활동하고 있는…… 자아 자신이라 생각된다.(Friedrich Kümmel · 권의무 역, 『시간의 개념과 구조』, 대구: 계명대출판부, 1986년, p.60.)"라고 하여 시간의 외재성을 부인했으나, 파스는 원형적 신화론의 시간관이라는 점에서 다르며, 주관적이라는 측면에서 시간을 순수 의식으로서의 지속으로 여기는 베르그송의 시간관에 가깝다.

와 같이 직선으로서의 시간관을 배척함으로써 영원한 현재로서의
삶을 꿈꾸었다. 시간은 존재하지 않는 것. 리듬으로서의 시는 원
형의 과거를 불러내고 모든 차원의 존재자를 화해케 함으로써 현
존하게 한다86)고 하였다.

한편 호르헤 루이스 보르헤스(Jorge Luis Borges, 1899 – 1986)는
단편 『죽지 않는 인간』의 서언으로서 "솔로몬은 '이 지구상에는
새로운 것이란 없다.'라고 말한다. 그러므로 플라톤이 모든 지식
은 기억에 불과하다는 상상을 가졌듯이 솔로몬은 '모든 새로운
것은 잊혀진 상태에 불과하다.'라는 견해를 피력한다."라는 프란
시스 베이컨(Francis Bacon, 1561 – 1626)의 『에세이』의 한 구절을
인용하였다. 이것은 원형론 혹은 관념론적 이데아론에 바탕을 둔
사고라 할 것이다. 보르헤스는 그러한 인식을 바탕으로 과거, 현
재, 미래가 순환하는 시간관을 보여준다. 하지만 또 하나의 소설
『쌍갈래 작은 길들이 있는 정원』에서는 환생한 스테펜 알버트 박
사의 입을 통해 '순환하는 시간'에 관해 "여러 시간들의 무한한
계열, 즉 분산하고 수렴하며 평행하는 시간들의 증식하고 혼잡한
그물…… 접근하기도 하고 갈라지기도 하며 분단되기도……."87)
라고 하는 매우 환상적이고 입체적인 시간관을 보여준다.

이와 같이, 중남미 문화권의 두 거장은 기계적이고도 물리적인
시간의 세계를 떠나 원형적이고도 신화적인 삶을 꿈꾸었다. 하지
만 오늘날 우리들의 삶은 너무나 기계적이고 초조한 불확정의 삶

---

86) 『활과 리라』, pp.77 – 80.
87) 호르헤 루이스 보르헤스・김창환 역 『죽지 않는 인간 외』(서울: 중앙
　　일보사, 오늘의 세계문학 제29권), pp.5, 34, 37.

에 빠져들었다. 시간이란 마치 알프레드 드 비니(Alfred de Vigny, 1797－1863)의 표현처럼 어디로 끌려가는지도 모르는 채 그 명령에 따라야만 하는 악마적인 것이다.[88]

사실, 시간이란 존재는 그 어디에도 위치하고 있지 않다. 걸어다니지도 누워 있는 것도 아니며 육체를 갖고 있는 짐승도 아니다. 볼 수도, 만질 수도, 느낄 수도, 냄새를 맡을 수도 없다. 있다면, 오직 유령과 같은 존재로서의 일렁임일 뿐.[89] 그러함에도 우리는 왜 시간이란 존재를 항상 느끼며 실재하는 것으로 생각하려 하는가. 그것은 모든 것을 단순화, 추상화하는 소위 수학적 객관주의자들의 공로라 할 것이다. 그들은 그 어떤 불가해하고 손에 쥘 수 없는 것들조차도 감각화해 내는 물리학의 연금술사이다. 다음은 뉴턴(Isaac Newton, 1642－1727)의 『프린키피아』의 구절이다.

"절대적이며 참된 수학적 시간은 그 자체가 그리고 그 자체의

---

88) Alfred de Vigny(1797－1863): 위고를 중심으로 한 낭만파 시인, 극작가.
89) 화이트헤드 역시 감각경험에 의해 지지될 수 없는 뉴턴의 절대시간에 대해 "형이상학적 괴물", "형이상학적 수수께끼"(*An Enquiry Concerning the Principles of Natural Knowledge*)라고 하였다.(『화이트헤드와 인간의 시간 경험』, p.153.) 아울러, *The Concept of Nature*에서 시간은 단지 자연의 추이passage(과정process이라는 개념을 사용하기 전의 초기 사용 개념)라는 보다 근본적 사실의 어떤 측면으로 나타나 있는 것일 뿐이라고 함으로써 그 객체적 실재를 인정하지 않는다.(『화이트헤드와 인간의 시간 경험』, p.165. 참조) 한편 비트겐슈타인은 "이해되지 않는 낱말 사용을 우리는 어떤 이상한 과정의 표현으로서 해석한다.(우리가 시간을 이상한 매체로서, 영혼을 이상한 존재로서 생각하는 것처럼.)"라고 하여 마치, 시간을 과정으로 대치하는 화이트헤드를 비판하는 것으로 생각되게 한다. 아울러, 그는 시간이란 용어의 사용에 관해서 역시 불만을 갖고 있는 것으로 보인다.(『철학적 탐구』, 이영철 역, 서울: 서광사, 2002년, p.82. 참조)

본성상, 다른 어떤 외계와도 관계없이 균등하게 흐른다. 이것은 달리 지속이라고도 불린다. ……모든 운동은 가속되거나 감속될 수 있지만, 절대시간의 흐름은 어떤 변화도 겪지 않는다. 존재하는 사물의 지속 내지 보존은 운동의 속도나 운동의 유무와 관계없이, 동일하게 유지된다."[90]

뉴턴의 절대적 시공간론에 힘입은 존 로크(John Locke, 1632 – 1704)는 "지속되는 시간이란 무한하게 뻗어나가는 일직선의 길이"라고 했다. 이러한 생각은 마법과도 같이 인간의 삶을 일직선 상의 눈금과도 같은 것으로 변하게 하였다. 분, 초, 시간으로 나누어진 시간의 눈금자는 우리 삶의 등을 가혹하게 떼미는 채찍으로 작용한다.

그러나 뉴턴이 기술하는 '절대적이며 참된 수학적 시간'이란 말 그대로 수학에서의 추상적 시간일 뿐 실재하는 시간은 아니다. "모든 운동은 감속되거나 가속될 수 있지만, 절대 시간의 흐름은 어떤 변화도 겪지 않는다."라는 생각은 '시간'이란 개념이 물질계의 움직임의 측정 단위 그것임을 생각한다면, 뉴턴의 시간관 그것은 우주 공간에서 홀연히 나타난 유령이나 신기루와도 같은 것이라 할 것이다. 시간이 물질계의 움직임 그것이라면, 삼라만상의 움직임(속도)은 너무도 다양하며 따라서 절대적일 수가 없다. 환언하여, 시간이 움직임 그것이라면, 시간은 의당히 감속하며, 가속되는 것이다. 그러한 관점에서 아인슈타인의 동시성[91]

---

90) 『화이트헤드와 인간의 시간 경험』, p.149. 재인용.
91) 아인슈타인의 '동시성'은 칼 융의 '동시성'과는 다르다. 전자는, 상대적 움직임 속에서는 외부 세계에 관한 동시적 지각이 불가하다는 것이고 후자는, 초월적 현상의 동시(적) 발현을 이른다.

의 부정이란 조금도 놀라운 일이 되지 못한다.

추상적 수학의 세계에서 시간은 절대적 움직임을 견지할 수 있다. 그러나 물리적 실재계에서 그러한 절대적 시간은 존재하지 않는다. 더욱이, 아인슈타인 이후의 현대물리학에선 시간이란 공간의 한 부차적 차원으로서 이해될 뿐 독립적 실체로서 생각되지 않고 있다.[92] 시간이란 공간의 움직임에 대한 추상적 계량의 수치일 뿐으로서 공간의 또 다른 한 차원의 현상에 불과한 것이라는 말이다. 우주는 움직임, 즉 관계 속에서의 변화만이 있을 뿐, 시간은 실재하지 않는다. 시간은 원자적 알갱이도 파동의 움직임도 에너지의 흐름으로서도 아닌 단지 추상적 명사의 존재로서 위치할 뿐이다.

일상적인 표현의 '10분'이란, 지구의 한 위치를 기준으로 하여 지구의 움직임을 수치로 환산하여 나타낸 것이다. 다시 말해 10분이란 시간은 지구의 움직임을 절대치의 기준으로 정하여 환산해낸 수치일 뿐이라 할 것이다. 그렇다고 뉴턴의 절대적 시간관이 전혀 무용하다는 것은 아니다. 실생활에 있어서는 절대적 시간관은 상대적 시간관보다 오히려 더 요구된다 할 것이다. 현대의 일상적 삶 속에서는 시계란 측정 장치가 가리키고 있는 '시

---

92) 아인슈타인을 비롯하여, 물리학계에선 시간의 비외재성, 즉 객관적 실체로서의 시간을 직접적으로 부인하고 있지는 않다. 그러나 "모든 존재는 시간과 공간을 떠났다. 시간과 공간은 그림자 속에 숨어 버리고 시간과 공간이 융합하는 시대가 온다."라고 한 민코프스키의 시공간 통합 선언의 의미와, 아인슈타인의 동시성 부정, 중력장 속에서의 시간의 지연론 등은 그 내용을 들여다보면 움직이는 세계와 그 힘이 주인임을 알 수 있다. 그러나 물리학자들은 아직도 시간의 부재를 선언하지는 않고 있다.

간', 즉 뉴턴의 그 절대적 시간의 자를 이용하지 않을 수 없다. 그러나 분명한 건 우리의 일상은 수학을 논하는 장일 수도, 물리학적 논구의 장일 수도 없다는 사실이다. 우리는 일상의 삶에서 수학적, 물리학적 시간이 때로 얼마나 무용하며 오히려 방해가 된다는 사실을 잘 알고 있다. 우리는 길을 건너기 위해서 달려오는 차의 속력과 가속을 계산해 낼 필요는 전혀 없다. 먼 곳에서 달려오는 차의 움직임을, 달려오는 차의 변하는 크기나 모양만을 보고서 우리는 도로를 건너야 하는지 여부를 판단할 수 있다. 그곳에서 차의 빠르기, 보행자의 현재의 위치, 길의 너비 등을 계산해 내려다간 길을 건널 수도 없으며 미처 건너기도 전에 사고를 당할지 모르는 일이다. 그러나 우리의 직관은 매우 놀랍게도, 그러한 고도의 계산과 측량없이도 무사히 길을 건널 수 있을 것인지 아닌지를 판단할 수 있다.[93]

일상에서의 모든 관계, 존재자들의 움직임을 '시간', 즉 1분 또는 1시간이라는 추상적 기표로 함축해 버릴 때 인간은 얼마나 무서운, 속도와 목적의식에 사로잡히는 존재가 되고 마는가. 모든 것들은 단 1분을 위하여 희생되어 버릴 수 있을 것이다. 하지만 그 1분 속에는 무수한 존재자들의 세계가 동시적으로 진행되고 있다. 그런 그들에게 그 1분으로 인해 사고가 난다면, 사고를 중심으로 물결의 동심원처럼 주위로 퍼져 나갈 피해는 어떠하겠는가? 물론 그는 법적으로 주위엔 선의의 가해자일 뿐인 것이다. 그러나 그것으로써 모든 피해가 영사기의 필름을 되돌리듯 가역

---

93) 재미있게도 쇼펜하우어는 자명한 문제에 관해 고심하는 수학자를 향해 "왜 직관이라는 자발적이고 신속한 능력을 추리라는 목발로 대치하는가?"라며, 목발을 짚기 위해 두 다리를 절단하는 것에 비유했다.

적으로 복구되고 서로의 고통은 없어지게 되는가? 우리는 자신이 세계 내에서 그물처럼 얽힌 연기緣起적 존재임을 생각할 때 모든 관계들을 시간이라는 단순 정위의 기표로서 함축시켜 버릴 수가 없음을 쉽게 이해할 수 있을 것이다.

움직임의 세계 속에서 우리가 관심을 가져야 하는 것은 '절대의 시간'이 아니라, 어떻게 변화하는가이다. 시간, 그것은 실재하지 않는 허구로서, 유한함에 절망하고 조급하게 하며 서둘러 욕망하게 한다. 그것은 스스로를 유폐하는 욕망의 허물이다. 세계는 분리되지 않는 전체이자 하나이다. 그러나 우리는 세계로부터 우리의 몸을 **빼**내었다. 마치 불편한 허물을 벗어버리듯 그리고 언제부터인가 우리는 시간이란 허물의 옷을 지어 입은 것이다.

3

라Ra는 아내 누트Nut가 다른 신의 아이를 갖게 되자, 그 사생아가 '아무 달 아무 때도 아닌' 때에 태어날 것이라는 저주스런 예언을 한다. 하지만 누트의 또 다른 애인 지혜의 신 토트Thoth는 시간의 조절자인 달과 주사위 놀이를 하여 360일의 72분의 1, 즉 5일을 따낸다. 그 5일은 30일인 12달의 중간 중간에 들어갔고, 나중에 죽은 자들의 신, 오시리스Osiris가 될 이 아이는 '아무 달 아무 해에도' 속하지 않는 날에 태어나게 된다. 그 오시리스가 360일의 태음년을 365일의 태양년으로 조정하였다는 것이다. 이것은 지금으로부터 5,000년도 더 전인 무려 기원전 3,000년경의 일로서 상·하 이집트를 통일한 나르메르 왕조 시대로 추정되는 신화적 시기의 기록이다.

그런데 성경의 창세기에는 역법 제작에 관한 암시적 언급이 있다. 성경은 창세기에서 "하늘의 창공에 빛이 있으라. 그리하여 낮과 밤을 구분하고 축제의 계절과 날짜와 연한을 알게 하라. 또 하늘의 창공에서 땅을 비치는 광명이 되라."(제1장 제14절)라고 기록하고 있다.(고대문자의 탄생 시기 그리고 이집트의 역법 제작 시기와 창조론자들의 인류 탄생의 역사 시기에 대한 주장 등이 고대 기록의 부정확성을 고려할 때 그리 큰 차이가 나지 않는다는 사실은 흥미롭다.)

아우구스티누스(Aurelius Augustinus, 354 – 430)는 『고백록』 제11권을 통해 천지창조와 시간에 관하여 언급한다. 그런데 눈길을 끄는 것은 아우구스티누스는 같은 책 제26장에서 시간이란 '정신의 연장'[94]이라고 하여 그 역시 객관적 대상으로서의 시간을 부

---

94) '정신의 연장'이란 시간관은 플로티노스(Plotinus, 204 – 270)의 『에네아데스』 제3권 제7편 제11장에 나타나고 있으며(방곤 역, 『고백록』, 서울: 대양서적, 1984년, p.353, 역자 주 참조) 아우구스티누스는 『고백록』 제7권 제9장의 머리 주제로서 "플라톤파의 책 속에서 영원한 말씀의 신성을 발견했으나……."라고 밝히고 있으며, 역자 방곤은 '플라톤파'란 신플라톤주의자들로서 플로티노스, 폴피리우스, 얀브리코스 등임을 명확히 밝히고 있다. 사실 아우구스티누스는 신플라톤주의의 영향을 받았음은 널리 알려진 사실이다. 이러한 점들에서 볼 때, 국내외 연구자들이 '시간'에 관하여 논하면서 아우구스티누스가 시간에 관하여 처음으로 면밀히 상설하였다고 소개하는 것은 무리가 있는 것 같다. 연구자들은 하나같이 『고백록』 제11권 제14장의 "그렇다면 도대체 시간이란 무엇일까요……. 즉 우리가 진정한 의미에서 '시간이 있다.'라고 할 수 있는 것은 바로 그것이 '없는 방향으로 향하고 있기' 때문"이라는 내용을 인용하고 있으나 필자의 견해로는 아우구스티누스의 시간론의 핵심은 같은 책 같은 권 제26장의 '시간은 정신의 연장'이란 내용과 같은 권 제28장의 "정신은 기대하고, 직시하고, 기억"한다는 내용 그리고 제30장의 "피조물이 없으면 어떠한 시간도 있을 수 없다."("세계는 시간과 더불어 만들어졌다." 아우구스티누스,

정했다는 것이다. 그런데 '정신의 연장'이란 관념은 플로티노스 역시 이미 가지고 있었던 것으로 아마 그 기원은 더욱 거슬러 올라갈 것으로 생각된다. 그러나 궁극적으로는, 외재적 시간, 즉 절대적 시간관은 갈릴레이로부터 시작하여 뉴턴에 이르러 비로소 확립되었다고 볼 때 그 이전의 시기에는 아우구스티누스와 마찬가지로 시간의 외재적 실체성을 인정하지 않았을 것으로 생각된다. 아리스토텔레스(Aristoteles, B.C. 384 – 322) 역시 『자연학』에서 "시간은 운동의 전과 후를 측정하는 수"이며(4:11), "전과 후는 운동의 속성"(4:14)이라고 하여 '시간'이라는 개념은 운동의 속성을 나타낸 것임을 언급하였다.[95]

갈릴레이(Galileo Galilei, 1564 – 1642)는 자신의 맥박으로 램프가 흔들리는 시간을 측정해서 시간이 측정할 수 있는 양이라는 생각을 처음으로 정립하였다고 한다. 아무튼, 움직임을 '시간'이란 추상적 눈금으로 계량화한 결과, 인간은 영원에 관해 집착하게 되고 시간에 삶을 짜 맞추게 되며 급기야는 허무와 시간의 노예로 전락하고 만다. 그리고 우주로부터 스스로 분리되고 소외되어 자아와 자기란 그림자에 집착하게 한다.

우주는 움직임, 즉 운동만이 존재할 뿐이다. 절대의 시간 대신 상대적 움직임의 차이만이 존재할 뿐이다. 상대성이론은 그것을

『신의 나라』, 방곤 역주에서)라고 생각한다. 결론적으로, 아우구스티누스의 시간관은 플로티노스의 시간관에 힘입은 바 크며, 서양에서의 시간론은 적어도 플로티노스 또는 엘레아학파 이전으로 거슬러 올라가야 할 것으로 생각된다.

95) 베르그송, 화이트헤드, 뉴턴 등 근현대의 모든 시간론자들이 나름대로 시간 존재의 독립성을 부여코자 한 것에 비해 시간의 객체성을 언급하지 않는다는 점에서 의미가 있는 것으로 평가된다.

단적으로 뒷받침한다. 우리는 편의상 시간이란 추상의 개념을 사용함으로써 운동계의 실상을 망각하기 쉽다. 수학적 단순정위화는 현상계를 지극히 단순하고도 특정한 관점으로 추상화시켜서 인식하게 한다. 한 방정식에 있어서 시간이란 개념을 변수로 활용할 때, 그것은 매우 한정적인 상황을 제한적으로 추상화하여서 보여줄 뿐이라는 사실을 생각하지 않는다. 그러나 실재계는 방정식과는 달리 전체적이고도 유기적 관계로서의 움직임의 세계로서 펼쳐진다.

수학적 형식논리 그것은 스베덴 보리(Swedenborg, 1688 – 1772)가 알리고자 했던 영靈의 세계처럼, 투명하게 현실계와 맞붙어는 있지만 결코 발을 들여놓을 수는 없는 비현실의 세계이다. 형식논리의 공준 언어화를 꿈꾸던 비트겐슈타인은 그러나 형식논리의 세계 위에서 자신의 현실계의 두 발은 한없이 미끄러지기만 할 뿐임을 언급하였다. 그러한 비트겐슈타인은 결국 추상적 『논고』로부터 걸어 나와 현실계의 살아 있는 언어들의 세계로 『탐구』를 시작했다. 기호와 수식, 문장과 명제, 그러한 것들을 구성하고 연결하는 규칙과 발화된 명제, 그것은 4차원의 움직이는 세계를 1차원의 세계로 직선화해낸 것에 다름 아니다.

'철수는 집에서 학교까지 10분이면 간다.'라고 하자.

이 문장이 뜻하는 것은 무엇일까? 10분이면 학교에 간다는 것은 지극히 제한적 조건하에서의 일이다. 물론, 대부분의 경우 철수는 대문을 나선 지 10분 후면 학교에 도착한다. 하지만 필기구를 빠뜨려 집에 다시 돌아가야 할 경우도 있고 피노키오처럼 여우와 고양이의 꾐에 빠질 수도 있으며 예기치 않은 사고를 당할 수도 있는 것이다. 그러한 상황들을 고려할 때, 위 명제는 여러 전제 정황들을 피한 뒤의 지극히 제한적인 경우에만 성립함을 알 수 있다. 장거리 약속시간의 경우 역시 마찬가지이다. 터미널에서 알려준 일반적 소요 시간은, 수많은 인과관계의 운동자들의 변화가 배제된 상태에서의 추정 시간일 뿐이다. 평소 우리는 이렇게 단순정위화된 일반적 명제의 정보들 속에서 생활해 나간다. 하지만 많은 경우 곤란한 상황에 처하게 됨을 알 수 있다. 현실계는 우리가 계량화하여 사용하고 있는 시간이란 관념과는 무관하게 철수라는 무수한 욕망을 가진 유기적 생명체가 무수한 불확정의 노정에서 무사히 제시간에 학교에 닿을 수도 있고, 그렇지 못할 수도 있는 것이다. 단순정위화, 그것은 삶에 대한 역기능적 광고의 그라피와도 같은 것이다.

주석에서도 밝혔듯이 화이트헤드는 단순정위에 관해 '잘못 놓인 구체성의 오류'라고 했다. 수학은 현실적 대상을 이상적 대상으로 기호화한다. 하지만 이상적 기호화의 성공 여부를 떠나 플라톤은 동굴의 비유를 통해 그러한 '잘못 놓인 구체성의 오류'를 보다 근원적으로 설파했다. 현실과 이데아는 동일하지 않다.

4

제논(Elea Zenon, B.C. 490? – B.C. 430?)은 아킬레스Achilleus와 거북이의 경주에서 절대 시공간의 개념을 전제로 할 때 아킬레스가 거북이를 결코 따라잡지 못한다는 역설을 폈다. 그러나 제논의 역설은 패러독스가 아니라, 참명제이다. 그것이 역설로 보이는 것은 아킬레스는 거북이를 당연히 따라잡아야 한다고 생각하기 때문이다. 그것이 제논이 파놓은 함정이다. 그러나 우리는 제논의 그 문제에 답하기 전에 먼저, 아킬레스가 달릴 동안 거북이는 과연 얼마나 달렸을까 하고 역으로 물어볼 수가 있는 것이다.

물론 제논의 역설은 원자론에 반대하여 시간과 공간이 분할 가능하지 않은 연속성임을 보여주기 위한 것(Burnet, 1961년, p.320.)[96]임은 논할 것이 없다. 하지만 제논의 의도와는 달리 그 문제는 역설 그 자체의 비밀을 풀어내지 못한다는 이유로 더 관심의 대상이 되어 온 것 같다. '지속'의 철학자 베르그송(Henri Bergson, 1859–1941)은 아킬레스와 거북이의 각 1보는 분할 불가능한 것이라 했고(베르그송, 1948년, pp.310–311)[97] 수학자들은 두 경주자가 만나게 되는 점을 계산해 냄으로써 역설을 해결해 내었다고 생각했다. 하지만 그것은 문제의 핵심을 회피한 것으로서 '만날 수 없다.'라는 주장에 대한 논증은 아닌 것이다. 즈바르트(P. J. Zwart)가 지적했듯 문제는, 제논의 역설이 옳지 않음에도 불구하고 그렇게도 설득력이 있는 것처럼 보이는 것은 왜일까 하는 것이다.[98] 그리고 즈바르트는 양자론이야말로 진정으로 이 문제를 해결해 낼 수 있다며 자신만만해했다. 일견 그 견해가 일리가 없어 보이는 것도 아니지만 그러나 거북이와 아킬레스의 거리가 소립자 정도의 크기, 즉 10^{-25}m로 좁혀졌다면 물리학적으로는 의미가 없는 것이라는 즈바르트의 견해는 근사치를 정답이라고 주장하는 것에 다름 아니다. 즈바르트 자신이 지적했듯, 문제는 아킬

---

96) P. J. Zwart · 권의무 역, 『시간론』(대구: 계명대학교출판부, 1983년), pp.225–256.
97) 같은 책, p.227.
98) 같은 책, p.234.

레스가 과연 거북이를 추월할 수 있느냐는 것이다. 그러나 소립자의 크기 이내로 좁혀졌다고 해서 결코, 수학적 분절이 가능하지 않다고는 말할 수 없을 것이다.

그런데 여기서는 제논의 역설을 해결하고 아니 하고는 부수적 사안일 수는 있으나 주요 관심사는 아니다. 문제는 제논이 4차원상의 두 운동자의 경주를 절대시간에서의 문제로 단순정위화했다는 사실이다. 뿐만 아니라, 시공간 분절의 결과가 터무니없는 결과를 보여줌으로써 시공간은 분절되지 않는 연속적인 것임을 일깨우려 한 제논의 의도 역시 그 문제 설정에 있어 오류를 범했다는 것이다. 왜냐하면 실제 아킬레스는 결코 거북이를 따라잡을 수 없기 때문이다. 물론 이것은 아킬레스가 언제나 거북이의 뒤만을 쫓아가야 한다는 역설적 전제하에서일 뿐 그 반대의 경우라면 그렇지 않음은 말할 필요가 없겠다.

시간은 독립적으로 외재하는 것이 아니라 단지 에너지의 4차원적 속성일 뿐이다. 그러한 사실에서 볼 때, 시간을 독립된 객체로 분리하여 사고한다는 것은 그 자체로서 오류이며, 그것을 전제로 한 추론은 다른 보완적 장치나 조건이 설정되지 않는 한 필연코 모순에 빠질 수밖에 없다. 제논의 문제는 그것을 단적으로 드러내 보여준다. 모든 존재자는 고유의 움직임을 갖고 있다. 절대적 시간이 있어서 비로소 움직일 수 있는 것이 아니며 승용차와 같은 자신의 고유한 시간을 지니고 있어 움직일 수 있는 것도 아니다. 시간은 존재의 또 다른 한 차원의 현상일 뿐이다. 즉 굳이 시간이란 용어를 사용해야 한다면, 존재의 또 다른 한 차원의 현상이 '시간'이라는 뜻이다. 마흐(Ernst Mach, 1838 – 1916)가 그랬듯이 뉴턴의 절대적 시간관을 받아들이지 않은 아인슈타인(Albert Einstein, 1879‒1955)은 시간이 상대적임을 나타내 보였다. 시간 이란 존재가 갖고 있는 부속된 하나의 차원일 뿐이라는 사실은 달리 말해, 시간은 모든 존재자들의 움직임 그것의 드러남이며 따라서 시간은 무수히 다른 힘, 즉 속력을 갖고 있는 열려 있는 차원에서의 상대적 존재자들 그 자체라는 것을 시사하는 것이다. 사실, 이러한 입장이 시사하는 취지의 말은 앞에서도 언급하였듯 『자연학』에서 아리스토텔레스가 이미 한 바 있기도 하다.

아킬레스와 거북이는 절대적 시간 속에서 달리는 경주자들이 아니라, 자신의 고유한 운동힘, 즉 고유의 시간성으로 달리는 존재 자라는 사실이다. 이러한 입장에서 볼 때, 자유 의지의 두 경주자 는 제논과 같은 수학적 사고자에 의해서 무한히 분절 가능한 절대 적 시간 세계의 무대 위로 초대되어야 할 하등의 이유가 없는 것 이다. 이미 언급했듯, 단순정위화에 대한 모순이나 부조리를 제거 할 '보완적 조건' ― 이 경우에 있어서는, 앞서 언급한 바와 같이 '아킬레스가 달려갈 동안 거북이는 얼마나 달렸을까' 하는 가정 ― 을 설정한다면 모르겠지만. 그러나 이러한 주장 역시 이미 언급되 었듯, 문제의 핵심을 회피한 것으로서 '만날 수 없다.'라는 주장에 대한 논증이 아니며, 제논의 역설이 옳지 않음에도 설득력이 있는 것처럼 보이는 것에 대한 논증이 아니므로 문제에 대한 성실한 자 세가 아니라 할 것이다. 그러면 과연 아킬레스는 거북이를 따라잡 을 수 없을까? 그러나 사실은, 이에 대한 증명의 어려움을 걱정하 기에 앞서 우리는 먼저, 무한급수적으로 좁혀질 두 운동자의 거리 를 측정해야 할 수학자의 노고에 더 걱정이 앞서는 것이다.

아킬레스와 거북이는 경주 중에는 결코 멈춰 서지 않는다. 그러나 수학자는 두 경주자를 무한히 되풀이하여 세워 두어야 한다. 왜냐하면 그는 매순간 아킬레스와 거북이의 거리를 측정해야 하기 때문이다. 만일, 멈추게 하지 않는다면 단 몇 초, 아니 눈 깜짝할 사이의 시간에 아킬레스는 거북이를 초월해 버리고 말 것이기 때문이다. 그러나 그것은 제논의 수학자가 결코 바라는 일이 아닌 것이다. 순간순간의 시간이 흐를수록 아킬레스와 거북이의 거리는 좁혀지고 그러면 그럴수록 아킬레스의 빠른 발은 보다 더 순식간에 거북이와의 거리를 좁혀 놓고 만다. 그러나 그럴수록 수학자는 더욱 숨 쉴 틈이 없이 거북이와 아킬레스를 멈춰 세워야 한다. 어느새 이제는 불과 한 번의 숨을 고르기도 전에 둘 사이의 거리는 빛의 입자 하나만큼도 되지 않을 것이다. 그러나 정교한 수학자는 그럴수록 더 빨리 그 둘을 멈춰 세우고 또 달리게 해야 한다. 왜냐면, 그 둘 사이의 좁혀진 간격은 아직도 0이 되지 않았을 것이므로. 이제, 둘 사이의 거리가 빛의 알갱이 하나만큼도 되지 않으므로 수학자가 신경을 곤두세워 측정을 하는 사이에 거북이는 어느새 그 위치를 지나가고 만다. 만약, 거북이가 멈춰 서도록 수학자가 철저하게 훈련을 시켜 놓지 못했다면 이제 수학자에게 거북이의 속도는 아킬레스의 발걸음보다도 더 빠를 것이다. 아니, 그 순간 실제로 거북이는 빛보다도 더 빨라 보일 것이다. 그러나 안타깝게도 거북이와 아킬레스는 수학자가 그들 간의 거리를 측정할 수 있게 멈추거나 기다려 주지 않는다. 그러나 실은 그것이 실제의 경주의 룰인 것이다. 그들은 오직 목적지를 향해 달릴 뿐이며 그러나 수학자는 거북이에 대한 아킬레스의 추월의 순간을 무한히 연장해야만 하는 운명에 놓여 있는 것이다. 이러한 역설적 상황이 초래된 이유는, 아킬레스는 실제 경주의 상황에서 순식간에 거북이를 초월해 버리지만, 그에 반해 제논의 수학자는 결코 그러한 상황을 성립시켜서는 안 되기 때문인 것이다. 따라서 수학자는 시공분절의 행위를 무한 반복함으로써 아킬레스는 여전히 거북이의 뒤를 쫓고 있을 뿐이라는 사실을 나타내 보여주어야 하는 것이다. 하지만 수학자는, 이제 시공간에 대한 분절행위는 실제로는 행할 필요가 없으며 상상적 행위로만 하여도 결코 무방함을 주장할 것이다. 그러나 그것이 바로 수학적 단순정위화의 행위인 것이다. 우리의 관찰적 경험 결과 그러한 수학적 단순정위화는 실제의 경주와는 결코 동일하지 않다는 것을 안다. 이러한 상황에서 이제 수학자는 오히려, 왜 명쾌하고도 정밀한 단순정위화의 분절 결과에도 불구하고 실제로는 아킬레스가 거북이를 따라잡고 마는가에 대한 해명을 하는 데 고민해야 마땅할 것 같다.

그러나 여하간 수학적 단순정위화의 모델을 따라 실제 아킬레스와 거북이를 분절의 시간 위에서 멈춰 세우고 달리게 한다면 결코 아킬레스는 거북이를 따라잡을 수 없다. 물론 두 운동자의 위치가 양자의 간격 또는 그 이내로 좁혀졌을 경우라면 불확정성 원리가 작용하여 운동량과 위치는 그 어느 것도 측정해 낼 수가 없게 될지도 모르며 어쩌면, 밝혀지지 않은 소위 숨은 변수에 의해 아킬레스의 입자가 거북이의 입자보다도 순간적으로 앞쪽 또는 오히려 달려온 훨씬 더 뒤쪽으로 튕겨날지도 모르는 일이지만, 그러나 이 경우는 논외로 해 두기로 한다.

아킬레스와 거북이를 빛의 알갱이로 대치하여 실험을 한다면 그러한 사실은 실제로 확인이 되겠지만 그러나 중간 중간에 멈춰 세우지 않고 계속 움직이게 한다면 필경, 아킬레스 빛의 입자는 거북이 빛의 입자를 특정한 지점에서 추월하고 만다. 그런데 결코 일어나선 안 될 이러한 모순적(?) 사태의 발생이 시사하는 것은 과연 무엇일까? 그것은 제논의 패러독스가 4차원의 '운동자'를 1차원의 '단속적 운동자'의 문제로 환원함으로써 발생한 단순정위화의 오류를 실증적으로 입증하는 것이라 할 것이다. 그런데 여기서 한 가지 간과해선 안 될, 그러나 간과하기 쉬운 사실은 아킬레스로 하여금 제논이 언제나 거북이가 앞서 간 곳까지만 달렸다가 다시 달리도록 문제를 설정하였다는 사실이다. 그러한 조건 상황 가운데 무한 반복의 수학적 분절행위를 행하게 하는 것이다. 그러나 이것은 4차원의 물리적 상황을 1차원의 수학적 상황으로 환원하면서 발생한 단순정위의 오류를 시인하지 않으려는 유보적 알리바이의 행위에 불과한 것으로서 제논의 역설은 수학적 단순정위의 오류와 모순을 드러내 보여주는 전형적 사례라 할 것이다.

그러나 사실 제논이 말하고자 한 것은 그의 스승 파르메니데스가 그러하였듯, 분할 불가능한 전일적 세계관을 논거하기 위한 것이었음은 말할 필요가 없겠다. 자신을 처형하려는 왕의 귀마저도 물어뜯었다는 그 제논의 매서운 혼이 스며든 패러독스는 이천 몇백 년 동안이나 깨뜨려지지 않은 채 지속되고 있는 것이다. 그러나 그것은 파르메니데스의 전일적 세계관을 드러내기 위한 통렬한 역설로서 그러한 세계관은 양자물리학의 태동과 함께 21세기의 오늘날에 다시 깨어나 살아 숨 쉬고 있는 것이다.

5

일찍이 프랑스의 수학자이자 물리학자인 푸엥카레(Henri Poincare, 1854 – 1912)는 "논리학이 직관에 의하여 비옥해지지 않는다면, 논리학은 아무것도 생산하지 못하는 불모지로 남을 것"이라고 했다. 우리는 너무 이성 중심의 사고 잣대 속에서만 갇혀 지내왔다. 그것은 소위 수학적 객관주의의 과학적 사고방식이 큰 몫을 했다. 과학이라고는 하지만, 그것은 경험주의적 편협한 사고로서 쾌락과 안일의 대가로서 우리는 알게 모르게 너무나 많은 것들을 이성 뒤편의 그림자에게 내어 주었다. 특정한 방향으로의 추상적 관념화의 결과가 우주의 생명성, 생태계를 우리들 스스로 떠나고 잊어버리게 했다. 인간들은 스스로의 이성의 힘에 의해 우주의 에덴을 상실해 버린 것이다. 성경 기록 예지자들의 언표는 그러한 맥락에서 어쩌면 너무나도 충격적으로 그 상징성을 깨우쳐 주고 있다 할 것이다. 사악한 뱀이 내민 단맛 나는 사과에의 유혹 ─ 그 이성으로의 손 뻗침이 결국은 오늘날의 이러한 이성과학 만능의 모순에 빠져버리게 된 것이다. 물론 창세기의 그 기록은 이성을 앞세운 당시의 형이상학자들에 대한 비판일 수도 있겠지만 그러나 우리 인간들은 너무나 돌이킬 수 없는 세계로 걸어들어 왔음을 되돌아보게 한다. 이성의 과학이 A = A라는 동일률의 인식론을 바탕으로 흘러왔음은 분명 경계해야 한다. 그러나 그러한 패러다임의 시스템은 더욱 경계되어야 할 것이다.

지각되는 것만이 이성적인 것이 아니다. "직관에 의하여 비옥해지지 않는 논리학은 불모지가 되고 말 것"이라는 푸엥카레의 말은 심오하다. 프로메테우스는 신의 마당에서 불을 훔쳐 내었지만 형이상학자와 시인은 신의 정신에서 직관을 훔쳐 낸다. 이성은 잃어버린 세계를 건너가는 지팡이에 불과하다. 더욱이 보이는 것만을 이성으로 믿는 것은 위험하다. 동일률의 원리 그것은 인과론적 이해의 원형적 사고방식이다. 아인슈타인은 철저한 인과성의 원리 아래, 신은 주사위 놀이를 하지 않는다고 하였지만, 스티븐 호킹(Stephen William Hawking, 1942 –)은 "하느님은 때로 주사위를 찾아낼 수도 없는 곳에 던진다."라고 하였다. 지각되지 않는다고 하여 신의 세계를 부정하는 것을 이성적이라고 할 수는 없는 것이다.

개별 과학, 학문들의 시간이 존재하지 않는 순수한 존재의 움직임들만의 세계가 진정 삶 자체가 존거해 나가야 할 곳이다. 과학 등에서의 특수한 시간들은 과학과 학문을 발전시키고 우리의 삶을 편리하게 해주고 있다. 하지만 왜 그것들을 사용하는가 하는 삶의 궁극적 물음엔, 그러한 삶의 자세에는 전혀 도움을 주지 못한다. 단지 우리는 그 시간의 유용성의 혜택을 받는다는 사실 외엔. 그것이 시간을 떠난 삶의 이유이다.

나는 '시간'이라는 용어 대신에 '움직임[動次元]'이라는 말을 사용할 것을 권하고 싶다. 사실, 그것은 시간의 본래의 이름이다. "나에게 10분의 시간적 여유를 달라!"라는 말 대신에 "나에게 10분의 우주의 움직임 속에 있게 해 달라!"라고 한다면, 그 효과의 차이는 엄청날 것이다. 그러나 후자의 표현은 "시간에 관하여 옥수수가 여물고 양이 살찔 때 무슨 일이 일어나는가?"라고 하는 호피 인디언들의 표현처럼 기이하고 낯설어 보일 것이지만 그러나 사실은 그것이 본래적 표현인 것이다. 호피 인디언들은 시간을 지속적 흐름으로나 또는 계량적 수치로 표현하지 않는다. 그들은 옥수수나 양처럼 생명체를 지닌 것이 아니면 시간을 가질 수 없다고 생각한다. 생명체에 한정한 점이 있긴 하지만 그들의 그러한 시간관념은 사실 놀라운 것이다. 그들은 원천적으로 시간의 지속성과 절대성을 갖고 있지 않다. 살아 있는 생명체의 변화와 움직임의 징후로써 시간관념을 대신하는 그들은 아예 애초부터 현대의 우리들이 생각하는 '시간'이란 관념은 지니고 있지 않다고 보아야 하겠다. 계절이 바뀌고 씨앗을 뿌리며 아침 해가 뜨면 옥수수 가루를 가지고 태양에 기도를 하러 가는 그들은 식물과 동물, 자연의 변화와 움직임을 우리들의 시간으로 대신한다. 그들은 적어도 우리들처럼 시간이란 투명한 옷 속에 묶여서 시들고 있지는 않다. 모든 살아 있는 것들의 움직임의 관계를 맞추어 가는 그들은 또한 그러한 그들의 삶 이외에 보이지 않는 유령을 만들어 두고 있지는 않은 것이다.

현대물리학뿐만이 아니라, 철학과 문학에 있어서의 시간에 관한 논구자들의 맹점은 그들 모두가 하나같이 시간이란 존재에 대해 그 어떤 형태로라도 정의를 내리고자 하며 심리적 존재이든 실재계의 존재자로서이든 아니면, 추상적 존재로서든 그 독립적 존재성을 인정하려 한다는 것이다. 그러나 분명한 것은 시간은 독자적으로 존재하는 것이 아니라는 점이다. 이것은 기본적으로 모든 논구자들의 의식에 깔려 있어야 한다. 그러한 인식을 바탕으로 수학적이든 물리학적이든 또는 문예학에서이든 그들 나름의 시간에 관한 인식론을 구성할 때 그 의미를 온전히 확보할 수 있을 것이며 학제간의 시간에 관한 정의에 있어서 역시 오해와 혼란이 없을 것이다. 철학적 성찰과 시미학 이론에 있어서 역시 마찬가지이다. 시간에 관한 이러한 인식론적 태도는 삶과 시미학 논지의 전개 방향에 있어 불가결한 나침반으로서 작용할 것이다.

6

김용옥은 『화이트헤드와 인간의 시간 경험』의 겸서를 통해 시간이 물리적 개별자가 아님을 피력하는 과정에서 이태백의 시 「將進酒」의 일부를 소개한다.

> 君不見, 黃河之水天上來,
> 奔流到海不復回.
>
> 君不見, 高堂明鏡悲白髮,
> 朝如靑絲暮成雪.
>
> 그대는 보지 않는가!
> 황하의 물이 하늘로부터
> 쏟아져 내려와
> 저 바다로 미친 듯 흘러가곤
> 다시 돌아올 줄 모르는 것을!
>
> 그대는 보지 않는가!
> 높은 당상에서
> 맑은 거울을 들여다보며
> 백발을 슬퍼하는 이들을
> 아침에 푸른 실과 같던
> 머리카락이
> 저녁에 백설이 되고 만 것을!

김용옥은 이태백이 '不復回', '朝如靑絲暮成雪'라고 하여 현명하게도 '시간'이란 표현을 쓰지 않았다고 하였다. 그러하다. 아침의 푸른 실이 저녁에 백발이 되며, 하늘에서 쏟아져 내려 미친 듯이 흘러가는 황하는 바다로 흘러갈 뿐 되돌아오지 않는다.

중국뿐 아니라 힌두 세계를 비롯한 아시아에서는 대체로 시간 읽기에 무관심했다. 그들은 시간이란 발명품 앞에서 그들의 생을 쫓기지 않았다. 유유자적이 생과 자연 앞에 관조하거나 삶 그 자체에 묵묵히 임했다. 시간의 외재성의 여부에 관해 이태백이 인지하였을까마는 아무튼 이태백은 신체의 변화 그 자체만을 읊었다. 그러나 시간에 대한 초월의 삶은 아침의 푸른 머리가 저녁의 백발로 변화함에 비감해하지 않는다. 변화, 그것은 우주의 섭리로서 인간의 감정이 재단할 일이 아님을 깨닫기 때문이다.

우리는 자신을 계량적 수치로 추상화하려기보다는 우주와의 관계에 깊은 관심을 가져야 한다. 지구 자전의 '10분'이란 움직임 동안에 자신이 우주 속에서 어떻게 관계되었는가 하는 점을 고찰해 본다면 실로 그 자신은 수많은 관계 속에 함께했음을 알 수가 있을 것이며 아울러, 그 자신은 우주와 독립된 별개체로 생각되지 않을 것이다. 오히려 대우주와 하나가 되어서 호흡하고 움직였음을 알 수 있을 것이며 또한 그 자신은 결코 유한하거나 허무하며 한정적 존재로서 우주에 나타났다가 사라지는 존재가 아님을 느끼게 될 것이다. 인간을 추상적 시간 '10분'이라는 그 수치로 스스로 환원시킨다는 것은 우주적 관계 속에서 볼 때 그것은 자폐 증상이며 죄악이라 할 것이다. 자아, 자기란 우주 그것임을 인식하고 깨달아야 한다. 우주의 움직임은 모습을 바꾸며 영원하다. 우리는 인간이고 자기 자신이기 이전에 우주의 부분이며 우주 그 자체라는 사실을 잊어서는 안 된다. 물론, 우주 그것이라고는 하지만, 우리들은 곤충이나 수목으로 지내기보단 감정과 사유를 지닌 인간으로 영속하기를 바랄 것이다. 그러나 대우주는 자신의 한 부분으로서의 인간들을 그러한 존재로 남겨 두지 않는다. 인간과 동식물, 무생물, 무기물의 원소까지도 변하지 않을 수가 없다. 만약 변하지 않는다면, 그것은 곧 소멸과 죽음을 뜻하는 것이다. 영원히 변하지 않는 생태계의 우주─그러한 우주가 과연 존재할 수 있을까? 독수리는 영원한 독수리이고, 인간은 영원한 인간이며 식물은 영원한 식물로서 서로가 모습을 바꾸지 않는다면 물도 흐르지 않을 것이고 생태계의 먹이 사슬도 존재치 않을 것이며 모든 것들이 고정되어 곧바로 우주는 정지하고 말 것이다. 그러하듯이 인간만이 우주의 생태계와 독립되어서 영원히 존재할 수는 없는 것이다. 우주는 자신의 한 부분인 인간들을 다른 생물이나 무기물과 마찬가지로 서로 섞이고 변하게 한다. 그것이 우주의 생명의 본질인 것이다. 인간은 자신이 우주의 한 부분으로서 고등생물로서의 삶을 기꺼이 떠날 수 있음을 이해해야 한다. 언젠가 자신은 인간의 모습을 떠나 흙으로 변하고 동식물의 몸속으로 흘러들어 가고 다른 우주의 모습으로 동식물과 자신의 후손들 속에서 또 다른 존재로서 햇빛과 바람, 물과 함께 흐르고 변하고 움직이며 존재해 나갈 것을 기꺼이 받아들여야 한다. 그것은 생명체로서의 우주의 속성 바로 그것이라 할 것이다. 무시간[99]의 관계적 삶으로의 귀환, 그것은 시간의 진정한 초월이

99) 무시간의 세계: 시간 의식으로부터 벗어난 "모든 존재자들의 변화적 관계의 삶"을 뜻함. 화이트헤드의 합생의 과정Process, 하이데거의 '세계 내 존재' 개념, 연기관緣起觀 특히 "시간 속에서 시간을 바라보는 것이 아니라, 내가 곧 시간이 될 때 시간이 사라진다."라는 용수(『中論』)의 연기론의 시간관과 매우 가깝다 하겠으나 나의 경우 '시간'이란 존재의 실체를 근본적으로 인정하지 않는다는 점에서 다

자 우주와의 합일의 삶이라 할 것이다.

　무시간적 세계의 삶은 삶의 본질만을 고려하게 한다. 무시간 그것은 다름 아닌 시계추가 움직이기 전의 삶의 방식 또는 유기체적 세계의 생활양식으로서 자연 합일 나아가 영적 세계와의 활발한 교감을 이루는 삶의 복원이라 할 것이다. 물론, 그러한 원형적 인식론은 현대 문명세계의 삶의 양식과 조화를 이루어야 할 것이다. 어쩌면 그렇기에 오늘날 우리의 그러한 노력은 더욱 부자연스럽고 불가능한 것처럼 보일 것이다. 그러나 문명의 진보는 또 다른 측면에서 이루어져야 한다. 이것이 오늘날 현대의 시인들 시미학 예술가들이 추구하고 있는 세계로서의 신화인 것이다. 화이트헤드는 철학의 등정을 '관념의 모험'이라고 하였다. 그렇다. 창조는 '관념의 모험'이며 세계는 탐험하는 자들의 발 앞에 펼쳐지는 것이다.

름. 퍼어스(C. S. Peirce)가 제창한 '연속주의' 이론의 '연속'이란 개념이 '모든 사물의 완전한 의존성과 상호관련성'을 일컫는다는 점에서 화이트헤드의 유기체 사상과 흡사한 것으로 생각된다.(『화이트헤드와 인간의 시간경험』, p.245. 참조)

Ⅲ. 비결정론으로서의 미학; 불과 얼음의 원형

글을 열면서

사적 상징은 일반적이지 않다. 미묘한 느낌과 감각은 매우 주관적 체험이다. 우리는 때로 그러한 델리케이트한 것들을 생각하고 느낄 때가 있다. 사적 체험은 그만큼 특이하고 특수하다. 고전적 상징의 체험은 단순하며 윤곽이 분명하고 일반적이다. 고전이 힘을 지니는 것은 그러한 까닭에서이다. 그러나 사적 상징의 시인에게 있어서 그것은 또한 매우 원형적인 사건의 경험이다. 물론, 시인에게 그의 사적 상징을 고전적이고 일반적인 상징으로 번역할 의무를 독자는 지울 수가 있다. 하지만 번역은 사적 상징의 시인으로서는 원형성을 상실하게 한다. 이것은 시와 독자를 불화하게 하는 주요한 원인 중의 하나이다. 하지만 그렇다고 사적 상징의 시인을 증오할 수야 없지 않은가. 그는 그 나름으로 삶과 존재의 매우 미묘한 세계의 실핏줄을 따라, 개미들의 움직임처럼, 그만의 알 수 없는 노동을 수행하고 있는 것이다.

그러나 사실 인간은 누구나 사적이다. 그런 그들은 단지 공적 운명체로서의 가면을 쓰기를 강요당하고 있을 뿐이며 또 쓰고 있는 것이다. 우리들 시문학의 세계에 있어서도 모두는 자유롭지 못하다. 자신은 타자의 욕망 그것에 다름 아님을 모두는 잘 알고 있다. 따라서 그들은 공적 운명 공동체 내에서의 페르조나를 착용해야 한다. 또한 자신의 체험을 타자의 욕망으로 충실히 번역해 내어야 하는 것이다.

하지만 자폐적인 그들, 사적 상징의 시인들은 불행히도 공적 운명 공동체의 법률을 거부한다. 도대체가 이해할 수 없는 그들은 그러나 자신들에게도 만족은 있다. 왜냐하면 그들은 최소한 자신들을 속이지는 않기 때문이다. 물론 그것은 일종의 자위행위로 비칠 수도 있다. 그러나 충동의 언어 그 원형적 체험을 상징계적 질서의 문법으로 바꾸어 발음하는 일은 결코 없는 것이다. 지하 세계의 예술가들이라 불러야 할 그들, 그러나 그들이야말로 진정 순수한 신화소적 인간이라 할 수 있지 않을까.

칼 융에 의하면 원형은 집단적 무의식의 한 양태이다. 온갖 감정의 가짓수만큼이나 많다 할 원형은 시에 나타난 이미지가 아닌, 시를 쓰게 하는 정념의 힘이다. 우리는 흔히 어떠어떠한 원형을 작품에서 본다는 표현을 접하는데 그런 경우, 작품의 형상만을 보고 시인 내면의 혼은 보지 못할 수 있다는 우려를 갖는다. 그러한 비평은 또한 시인으로 하여금 시 정신이나 내면의 혼보다는 원형상의 묘사에 매달리게 할 수도 있는 것이다.

원형이란 신성력이라 할 수도 있는 정동적 혹은 이성적 힘에 바탕을 둔 인간의 생물적 활성소로서, 하나의 개념 혹은 이미지가 아닌, 경험적이고 사태적인 것으로 이해되어야 한다. 작품은 시인의 정신과 독자의 감흥을 매개하는 원형 작용의 중계물일 뿐이다.

나는 본문의 말미에서 원형을 집단 콤플렉스라고 했다. 원형이란 그만큼 충동성과 관련된 것이기 때문이다. 개인 콤플렉스 역시 충동적 소질과 깊이 관련되어 있다. 그것은 말 그대로 본능적인 것이며 감추려야 감추기 어려운 것이다. 강조하지만, 원형은 느끼는 것이지 묘사된 것이 아니다. 쓰는 사람이 감동해야 읽는 이도 감동한다는 평이한 이 말은 곧, 원형성에 관련된 매우 흥미로운 표현이다. 원형, 그것은 이미지나 묘사가 아니라 느낌과 감동이라는 생생한 체험의 문제인 것이다.

이 글은 먼저, 융의 원형에 관한 체험적 양태로서의 정체성을 이해시키고자 하였으며 나아가 그러한 원형에 관해 탐구자는 융의 체험성을 강조하는 뜨거운 누미노제로서의 정동적 원형소와 함께 냉각적 누미노제로서의 차가운 이지적 원형소들이 있음을 제안하고 있다. 후자는 오성과 기호소적 접근으로 파악될 수 있는 상징적 패턴에 이르는 것들이다. 그러한 주장의 전제로는 두 가지 이유 때문인데, 하나는 사실 융의 원형론은 정동성을 강조한 바와 같이 정신의학적 관점에서 접근하였다는 점에서 범주적 한계를 갖고 있다는 점이며 또 하나는, 융이 말하는 신성력, 즉 누미노제는 그가 생각하였듯 원형과 하나가 아니라 밀접한 관련성의 다른 소질이라는 생각에서이다. 아울러 이지적 원형소들 역시 의지와 감성(정동성)을 동반한다는 점에서 체험적이요 사태성을 띤다는 것이다.

이러한 새로운 견해는 정신의학적 측면에서의 융의 원형과 함께 인간의 상징체계에 이르기까지의 이지적 원형들을 하나의 원형소로 간주함으로써 원형의 개념에 있어서 융의 심리학은 물론 철학, 언어학, 종교학 등 제반 분야의 원형을 통합할 수 있을 것이다.

한편 이 글은, 원형론에 관해 융이 현상학적 자세를 견지함으로써 일부 결정론자들이 신비주의라는 비판을 가하였던 점 역시 그 이유 없음을 밝히고 있으며 나아가, 오늘날 원형론이 정신의학 분야만이 아닌 문학, 예술, 신화, 철학 등 인문학에 있어서 폭넓게 수용되고 있다는 점에서, 그 이론을 명료화하기를 꺼려하는 융이언들과는 달리, 원형의 개념적 분석·접근을 통해 그 정체성을 명료화하고자 하였다.

1. '원형'의 유래

칼 융(Carl Gustav Jung, 1875 - 1961)은 개인 무의식은 정감이 강조된 콤플렉스이며, 이와는 반대로 집단적 무의식은 소위 원형들die Archetypen이라며 고전의 문헌들에서 이미 원형이라는 용어를 사용하였음을 밝히고 있다.

'원형archetypus'이라는 표현은 인간 안에 있는 신의 이마고 imago Dei와 관련해서 이미 필로 이우대우스Phillo Iudaeus[100])에게서 발견된다. 이레내우스Irenaeus[101])도 "세상의 창조자는 자기 자

---

100) *De mundi opificio*, Opera Bd. I, Lyon, 1561.(원주)

101) *Adversus omnes haereses*, 2, 6.(원주)

신이 이 세상의 존재들을 창조한 것이 아니라, 다만 자기 밖의 원형들을 묘사했을 뿐이다."라고 했다. 『코르푸스 헤르메티쿰Corpus Hermeticum』(헤르메스 사상총서)102)에서는 신을 토 아르케튀폰 포스Tò ἀρχῶετυπον Φῶς(원형적 빛)라고 칭했다. 이 표현은 디오니시우스 아레오파기타Dionysius Areopagita의 저술에 자주 나오는데 예를 들어 『천상의 위계에 대하여De caelesti bierarcbia』103)라는 책에서 '하이 아뉠라이 아르케튀피아이αἱ ἄυλαι ἀρχετυπίαι (비물질적 원형)'라는 말이 나오고, 또한 마찬가지로 『신의 명칭에 관하여De devinis nominibus』104)라는 책에도 원형이라는 표현이 나온다. 아우구스티누스Augustinus의 말 가운데서 원형이라는 표현은 발견되지 않으나, 이데Idee(이념, 관념 — 역주)라는 말이 나온다. 즉 『다양한 질문에 관하여De devinis nominibus』라는 책에는 "이데Idee, 즉 스스로 형성되지는 않으며 ……신적인 지식에 포함되어 있는 관념"105)이라는 말이 발견된다. '원형'은 플라톤의 에이도스εἶδος(형상, 표상 — 역주)를 설명할 수 있도록 다른 말로 바꾸어 쓴 것이다.106)

---

102) Scott, *Hermetical*, Oxford, 1934, p.140.(원주)

103) Ⅱ, 4.[Migne, P.G. – L. Ⅲ col. 144](원주)

104) Ⅱ, 6.[Migne, I.c., col. 595](원주)

105) de diversis quaestionibus, LⅩⅩⅩⅢ, ⅩLⅥ col. 49. '원형archetypus'이라는 말은 연금술사에게도 비슷한 뜻으로 쓰였다. Tractatus aureus des Hermes Trismegistus(*Theatrum chemicum*, 1613, Ⅳ, p.718)에 이런 말이 있다. "마치 신이 그의 신성의 모든 보배를…… 그 자신 속에 '원형'에서처럼 간직하듯…… 마찬가지로 토성은 금속체의 모상을 은밀히 자신 속에 감싸고 있다." Vigenerus(*Tractatus de igne et sale* in: *Theatrum chemicum*, 1661, Ⅳ, kp.4, p.3)에서 세계는 "그의 원형의 상에 따라 만들어졌다."라고 했고 그래서 '위대한 사람magnus homo'(Swedenborg는 'homo maximus')이라고 명명되었다.(원주)

융은 곧 이어서, 집단적 무의식의 내용에 대해 "원초적 유형, 즉 고대로부터 존재해온 보편적 상"이라며 프랑스의 민속학자 "레비 브륄Lucien Lévy Bruhl이 원시적 세계관의 여러 상징적 형태를 표시하기 위해 사용했던 '집단 표상représentations collectives'이라는 명칭 역시 무의식적 내용에 적용할 수 있다."라며 집단적 무의식이란 용어가 레비 브륄의 '집단 표상'의 변용임을 간접적으로 밝히고 있다. 또한 논문 「집단적 무의식의 개념」[107])의 서두에서 "나의 개념 중에서 집단적 무의식만큼 그렇게 많은 오해를 불러일으킨 개념은 없을 것"이라며 그 논문의 'a정의'에서 원형 Archetypus에 대해 "신화학적 연구에서는 이것들을 '주제Motive'라 부르고, 원시인 심리학에서는 레비 브륄의 '집단표상'에 해당되며, 비교종교학에서는 후베르트Hubert와 마우스Maus에 의해 '상상의 범주들'이라 정의된다. 아돌프 바스티안Adolf Bastian은 그것들을 일찍이 '기본적 또는 원초적 사고'라고 일렀다."라며 자신의 원형 관념이 융 자신만의 개념이 아니고 "다른 학문 영역에서도 인정되고 명명된 것이라는 점이 충분히 밝혀졌을 것"이라고 한다.

2. 개념적 접근과 신비주의

앞에서와 같이 융은 심리학 외의 다른 분야에서 사용되던 원형

---

106) C. G. 융 · 한국융연구원C. G. 융 저작 번역위원회 『융 기본 저작집 2 원형과 무의식』(서울: 솔출판사, 2002년), pp.106-107. (이하 『융 기본 저작집 2』)

107) 같은 책, pp.156-170.

의 개념을 자신의 연구에 접목시켜 인간의 표상 유형과 결부시킨다. 그런데 '원형'의 의의意義를 신화, 비의秘意, 민담 속의 신성력과 관련짓는 융은 그 논문의 'b집단적 무의식의 심리학적 의미'에서, 인간이면서 자신도 모르게 헤라의 양자가 되어 불사의 힘을 얻은 헤라클레스, 이집트 사원 산실 벽의 파라오의 두 번째 신적인 수태와 출산의 묘사 그리고 기독교에서의 대부·대모 관계설정의 세례의식을 통한 '재탄생'의 예를 들며 민족과 시공간을 초월하여 원형이 보편적 형식으로서 존재함을 피력한다.

그런데 플라톤(Platon, B.C. 429?-B.C. 347)의 이데아론에서와 마찬가지로 신으로부터 부여받은 그 어떤 특정된 이데아적 원형이 인간의 마음속에 과연 존재한다는 것일까? 여호와가 흙으로 빚은 육신에 영혼의 숨결을 불어넣듯이 심혼을 구성하는 그 어떤 원형들, 즉 심혼의 화학 분자나 원소 같은 것들을 인간의 영적, 육체적 기관에다 불어넣었다는 것일까?

그러나 융은 "원형이 언제 어떻게 생겼는지는 아무도 모른다. 이러한 물음은 형이상학적 물음이어서 대답이 불가능하다."[108]라고 했다. 그러나 이부영의 경우 "태초로부터의 체험의 침전沈澱)이 바로 원형이다."라고 하면서도, "원형은 인간이면 누구의 정신에나 존재하는 인간 정신의 보편적이며 근원적인 핵…… 선험적 조건이다. ……이러한 조건은 문화적인 전통과 관련된 인간관 또는 가치관의 차이를 넘어서는 것"[109]이라고 하여 마치 플라톤에

---

108) C. G. Jung, *Von den Wurzeln des Bewußtseins*, p.81, p.123. 주27; 이부영, 『분석심리학』(서울: 일조각, 2002년. 이하 『분석심리학』), p.102. 재인용.

109) 같은 책, pp.100-2. 참조.

게 있어서의 이데아와 같은 것으로서 신이 피조물인 인간에게 특정하여 부여해 놓은 절대소인 듯 생각하게 한다.

그러나 물론 이부영의 위 언급 중 어디에도 원형이 곧 플라톤이 말한바, 영원불변의 신의 창조물이라는 뜻으로 해석될 부분은 없다. 위 인용문 후자의 내용은 문화적, 지리적, 고대와 현대를 떠나 공통적으로 나타나는 원형의 속성을 충실히 언급해 내고자 한 것이며, 전자의 인용 내용은, '원형 생성의 근원은 알 수 없다.'라는 융의 언급으로부터 한 걸음 나아가 오히려, 원형의 선험성과 함께 후천성의 개입을 말하기까지 하는 듯하다.

그러함에도 불구하고 왜, 많은 이들이 융의 '원형'에 대해 마치 인간에게 불어넣은 신의 이데아이기라도 한 듯, 신화적 절대소인 듯 생각하게 되는 것일까? 이것은 융의 원형 개념을 문예학자나 비평가들이 융과 그 후학들의 일부 가미된 견해를 생각 없이 받아들이거나 자의적으로 이해하여 받아들인 결과일 수도 있겠지만 그것은 사실 융의 초월적 의식 성향과도 무관하지 않을 것이다.

융은 그의 원형론이 신비주의라는 직접적 비난이 제기된 것에 대해 "나는 집단적 무의식의 개념이 사변적이거나 철학적인 개념이 아니고 하나의 경험적인 것임을 다시 한 번 강조해야겠다."라며 위의 논문에서 '원형'이 경험적인 것임을 입증하는 하나의 과정으로서 '원형'에 해당하는 그런 '보편적인 형식'이 있음을 보여주고자 재탄생의 예를 든다. 그런데 이 문제는 "그러나 증거 자료를 제시하는 것은 실제로는 복잡하다. 단지 우연한 일로서가 아닌, 전형적인 현상들로서 인식할 수 있기 위해서는 먼저 어떤 상징들을 명확하고도 충분히 가려내야 한다."[110]라고 융 자신도 언급하였지만, 인과론적 연역주의의 입장에서 볼 때 '보편적 형식' 성립 여부의 조건 또는 기준에 대한 합의 문제는 그리 간단한 문제가 아닌 것이다. 다시 말해 시공의 문제를 떠나 '재탄생의례'와 같은 양식이 나타날 경우 그러한 귀납적 사례를 보편적 원리의 세계로 편입시키기 위해선 가변적 부정형성을 어떻게 정형적으로 모델화해 낼 수 있느냐의 문제를 고려해야 하는 것이다. 그러나 한편 원형의 보편성에 관한 인준 여부의 문제는 선행적으로 사용되던 원형이라는 용어의 태생적 성향과도 무관하지 않다.

'원형'은 근대 이후 소위 결정론적 과학관에서 사용하는 개념이 아니라 근대 이전의 물활론적 과학관 그리고 융이 앞서 열거하였듯이 민속학, 신화학, 비교종교학 등에서 사용했던 용어로서, 융 자신도 인간 심성 패턴으로서의 그 원형의 생성 기원에 관해서는 형이상학적 문제로서 알 수 없다고 하였던바, 그에 대한 경험적 사례들을 근거로 보편적 원리로 귀납화하려는 융의 태도에 대해 쉽게 동의하지 않으려 한다는 것은 인과적 결정론자들로서는 당연한 일이다.[111] 물론 비인과적 연결의 경험들이라고 해서 모두 신비적이라거나 불합리하다고 하는 건 칸트(Immanuel Kant, 1724–1804)의 '물자체'론을 거론치 않더라도 현대 양자물리학상

---

110) 같은 책, p.170.

111) 융은 자신의 논문 「정신의 본질에 관한 고찰」에서, "여러 장소에 동일한 현상의 원천이 있다는 것"은 "비록 절대적으로 불가능한 것은 아니지만, 경험적·심리학적 관점에서 볼 때에는 거의 가능하지 않은 것"이라는 빌헬름 분트Wilhelm Wundt의 원형론에 대한 비판에 대해 융은 분트가 '소인들Dispositionen'이 아닌 표상들을 문제 삼는다고 비판했다. 하지만 분트의 그러한 이면엔 인과론적이고도 철저한 연역주의적 정신이 깔려 있었다고 보아야 할 것이다.(같은 책, p.21. 참조)

의 견지에서 볼 때 타당하지 않다. 그러나 그 역을 합리적이라 할 수 없다는 것은 보다 분명한 일일 것이다.

융은 특히 빌헬름 분트(Wilhelm Wundt, 1832 – 1920)를 비롯한 비판론자들이 원형 개념을 원형상, 즉 어떤 신화적 상의 이미지나 주제를 뜻하는 것으로 잘못 받아들인 것에 대해 "이렇게 다양한 표상들이 유전될 수 있으리라고 생각하는 것은 어리석은 일이다. ……그 표상들은 기본적인 유형을 잃지 않으면서 세부적으로는 매우 달라질 수 있는 것들이다. ……나의 비판자들은 내가 '유전된 표상들'을 다루고 있다고 잘못 생각하고, 그런 이유에서 원형에 대한 개념을 단지 미신에 불과한 것으로 무시해 왔다."[112] 라고 하였다. 그리고 앞에서 '심혼의 화학 분자나 원소'를 운운한 것이 원형과 원형상의 구분을 하지 않은 생각에서가 아님은 역시 물론이다.

그런데 융은 '원형'을 구체적 심상 표징이 나타나게 하는 심적 소인의 틀이라고 함으로써 원형을 기본적 인간성, 즉 인간의 틀, 이것은 다시 말해 융이 재사용한, 원형의 배경을 이루고 있다 할 '집단적 무의식collective unconsciousness'의 구성 인자들로 이해해야 할 것이다. 사실 융은 '원형'의 유형을 매우 다양하게 보고 있다. 융은 "'집단적 이미지'……의 근원을 깊이 파헤쳐 들어가면 들어갈수록, 우리는 끝없이 짜 나가는 원형적인 패턴의 직조를 발견하게 된다."[113]라고 하였고 "원형Archetypus의 개념은 정신

---

112) 칼 융 · 이부영 외 역, 『인간과 무의식의 상징』(서울: 집문당, 1983 년), p.68.(이하 『인간과 무의식의 상징』)
113) 『융 기본 저작집 2』, p.80.

속 어디에나 보편적으로 있고, 널리 퍼져 있는, 어떤 일정한 형식들"114)이라고도 했다. 그리고 융이언 이부영 역시 "원형은 집단적 무의식을 구성하고 있다. 바꾸어 말해서 집단적 무의식의 층은 많은 원형으로 구성된다. ……원형은 인간이면 누구의 정신에나 존재하는 인간 정신의 보편적이며 근원적인…… 인간으로 하여금 인간답게 하는 가장 기본적인 조건이라 할 수 있다."115)라고 하였다.

물론, 위의 언급들로만 보면 각자 그 뉘앙스가 조금은 다른 것 같다. 융의 경우는 "정신 속 어디에나 보편적으로 있고, 널리 퍼져 있는"이라고는 하였지만 원형의 '형식으로서의 존재성'에 더 의미를 둔 것으로 보이는 반면, 이부영은 "누구의 정신에나 존재하는 인간 정신의 보편적이며 근원적인…… 인간으로 하여금 인간답게 하는 가장 기본적인 조건"이라고 하여 원형의 보편적 산재성散在性을 직접 언급하고 있다는 느낌을 받는다. 하지만 이 문제를 융과 융이언들의 차이라고 할 수는 없는 것 같다. 논문「집단적 무의식의 개념」에서 융은 "삶에는 전형적인 상황들이 존재한다. 그만큼 많은 원형들이 있다."116)라고 하였으며 또한 「정신의 본질에 관한 이론적 고찰」에서는 "모든 신화와 종교 그리고 무슨 무슨 주의의 본질적 내용은 원형적 성질의 것이다."117)라고 하여 비록 '원형적'이라고는 하였지만 '원형성'의 외연적 다수성과 확장성을 분명히 시사하고 있기 때문이다.

---

114) 같은 책, p.156.
115) 『분석심리학』, p.100.
116) 『융 기본 저작집 2』, p.164.
117) 같은 책, p.70.

그러나 이와 같이 원형을 인간 정신세계의 전반적, 전형적 표상으로 본다면 원형의 유형은 사실 인간 속성의 그 모든 유형을 지칭한다 할 것인바, 그럴 경우 그러한 일반적 속성에다 굳이 원형이라는 용어를 사용해야 할 필요가 있을 것인가 할 수 있다. 왜냐하면 '인간소人間素'나 '보편소普遍素'라는 용어가 아니더라도 원형이라는 용어 외에 '본성'이라든가 '보편성' 같은 보다 일반적 용어로서 그러한 표징들을 다 아우를 수가 있을 것이기 때문이다. 그럼에도 불구하고 굳이 원형이라는 용어를 사용해야 한다면 그것은 이부영이 "원형의 정동적인 측면을 생각하지 않고 형태적인 면만을 생각하면 원형을 지적인 개념의 **대명사**로 여기게" 될 뿐이라고 한 바 있지만[118] 사실 원형이라는 용어는 모든 개별적 정신 현상을 아우르는 대명사로서의 의미 외엔 달리 없다 할 것이다. 더욱이 융이 강조했듯 '원형' 그것은 구체적 상이 아닌 하나의 틀로서 비어 있는 정신의 유형적 그릇일 뿐임에 그것은 그 어떤 필연적 이유에 의해서라기보다는 이론적 도그마나 장식적 수사를 위한 신비화의 방편적 아이콘으로 여겨질 수도 있을 것이다.

3. 신성력과 체험성

그러나 융이 이론의 체계화나 형식적 도그마를 중시하지 않았다는 것은 융의 초월주의적 성향과 생전 그의 이론이 여전히 가설적 상태에 머물러 있었다는 것을 굳이 거론치 않더라도 익히

---

118) 『분석심리학』, p.99.(본문의 '대명사' 굵은 글씨는 필자의 강조)

알려진 일이다. 그러나 사실 그러한 점은 학자로서 융의 정직한 면이기도 하지만 다른 한편으론 그럼으로 인해 신비주의적이라는 오해를 사게도 하는 부분일 것이다. 여하튼 그러한 융이 그러면 왜, 신비주의적이라는 오해를 받으면서까지 '원형'이라는 개념을 사용하고자 하였을까?

사실, 융의 이론은 원형론이 그 핵이라고 해도 과언이 아닐 만큼 그 중심에 있지만 한편 그와 아울러 '원형'과 함께 끊임없이 결부되는 것이 '신성력'이다. 융은, 사람들이 왜 그리고 어떤 형태로 살아 있는 개인에게 원형이란 개념에 대한 의미가 있는가를 찾아내고자 애쓸 때 비로소 그것은 생명력을 가지게 된다고 말한다.

우리가 아니마Anima, 아니무스Animus, 현자the Wiseman 대모 the Great Mother 등등과 같은 원형에 관해서 이야기하는 심리학에서 특히 유의해야 할 사실이다. 여러분은 성인, 현자, 예언자 그 밖의 다른 돈독한 신앙의 소유자들에 관하여 그리고 세계의 모든 대모에 관하여도 알 수 있다. 그러나 그 신성력이 여러분이 체험해 본 적이 없는 '이미지'에 불과하다면……그때 사용하는 낱말은 공허하며 아무 가치도 없는 것이다. 그 낱말들은 여러분이 원형의 신성성 — 즉 살아 있는 개체와의 관계성 — 을 고려하고자 할 때만 생명력과 의미를 갖게 된다.[119]

정신의학자이자 심리학자로서 융은 정신의 해리, 즉 의식과 무의식의 부조화를 누구보다도 우려하였다. 융은 인간 개인의 정신적 해리를 그 한 사람의 문제로만 보지를 않았다. 그것은 종교의

---

119) 『인간과 무의식의 상징』, p.99.

문제요 한 민족과 사회의 문제였으며 인류 보편의 문제였던 것이다. 아울러, 융은 상징의 붕괴를 의식의 세계가 무의식의 세계를 지하 세계로 몰아넣어 버린 결과라고 보았다.

문명인의 진보된 의식은 본능과 무의식의 보조적인 참여가 동화될 수 있는 방법 자체를 박탈해 버렸다. 이들 동화와 통합의 기관은 일반인들이 하나같이 성스럽다고 보고 있는, 신성한 상징들이다. ……물질에 대한 옛날의 상은 얼마나 이와 다른 것인가. 태모는 만물의 어머니인 대지라는 심오한 정서적 의미를 포괄한 것이었다. 같은 방식으로 과거에는 영혼이었던 것이 현재는 지능과 동일시되어, 만물의 아버지의 시대는 끝이 났다. 그것은 인간의 제약된 자아세계로 퇴보하였고 우리들의 아버지에 표현된 강렬한 정동적 에너지는 지적 사막의 모래로 사라졌다. ……과학적 이해가 발달함에 따라서 우리의 세계도 비인간화되었다. 인간은 그 자신이 우주에서 고립되었다고 느끼고 있다. 왜냐하면 그는 더 이상 자연에 관여하고 있지 않으며, 자연현상들과 그의 정동적 '무의식적 동일성'을 상실해 버렸기 때문이다. 이들은 서서히 그것에 내포된 상징적 의미를 상실해 왔다. ……바윗돌, 식물, 짐승들이 말하는 음성도 없고, 인간도 역시 그들이 들을 수 있으리라 믿거나 말을 건네지도 않는다. 인간의 자연과의 접촉은 사라졌다. 이와 함께 이 상징적 연관성이 공급해온 심오한 정동적 에너지 또한 사라져 버렸다.(『인간과 무의식의 상징』 95쪽)

그리고 융은 노이로제가 사적인, 즉 그 뿌리가 오직 개인적 원인에 있는 것이라면 원형은 아무 역할도 하지 않을 것이나, 노이로제는 대부분 사적일 뿐만 아니라 사회적 현상이므로 원형의 존재를 받아들여야 한다며 1936년 영국의 한 강연에서 당시 거대한 자아 팽창의 그림자를 일으키던 독일의 위험성을 경고하기도 했다.

원형 속에 숨어 있는 저 폭발적이며 그토록 위험한 충동력이 활동을 개시하여 흔히 예견할 수 없는 결과들을 빚게 된다. …… 유럽의 심리상태는 중세의 유대인 박해가 다시금 잠을 깨는 방향으로 전개되고 있다. ……유럽이 새삼스럽게 로마 집정관의 속간 부월(나뭇가지 묶음 위의 도끼 문장 — 필자 주 변용) 앞에서, 그리고 로마 군단의 행진하는 구둣발 아래서 전율할 것임을. 사람들이 2000년 전과 같은 로마의 인사법을 다시 도입하게 될 것임을. 그리고 기독교의 십자가 대신에 고태적인 스바스티카Swastika ꆔ가 수백만 명의 전사들로 하여금 죽을 준비를 하도록 유혹하리라는 것을. ……어쨌든 이 모든 미친 짓은 소름끼치는 일이다. ……과거의 인간, 고태적 집단표상 가운데 살았던 인간이 다시금 매우 가시적이며 극도로 생생한 삶을 부활시켰다. 이것은 불안정한 몇 사람의 개인에서뿐만 아니라 수백만의 인간들에게서 일어나고 있다.(『인간과 무의식의 상징』, 163–4쪽)

융은 "큰 민족들의 숙명이 결국 개인의 정신적 변화의 총화가 아니고 무엇이겠는가?"[120]라며, 닐스 보어(Niels H. D. Bohr, 1885–1962)의 상보성원리를 받아들여, 의식과 무의식이 조화를 이루어야 하듯 집단의식과 집단무의식 역시 상보적 관계를 유지함으로써 비로소 '무슨 무슨 주의' 하는 맹목적이고도 위험한 집단주의에 빠지지 않을 수 있음을 피력하였다. 아울러, 융은 '원형'이 단지 지적 공허한 용어로서만 존재하는 것이 아니라, 의식과 무

---

120) 『융 기본 저작집 2』, p.163.

의식의 해리로 인한 상징의 붕괴와 집단의식과 집단무의식의 해리로 인해 발생하는 가공할 노이로제의 원형성 속에 숨어 있는 신성력, 즉 누미노제를 역설하였다.

이상에서 우리는 융이 왜, 신화학과 비교종교학 등에서 사용되던 용어로서 당초에는 '근원적 심상primordial images'이라고도 불렀던[121) '원형'이라는 정신소에 주목하고 그것에 특별한 지위를 부여하려 하였는지 이해할 수 있으리라 생각한다. 그것은 언제나 쉽게 신성력을 확인할 수 있는 그곳이 바로 그 '원형'이라고 할 정신계의 좌표점들이라는 것을 융은 묵시적으로 통찰하고 있었던 게 아닐까? 사실, 융은 원형'과 신성력을 결부 짓는 정도가 아니라 "원형은 본능으로서 특수한 에너지를 갖고 있을 가능성이 크다."(『인간과 무의식의 상징』, 86쪽)라고 했다. 그리고 나아가 "'마법적'이라고 할 수는 없어도 정신적geistig이라고 표현할 만한, 두드러진 누미노제의 성격을 지니고 있다."(같은 책, 69쪽)라고도 하였으며 "원형의 신성력은 종종 신비스런 특질을 지니며 그에 부합되는 기분을 느끼게 한다."(같은 책, 70쪽)라고 하였고 나아가 "원형은 신성한(누미노제적인) 요소"(같은 책, 74쪽)라고도 하였다.

물론 융은 신성력numinose은 "치료적일 수도, 파괴적일 수도 있다."(같은 책, 69쪽)라고 하였으며 아울러, "무조건적이며 위험하고, 금기시되고, 마술적인……아니마는 선량한 의도로 가득 찬 악의 없는 인간의 낙원에 살고 있는 뱀"(같은 책, 137쪽)이라고도 하고 또 아니마는 "칼론 카가톤καλὸν κἀγαθὸν(아름답고 선한 것)을 신봉한다. 선이 항상 아름다운 것이 아니며, 아름다운 것 또

---

121) 『인간과 무의식의 상징』, p.68.

한 반드시 선한 것은 아니라는 점을 분명히 하기 위해 오랜 세월의 기독교적 문화가 필요했다."라며 '원형'의 '신성력'을 인간의 관점에서의 선과 악을 떠난 자연의 관점에서 이해하고 있음을 알 수 있다.

4. 원형의 외연과 신성력의 해리

그런데 여기서 잠시 생각해 보아야 할 것은, 앞에서 보았듯 융은 '원형'이 '특수한 에너지'나 신성력을 '갖고 있을 가능성이 크다', '지니고 있다', '신성한 요소다'라고 하는 등으로 마치 '원형'이 신성력과 하나이거나 아니면 적어도 그 둘이 국소적으로 정신계 내에서 함께 자리하고 있다는 생각을 갖게 한다. 하지만 과연 '원형'은 신성력을 내포하고 있을까. 아니면 신성력은 '원형'이라는 소인과는 또 다른 소인의 정신양精神樣에 의해 생성되는 에너지일까.

그러나 '원형'이 신성력을 내포하고 있다고 생각하기보다는 정신계의 다른 영역의 에너지 — 일반적 희로애락의 감정이나 시 예술의 창작 혹은 일상적 어떤 일에의 의식적 집중 또는 오히려 의식의 해체에 의한 무의식의 상태에서 나타나는 그 어떤 망아 상태 등에 있어서의 신성력까지 — 로서 그것은 각각의 원형소가 독립된 힘으로 고유의 내재된 힘을 생성해낸다기보다는 인간양人間樣[122] 내에 별도의 고유 소질의 원형에 의해 발전되어 각 원형소

---

122) 인간 존재를 정신과 육체로 나누고 있으나, 정신과 육체는 궁극적으로 초미시계의 하나의 질료로 이루어졌으며, '정신' 혹은 '육체' 그

에 유입 혹은 부가되는 것으로 보는 게 옳을 것 같다.

그 어떤 유형의 패턴(원형)일지라도 에너지는 요구된다. 기쁨과 슬픔, 분노와 증오를 불러일으키는 그것들은 물론, 몰입과 의지를 요구하는 오성 기관마저도 에너지에 의해 기능하며 그로 인해 오성태의 실행과 사회적 실천의 사태성을 갖게 된다. 그렇듯이 에너지가 각 원형소에 내재되었다고 보는 것은 온당치 않은 것 같다. 다시 말해, 원형이 에너지를 쉽게 끌어들이는 동력기관과 같은 것이라고 볼 수는 있겠지만 독립적 에너지 생성 기관 혹은 에너지 저장소로는 생각할 수 없다는 것이다. 만약 그렇지 않고 각 원형들이 저마다 고유의 에너지를 만들어 낸다면 인간 정신양의

리고 유체 이탈의 현상 등에 이르기까지 그 모두는 인간이라는 하나의 통일체 기관으로서 단지, 우리들이 초미시계 에너지 작용들을 제각기의 다른 관점에서 보려 함으로써 구별 지어진 이름들일 뿐이다. 이것은 어쩌면 양자에 비유할 수 있을지도 모르겠다. 입자와 파동성은 인간의 바라보는 태도에 따라서 나타나는 현상일 뿐, 양자는 파동도 입자도 아닌 양자 그 자체인 것이다. 인간 역시 육체도 정신도 아닌 인간이라는 통일체 그것으로 보아야 한다. 입자와 파동이 궁극적으로 하나이듯 정신과 육체 역시 하나로서, 관찰자인 인간의 인식의 척도에 따라서 바라볼 때 정신이고 육체 또는 정신현상 등으로 비쳐 보일 뿐인 것이다. 본문에서의 '위치'란 인간양을 정신이나 육체로 구분한다는 것이 매우 부적절함을 보여주는 표현이다. 인간이든 동·식물이든 모두는 정신이라는 미시물리적 작용과 감각기관에 포착되는 거시물리적 작용을 동시에 지니고 있다는 건 너무나 자명한 사실이다. 단지, 미시물리적 작용의 정신 작용은 '의식' 현상 외는 특히, 감각기관으로써는 감지할 수 없는 탓에 정신·육체 이원론의 터무니없는 생각에 빠지는 것이다. '심혼'이나 '혼' 같은 그리고 '에너지'와 '원형적 소질' 등의 용어 역시 인간양을 너무 해부학적으로 기능화시켜 내고자 한 것으로, 논의의 필요상 이러한 분석적 용어들의 선택과 사용은 부득이한 일이겠으나 실체의 문제에 있어서까지 그러한 개념의 이미지에 사로잡혀 있어서는 안 될 것이다.

에너지의 종류 역시 원형의 유형만큼이나 다양할 수 있다는 생각을 할 수 있는 것이다. 그러나 예를 들어 애정과 증오 두 유형의 에너지의 성향이 분명 다른 것이라고 주장할 수가 있겠지만 그것은 두 원형적[123] 성향의 차이와 영향 탓이라고 보아야 할 것이다.

그리고 비교적 말년에 집필된 「무의식에의 접근」에서 융은 "원형들은 이미지[像]이자 정동情動이다. 이들 두 측면이 동시에 존재할 때라야만 원형에 관하여 이야기할 수 있다. 단지 상만 있을 경우, 그것은 단어상일 뿐 아무 효과도 없다. 그러나 정동이 그 임무를 다할 때, 그 이미지는 신성력(또는 정신적 에너지)을 얻게 된다. 그것은 동적인 것이 되어, 어떤 결과가 거기서 반드시 생기게 된다."[124]라고 하여 신성력을 '원형'의 한 요소라거나, 동일시하고 있지는 않다. 물론, 원형에 대해서는 '경험성'만을 중시하였을 뿐, 개념성에 대해서는, 현상학적 자세를 취한 듯하여 반드시 '이러했다'라고 할 수는 없지만.

그런데 이 문제를 거론하는 이유는, '원형'이 결코 '신성력' 혹은 정동성 그 자체라거나 하나의 집합체가 아니라는 생각에서이다. 만약, '원형' 그 자체가 '신성력' 같은 에너지와 가까운 것이라면 우리는 어쩌면 '원형'은 곧 '신성력' 그것이라는 결론을 내려야 할런지도 모른다. 하지만 만약 원형과 신성력이 별개의 소질로서 인간양의 각기 다른 좌표상에 위치하는 것이라면, 우리는

---

123) 감정의 유형은 아직 '원형'으로까지는 발달하지 못한 본능적 소인이라 할 수 있기 때문임.
124) 『인간과 무의식의 상징』, p.97. cf. 이곳에서는 '정동'을 '원형'의 한 요소라고 본 듯하나, 정동은 미시적 관점에서는 원형의 '틀'과 나누어 인지될 수 있으리라 생각한다.

'원형'의 소질에 관해 보다 냉정해져야 하는 것이다. 그것은 곧, 원형의 외연적 확대를 뜻할 수 있기 때문이다.

여기서 우리는 한 가지 더 살펴보아야 할 것이 있다. 그것은 인간양 기관의 각 기능들을 독립적 기관으로 볼 수 있는가 아니면 상호 관련적 기관으로 보아야 하는가 하는 문제이다. 물론, 우리는 당연히 후자를 받아들여야 한다. 그것은 우리가 생각하는 이상으로 밀접한 상호 연관성을 지니고 있으며 극단적으로 사유와 직관을 밀고 나간다면 사실은 그 각각의 기관들은 부트스트랩 가설[125])에서 보듯 기관의 형체는 흔적도 없이 사라지고 우리의 몸, 즉 인간양은 안개 무리와도 같은 에너지 교호 작용의 현상으로 비쳐 보일 뿐이며, 설령 그 이전 단계에서 관찰을 멈추어 각 기관체를 인정한다 하더라도 어쩌면 융의 견해처럼 각 기관의 기능은 동시성적으로 이루어지는지도 모를 일이다.[126])

사실, 우리는 모든 존재 현상이 화이트헤드 등이 말한 바와 같이 과정으로서의 존재임을 이해한다. 그러한 까닭에 그러한 변환 과정의 존재계를 개념적으로 추상화해 낼 때는 화이트헤드가 우려한 '단순 정위화의 오류'에 빠질 수 있다. 그러나 어차피 분절적 패턴의 양식을 사용할 수밖에 없는 상황에 있어서는 가급적

---

125) 실체는 다른 실체와의 관계에 의해 조형되는 그물망으로 세계의 근원적 부분은 존재하지 않으며 연결성connectedness, 관계relationship, 맥락context 등으로 이해되는 유기론적 사고관.

126) 융은 「동시성: 비인과성의 원리」에서 정신과 신체의 교호 작용에 관해 동시성적일 가능성을 언급한 바 있다. 그런데 언어 작용과 관련한 뇌 기능 연구에 관한 인지언어학자들 역시 발화 등과 관련한 뇌 각 부위의 기능이 시간적, 순차적으로 이루어지는 것이 아니라 동시적(병렬적)으로 이루어진다는 견해가 우세하다.

그러한 오류를 피해 나가도록 주의를 기울이는 가운데 개념화의 작업을 행해 나갈 수밖에 없는 것이다.

원형론에 있어서, 우리는 소립자의 실체를 규명해 들어가고자 안간힘을 다하는 물리학자처럼 과정으로서의 인간양의 원형성을 극미분의 찰나적 상태에서 정지 화면을 잡아내었다고 가정해 보자. 우리는 그러한 짧은 순간에서 '원형' 그것의 '틀'(혹은 패턴)을 포착할 수가 있을 것이다. 물론, 그것은 하나의 정지된 상像이 아닌 '기능성'이나 '경향성'의 불안정한 것이겠지만, 그러나 그 정도의 상태는 현재 우리의 논의를 진전시켜 나가는 데 있어서의 문제적인 오류소를 지니고 있지는 않다고 생각해도 좋을 것이다.

그러한 정지 화면의 상태에서 보았을 때 융의 원형 그것은 오성이나 앞서 말한 상징태적 경향의 기호소들과 마찬가지로 하나의 '경향적 틀'(패턴)로 인식될 것이며, 다 같이 하나의 패턴적 형상이라는 점에서 그들 간에 구별을 해야만 할 특별한 이유는 없는 것이다. 아울러, 융의 원형소가 정동적 에너지와의 상보적 결합의 과정적 현상이듯, 이지적 원형소들 역시 의지나 실행 에너지들과의 결합 '과정적 현상'인 것이다.

결론적으로 '정동'이나 '의지력' 등은 원형의 '틀'에 부가되거나 개입되는 에너지로서 그 양자는 실체를 각각 달리하는 것으로 보아야 할 것이며 아울러, 우리는 정동적 원형과 함께 오성 그리고 상징적 패턴 등 이지적 원형들 역시 집단 무의식 내의 원형소로서 인정해야 하리라는 것이다.

이 세상의 모든 시체들은 화학적으로는 동일한 것이다. 그러나 살아 있는 개체는 서로 다르다. 원형은 사람들이 왜 그리고 어떤 형태로 살아 있는 개인에게 의미가 있는가를 찾아내려고 애쓸 때 비로소 생명을 가지게 된다.

당신이 원형이 무엇을 의미하는지를 모르면서 어떤 낱말들을 사용한다면 그건 아무 쓸모없는 짓이다.[127]

정동적 가치情動的價値는 반드시 명심하지 않으면 안 되고…… 심리학은 가치(즉 감정)의 요소를 고려하지 않으면 안 되는 유일한 과학이다.[128]

융의 위 발언은 개념으로서의 원형들을 정동성情動性의 매질媒質로서 신성력을 지닌 살아 있는 '원형'을 생성해 내고자 하는 이른바, 심혼적 연금술의 과정이라 할 수 있을 것으로 곧, 체험적 '원형'의 완성 그 요청을 뜻한다고 볼 수 있을 것이다.

우리는 정동적 성향의 원형소들과 마찬가지로, 외연적으로 확장된 원형들에 대해서 역시 융이 갈파한 바와 같이 정동적情動的 가치를 요구할 수가 있을 것이다. 물론 후자의 경우 '정동성'은 냉각된 이지적 정념의 힘일 것이다. 그러나 뜨거운 정념의 분출적 원형과 마찬가지로 차가운 누미노제의 원형소들 역시 하나의 체험적이고 사태적 의미로 경험될 수 있다는 점에 있어선 다를 바가 없다 하겠다.

아울러 앞에서도 언급이 있었듯이 '원형'의 외연적 확장으로 인해 '원형'이란 용어가 단지 일반 대명사적 용법에 불과한 것으

---

127) 『인간과 무의식의 상징』, p.99.
128) 같은 책, p.102.

로 여겨질 수 있지 않을까 우려하겠지만, 그것은 기우일 것이다. 왜냐하면 원형과 신성력에 관해 우리는 적어도, '원형'이 정동성이라는 에너지와는 별개의 소질이라 할 것이지만 그러나 '원형'은 에너지와의 융화가 쉽게 이루어질 수 있는 소질로서 그 둘은 마치 전자의 극처럼 쉽게 서로를 끌어당기는 근친적 성질의 것으로 누미노제적 요소와 함께 할 수 있는 범상치 않은 정신소라고 생각할 수 있는 것이다.

5. 원형의 이중성과 완성

그런데 여기서 한 가지 밝혀 두고자 하는 것은 인간에 대한 유기적 전체관과 융의 '원형'과 '신성력'에 대한 동일화 내지는 유사성에 관한 것이다. 혹시, 융이 '원형'과 '신성력'을 동일화 또는 유사한 것으로 보고자 한 것이 인간양 내부의 여러 소질의 유기적 전체성을 의식했거나 염두에 두었던 것은 아니었을까 생각할 수도 있을 것이다. 그러나 그것은 융의 경험적이고도 현상학적 태도에 따른 이론의 가설적 정황으로 인해 고려해 보게 되는 것일 뿐, 융은 실제 현상학적 접근 그 너머로도 이하로도 걸어 나아가지 않았다 할 것으로, 유기적 전체로서의 견해로는 보기가 어려울 것이다.

오히려 융은 정신과 신체를 동시성적 관계[129]로 보고자 한 점

---

129) C. G. 융, 볼프강 파울리 · 이창일, 이승길 역, 『자연의 해석과 정신』
(화성: 청계출판사, 2002년) 참조.

에서도 미루어 알 수 있듯 융은 심혼과 같은 정신의 세계를 물질적 신체의 기관과는 확연히 다른 별개의 존재로 보려는 경향을 지녔음을 알 수 있는바, 그것은 융이 초월적 감각을 직접 운용할 수 있었던 것에 그 까닭이 있지 않을까도 생각되지만, 융의 현상학적 자세와 함께 한편으론, 기우이겠으나, 너무 쉽게 신비주의적 경향의 벽에 기대는 건 아닐까 생각하게도 한다.

아울러 융은 보어의 상보성원리를 아마 파울리(Wolfgang Pauli, 1900~1958)를 통해 받아들인 것으로 생각되지만, 상보성원리는 파울리의 배타원리[130]를 바탕에 둔 것으로, 융은 의식과 무의식의 해리를 언급하면서 상보성을 언급하나, 의식과 무의식은 그 속성상 배타적 관계로서 조화를 이룰 문제이지 하나로 융합을 이룰 문제는 아니므로, 각각 달리 모습을 드러내 보이는 두 성질이 결국은 하나의 유기적 실체라는 요체의 상보성원리를 온전히 받아들였다고 보기는 어려울 것 같다.

우리는 지금까지 원형의 정체성을 그 외연적 확장 가능성과 정동적 신성력과의 관계 등을 중심으로 탐색해 보았다. 그리고 이를 통해 융의 '원형' 개념에 대한 일부 신비주의적 색채에 대한

---

130) 원자에서 방출되는 빛의 유형을 설명하기 위해 제안한 것으로 동일한 원자 내에 있는 두 개의 전자가 동일한 순간에는 동일한 상태에 있을 수 없다는 이론으로 1945년 파울리는 노벨물리학상 수상함.
의식과 무의식의 속성과 발현 현상은 위 배타원리처럼 "하나의 자아에 의식과 무의식의 두 정신양이 동일한 순간에는 동일한 자아에 발현될 수 없다."라고 할 수 있을 정도로 미시물리계의 현상과 정신 현상은 유사성을 갖고 있다. 그러나 실은 양자물리학의 연구 대상인 소립자의 세계와 심리학상의 연구 대상인 정신양과 에너지는 동일한 질료일 뿐만 아니라, 파동과 입자이든, 의식과 무의식이든 그 현전적 표상의 차이는 접근 방법에 따른 인식의 차이일 가능성이 높다.

오해를 해명할 기회를 가졌으며 오해와 왜곡에 대한 주된 이유는 정동적 사태를 유발하는 틀 혹은 패턴으로서가 아닌 개념적 상(이미지)으로서의 접근에 따른 것이었음을 알 수 있었다. 그러나 다른 한편으론 정신의학자이자 심리치료사로서의 융의 학적 자세가 너무나 철저한 인술 우선의 정신에 바탕을 둠으로써 학적 이론화에 필요 이상의 관심을 갖지 않음에 따른 이론의 가설적 정황성에도 신비주의적이라는 오해의 요인이 있었다는 사실이다. 그러나 이것은 융의 자세와 지혜를 높이 사야 할 것으로 오히려 우리는 실존의 고뇌에서부터 먼저 벗어날 것을 설한 세존의 '독화살의 비유'와 '모르는 것에 대해선 침묵해야 한다.'는 비트겐슈타인의 학문적 양심의 실천적 명제를 상기하게 된다.

사실, 융은 꿈의 해석에 있어서도 분석가들로 하여금 많은 신화와 종교적 상징들을 연구하도록 하지만, 막상 분석에 있어선 모든 것들을 버릴 것을 권고한다. 그리고 유추나 연상에서 벗어나 언제나 꿈이라는 사상事象 그 자체로 접근하도록 이르며 그곳에서 직관적 사유로써 꿈을 통찰, 분석하고 이해하게 한다.

한편 우리가 여기서 그냥 지나칠 수 없는 것은, 융이 훗설의 현상학을 연구하였는지 모르나 융의 태도는 분명 현상학적 방법 그것이다. 현상학자로서의 훗설의 직관주의는 심리주의라는 오해와 비판을 받았으며 현상학적 자세를 견지했던 융은 자신의 심리학 세계에 있어서 직관의 중요성을 충분히 깨닫고 있었다는 사실이다. 하지만 융이 현상학을 받아들였다는 언급은 나타나지 않는다. 이런 점에서 볼 때 융의 심리학과 훗설의 현상학과의 겹침은 단순히 우연으로만 넘겨버릴 수 없는 일이라 할 것으로, 이것은 또한 오성적 원형성 발현의 한 사례로 볼 수가 있을 것이다.

어쨌든, 융은 무리하게 연역화를 시도하지 않는다는 사실이다. 그러한 면에서 볼 때 리비도, 억압, 고착 등의 가설을 먼저 구성해 두고 임상 사례들을 그 증례로 삼아 이론화하려는 프로이드의 정신분석학파와는 완연히 다른 모습이라 할 것이다. 그런 까닭에 정신분석학의 이론들은 학문적 의상을 걸친 듯 보이나 내용상으론 교조적일 수가 있고 위험할 수 있다. 모두가 그러하다는 건 아니나, 일례를 들자면 프로이드의 경우 리비도적 측면에서의 교조주의적 심문으로 도라 양孃의 병세를 오히려 악화시켜 불운한 삶을 살게 했던 일명 '도라 케이스Dora Case' 그리고 러시아 소년 세르게이(Sergei P.)의 유년에 대한 역사적 사실을 사후적 구성으로 대체했던 '울프맨 케이스'의 허구성을 들 수 있다. 그러한 문제점들에 대해 이미 프로이드는 1893－5년에 쓴 『히스테리에 관한 연구』에서 "내가 쓰고 있는 분석 사례 보고서들이……과학의 심각성을 결여하고 있을 수도 있다는 사실이 나를 당황하게 한다."라고 밝힌 바 있다.131) 하지만 프로이드와는 달리 융은 귀납적 사례에 대해서도 섣불리 연역화를 시도하지 않는다. 그러한 이론적 도그마의 위험과 폐해를 우려하기 때문이다. 하지만 그러한 일면이 또 다른 한편 초학자들로서는 자칫 길을 잃기가 쉽고 신비주의적이라는 오해를 할 수 있게도 한다. 어쩌면, 이러한 점은 융 학파의 약점으로 비쳐질 수도 있을 것이다.

사실, 원형의 속성과 외연성 등 그 정체성에 관한 문제의 언급에 있어선 융 자신도 상당히 가변적 태도를 보인다. 물론, 현재의

---

131) 박찬부, 『현대정신분석비평』(서울: 주식회사 민음사, 1996년), p.199.

과학과 인식 수준으로선 그 이상의 세계는 형이상학적 문제로서 융의 자세가 옳을지도 모른다. 그러나 후학의 입장에서는 융의 경험적, 현상학적 연구의 결과를 받아들이되, 인과적, 결정론적인 구조의 맥락들을 밝혀 나가고자 하는 탐험적 자세를 취하지 않을 수 없는 것이다.132) 그러자면 자연, 명징한 기초의 디딤돌을 놓아야만 하는 것이다.

뿐만 아니라, 어차피 문학 예술인을 비롯한 정신의학상의 임상적 수련이 그 방편이지 않은 이들로서는 활자를 통해 그의 이론을 접할 수밖에 없음에 향후로도 체험이 아닌 평면적 간접 경험을 하게 될 독자들을 위해서도 우회로를 걷지 않게 하기 위해 명료한 개념과 이론적 기술이 필요한 것이다.

6. 하나의 원형계

그간의 '원형'에 대한 논의를 바탕으로 여기서는 두 가지 주요한 사항을 결론적으로 언급하고자 한다.

첫째, 원형의 **내재적 속성**의 문제로서, 집단 무의식 내의 각 **원형소**는 **정동성을** 매우 쉽게 **유발**하는 **소질**로서 **누미노제**적 힘을 불러들이는 **근친적 소인** 관계라 할 수 있다. 달리 말해 원형은 **일종의 콤플렉스**133)와도 같은 정신양의 **옹이**나 **매듭** 같은

---

132) 탐구의 과정에서 오성과 직관 역시 상보적 관계로서 수용해야 한다는 건 당연한 일이다.

133) 이 글의 서두에 나타나 있듯이, 융은 '개인 무의식은 정감이 강조된

것으로서 강한 **정동성과 신성력**을 **불러일으키는** 정신계상의 **좌표점들**이라는 것이다.

둘째, **외연적** 문제로서, 원형은 정동적 **신성력과는 별개**의 정신양이라는 점에서, **원형의 외연은 열려 있다**는 것이다. 융은 레비 브륄의 원시인 심리학에서의 '**집단 표상**', 신화학에서는 '**주제 Motive**', 비교종교학에서는 '**상상의 범주들**'로서 이미 사용되고 있음을 밝혔으나 **그러한 영역들의 정신양들과** 함께 **오성 역시 원형소로 간주**할 수 있을 것이다.

우리는, 융의 원형과 함께 **또 다른 인간의 보편소들을 원형의 영역으로 간주**하고자 하는바, 그것은 **오성**과 함께 **언어소와 기호소 등 이성적 표상체를 발현**해 내는 심층 무의식의 요소들로서 총체적으로 인간의 **상징화 본능들**134)이라 할 수 있다.135)

콤플렉스'이며 집단 무의식은 '원형들'이라고 했다. 그런데 '원형'들 역시 민감한 정동적 작용을 일으키는 정신양으로서 콤플렉스라고 보아도 무방할 것 같다. 따라서 개인무의식이 '개인 콤플렉스'라면, 집단무의식은 '집단 콤플렉스'라고 불러도 좋을 것 같다는 생각이다.

134) '상징'의 심리적 생성 과정 등에 관해선 「추상상징시론 Ⅷ. 일원론으로서의 상징학」 참조.
cf. 상징화는 인간의 제2의 본능이라 할 정도로 모든 문화 행위는 기호학에서 바라보듯 특정한 유형의 패턴을 이룬다.

135) 프로프(V. J. Propp)와 그레마스(A. J. Gremas)를 비롯하여 토도로프(Tzvetan Todorov)는 의식 심층에 설화의 문법이 있음을 보았고 또한 모든 언어의 밑바탕에는 보편문법universal grammar이 있다고 생각했다. 보편문법을 주창한 촘스키(Noam Chomsky) 역시 인간 의식의 심층부에는 보편적 언어 생성 능력이 있다고 보았다.(이것은 라이프니츠의 생각이기도 하며 카시러를 통해 레비–스트로스 등 구조주의자들에게 전해졌다고 볼 수 있다) 또한 우리는 인간의 모든 상징체계가 어떤 기호의 **관계망**으로 환원되고 있음을 현대의 기호학이나 물리학을 통해서도 엿볼 수 있다. 프로프와 그레마스의 문학 텍스트의

사실, 융의 원형론은 정신의학적 측면에서 고찰되었다. 융이 정동성을 강조한 것은 그런 맥락에 기인한 때문이었다. 그러나 우리는 그러한 정동적 원형소들 외에 이지적 지향성의 원형들이 있음을 알고 있다. 융의 원형들이 뜨거운 정동적 누미노제와 관련되었다면, 우리가 제안하는 원형소는 이성과 관련된 것으로서 냉각된 힘의 누미노제와 연결되는 것들이라 할 수 있다.

그러나 우리는 위의 결론들에도 불구하고 역시 주의를 기울일 것은 정동적 원형이든 이지적 원형이든 위와 같은 분석적 개념만의 이해는 융이 비유했듯 살아 있지 않은 시체에 불과한 것으로서 '원형'은 그러한 문자상 2차원 기술상의 용어로서가 아니라 삶 속에서의 체험화를 지향하는, 질료적 형상 속에서의 존재라는 것을 새겨 두어야 한다는 것이다. 이러한 점에서, 원형과 신성력을 어떠한 형태로든 결부 지으려 했던 융의 사고는 심리학자로서 다른 원형론자들보다도 정신세계에 한 걸음 더 깊이 발을 들여놓았다는 점에서 평가되어야 할 것이다.

시 예술이든 비평이든 마찬가지이다. 그 어떤 정동적 힘들과 결부됨으로써만이 텍스트는 생명력과 의미를 갖게 되며 아울러 살아 있는 현대의 누미노제로서 기능하게 된다. 그러기 위해선 무엇보다도 우리는 자신 앞에 진실하여야 한다. 원형 그것은 마음의 세계에 있어서의 있는 그대로의 진실한 표현, 그것에 다름

구조분석 노력은 그 예증들 중의 하나이다. 그러한 기호론적 관계로의 환원 가능성은 곧 우리 인간들의 삶, 즉 상징체계들이 근본적으로 어떤 하나의 패턴에 따라 생성되고 직조되어 나간다는 것을 말해준다. 그러한 점들에서 우리는 오성 능력과 함께 기호적 패턴의 원형소들이 집단무의식 내의 한 원형들임을 이해할 수 있는 것이다.

아닌 것이다. 자신이 존재하지 않는 곳에서의 텍스트는 타인의 페르조나로서 기능할 뿐이다. 시 예술에서 원형적 정동성이 강조되는 각별한 이유는 다름 아닌 바로 그것이다.

"원형의 충격은 우리를 움직인다. 왜냐하면 그것은 우리 자신보다 더 강한 목소리를 불러일으키기 때문이다. 원초적 심상으로 말하는 사람은 누구든지 천의 목소리로 말하는 것이 된다. 즉 그는 사람의 마음을 매혹하고 압도하면서, 그와 동시에 일시적이고 덧없는 것들로부터 나와 영원의 영역으로 들어가서, 표현하고자 하는 생각을 길어 올리는 것이다. ……이것이 위대한 예술의 비밀이요, 위대한 예술이 우리에게 주는 영향력의 비밀이다. 창조 과정은 우리가 조금이라도 추적해 볼 수 있는 정도 안에서는 원형 심상이 무의식적으로 활동하는 데 있으며, 또 그 원형 심상을 공들여 다듬고 형상화하여 완성된 작품을 산출해 내는 데 있다. 예술가는 원형 심상에 형상을 부여함으로써 그것을 현재의 언어로 바꾸고, 그렇게 하여 우리가 삶의 가장 깊은 원천으로 거슬러 올라가는 길을 찾을 수 있게 한다. 그 속에 예술의 사회적 의의가 있다. ……예술가는 이러한 심상을 포착하여 가장 깊은 무의식으로부터 끌어올려서, 그것을 의식 속의 가치와 연관시킨다. 그런 식으로 그는 동시대인들이 그들의 정신 능력에 맞춰 수용할 수 있을 때까지 그 심상을 변형하는 것이다.[136]

현대의 우리 시인과 비평가가 해야 할 말을 정신·심리학자 융의 입을 통해 듣는다는 것은 매우 아이러니한 일이다.

---

136) 칼 융, 「분석심리학과 시의 관계에 관하여」, 장경렬·진형준·정재서 편역, 『상상력이란 무엇인가』(서울: <주>살림출판사, 1997), pp.127 - 128, 재인용.

변의수의 '비의식의 상징[시론]'에 대하여

반경환(계간시전문지 愛知 주간 · 철학예술가)

시와 시론이란 무엇인가? 시란 언어 예술이며, 시론이란 그 언어예술에 대한 담론이다. 시란 언어 예술을 통해서 세계와 우주 그리고 우리 인간들의 삶을 노래하고, 시론이란 그 시를 쓰는 자의 인생관과 세계관 그리고 시적 방법론을 논하는 담론을 말한다. 철학이란 무엇인가? 철학이란 지혜사랑이며, 이를 통해 세계의 궁극적 진리를 탐구하고, 그로써 모든 것이 가능하고 부족함이 없는 지상낙원을 연출하는 것을 말한다. 시는 언어의 절제와 그 운율과 리듬을 중요시하고, 철학(시론)이란 산문의 정신과 새로운 사상을 중요시한다. 시는 철학의 영혼이며, 철학(시론)은 시의 육체이다. 시는 철학의 토대 위에서 그 꽃이 피어나고, 철학은 시적 사유에 의해서 그 물질적 토대를 구축한다. 시와 철학은 둘이 아닌 하나이며, 궁극적으로는 우리 인간의 낙천주의를 양식화한 것이다. 시의 궁극적인 목표도 행복이며, 철학의 궁극적인 목표도 행복이다. 지상낙원은 행복한 세계이며, 모든 것이 가능하고 어느 것 하나 부족함이 없는 세계이다. 지혜의 오른쪽에는 부귀영화가 있고, 지혜의 왼쪽에는 영원불멸의 삶이 있다. 모든 주의와 사상과 이론은 최고 인식의 제전의 산물이다. 우리 인간들이 새로운 사상과 이론을 창출하기 위하여 그토록 땀과 피와 눈물을 쏟아 붓는 까닭이 거기에 있다. 그러면 왜, 새로운 사상과 이론이 그토록 소중하고 또 소중한 것일까? 그것은 두말할 것 없이, 이 세계에 궁극의 지상낙원은 한 번도 건설된 적이 없으며, 오직, 그 다양한 방법론들만이 개진되어 왔기 때문이다. 요컨대 모든 사상과 이론은 하나의 허구이며, 잠정적이고 일시적인 진리적 가설에 지나지 않는다고 해도 틀린 말이 아니다. 나는 한 철학예술가 — 모든 사람들이 나를 '철학예술가'가 아닌, 문학비평가로 이해하고 있기는 하지만 — 로서 나의 낙천주의 사상가의 길을 다음과 같이 역설한 바가 있다.

세상의 모든 것이 변하고 이 세계의 종말이 온다고 하더라도 자기 자신과 자기 자신의 사상만은 영원하기를 바라는 것은 모든 지식인들의 한결같은 꿈이다. 사상은 그 어떤 것보다도 고귀한 명예이며, 삶의 완성이며, 보다 완전한 인간의 표지이다. 우리는 그 사상가의 신전 앞에서 언제, 어느 때나 시를 짓고, 노래를 부르며, 찬양과 찬송을 하게 된다. 또한 우리는 그 신전 앞에서 우리 인간들의 존엄성을 바치고, 가장 좋은 예물을 바치고, 하늘을 우러러보며, 항상 자기 자신을 갈고 닦으면서, 그 사상의 위업을 이어나갈 것을 맹세를 하게 된다.

－반경환, 『행복의 깊이』제1권에서

변의수는 1955년 부산에서 출생했고, 1996년 『현대시학』으로 등단한 바가 있다. 그의 시집으로는 『먼 나라 추억의 도시』와 『달이 뜨면 나무는 오르가슴이다』가 있으며, 또한 현대정신분석학과 현대철학을 통하여 다양한 시론을 쓴 바가 있다. 변의수의 '비의식의 상징[시론]'은 매우 도전적이고 야심만만한 글이며, 시인이자 시론가 또는 철학자로서의 그의 사상과 이론을 정립하려는 글이라고 할 수가 있다. 사상이란 그 어떤 것보다도 고귀한 명예이며, 삶의 완성이며, 보다 완전한 인간의 표지이다. 그는 자기 자신의 전 생애와 모든 명예를 다 걸고 그의 사상과 이론의 신전, 즉 '비의식의 상징[시론]'을 정립하고자 온몸으로 전력투구를 하고 있다고 말하지 않을 수 없다. 그는 이 '비의식의 상징[시론]'을 정립하기 위하여 심리학과 현대물리학을 넘나들고, 기호학과 정신분석학을 넘나든다. 또한 그는 이 '비의식의 상징[시론]'을 정립하기 위하여 독일의 관념철학과 영국의 경험철학 그리고 모든 문학이론과 현대철학을 넘나드는 지적 모험을 마다하지 않고 있는 것처럼도 보인다.

'비의식'이란, 시와 예술의 세계에서 프로이드의 '무의식'과 '의식'의 도식을 폐기처분하고자, 그가 새롭게 정립한 용어이다. 그는 자신의 비의식의 용어로써 사상의 신전을 짓고, 그 종족의 창시자가 되고자 하는지도 모른다. 만일, 그렇다면 무의식이란 무엇이며, 비의식이란 무엇이란 말인가?

의식이란 깨어 있을 때의 마음의 작용이나 상태를 말하며, 그것은 무엇에 대한 의식으로 되어 있다. 전통적인 철학에서의 의식은 영혼이나 정신과 등가를 이루고 있고, 의식은 곧 정신의 작용으로 이해되어 왔다고 할 수가 있다. 따라서 무의식이란 여러 의식들 중에서 대립, 길항하다가 의식의 밑으로 밀려난 어떤 것들이다. 이때에 무의식이란 소멸되어 사라진 그 무엇이 아니라, 호시탐탐 의식 표면으로의 출몰을 모색하는 억압된 관념과 그 본능 같은 것이다. 프로이드는 인간의 심리현상을 의식과 무의식으로 나누고, 무의식은 정신분석에 의하여 비로소 의식화될 수 있다고 역설하였다.

변의수는 그러한 프로이드의 정신분석학의 개념들이 시문학과 예술에서 인간의 창조적 정신작용으로 둔갑하는 사실에 반기를 들고, "인간의 정신계는 의식과 무의식으로 분리되어 있지 않다."(변의수, 「주체조명 & 미래파의 미래」, 『愛知』 2007년 가을호)라며 일침을 가한다. 왜냐하면 "사람들은 햇빛이 비치는 수면 위의 빙산을 '의식'이라고 여기며, 물속에 잠긴 부분의 빙산을 '무의식'으로 생각한다. 그리하여 의식과 무의식을 각각 다른 덩어리의 빙산으로 여긴다. 그러나 이것은 옳지 않은 생각이다. 물속에 잠긴 부분의 빙산과 물 밖에서 빛나는 빙산은 같은 하나의 빙산이다. 단지 물 밖의 빙산은 의식이라는 햇빛을 받고 있을 뿐이다. 정신은 햇빛을 받아 밝게 빛나는 부분도 있고, 햇빛이 들지 않아 의식화되지 않은 부분도 있다."(앞의 책, 앞의 글)라는 글에서처럼, 의식과 무의식은 다만, 한 몸체에 지나지 않기 때문이다. 햇빛 아래 드러난 빙산도 빙산이지만, 햇빛 속에 드러나지 않은 빙산 또한 동일한 몸체의 빙산이기 때문이다. 변의수에 의하면 의식은 사유기관이 아닌, 인지기관에 불과하며, 사유기관은 그들이 말하는 무의식, 아니, 변의수의 말에 의하면 '비의식'에 다름 아닌 것이다. '비의식'은 창조적 정신작용이며, 표상, 상상, 비유, 추론, 기호작용, 명제구성, 비교확인 등 일체의 사고 작용을 통칭하게 된다. 인지의 빛이 비추인 곳이 '의식'이고, 그 빛이 닿지 않은 곳이 '비의식'이다. 따라서 '비의식'은 마치, 초현실주의자들의 자동기술처럼 사후추론적 관점에서 의식화되지 않으면 인식되지 않는다.

아무리 단순한 시구를 생각해 내고자 한다 하더라도 그들이 말하는 '의식' 상태에서 비유적 시어나 시적 통사질서의 구문을 생각해 내는 경우는 없다고 해도 틀리지 않다. 적합한 시어를 생각해 내기 위해 비의식에 빠져드는 가운데, 자신도 모르게 시어가 떠오르는 것이지, 의식 상태에서 관련 낱말들을 선택해서 적합성 여부를 비교해 보고 맞지 않으면 다른 것을 또다시 집어 들고 다시 선택, 비교, 재연상하는 등…… 이런 자각 상태에서 시어는 결코 찾아지지 않는다.(앞의 책, 앞의 글)

인지의 빛이 비추인 곳이 '의식'이고, 그 빛이 닿지 않은 곳이 '비의식'이다. 따라서 이 의식과 비의식의 병행적 상태는 '초의식' 상태이며, 가장 정신이 집중된 상태라고 할 수가 있는 것이다. 좋은 텍스트의 생산을 위해서는 의식과 비의식이 동시적으로 병행되어야 하지만, 그러나 이 초의식 상태는 그 유지가 몹시 힘들다. 따라서 의식과 비의식의 수행은 분리되고, "즉 비의식에 의해 무질서한 듯한 기호들은 심층비의식계…… 의식이 수반되지 않은 상태의 '순수비의식계' ……로부터 유출시킨 후에 의식의 상태에서 이 자료들에 관한 재구성의 작업"을 수행하지 않으면 안 된다.

변의수의 '비의식의 상징[시론]'의 두 번째 특징은 기호와 상징에 대한 집요할 만큼의 끈질기고도 깊이 있는 천착이다. 그렇다면 기호란 무엇이며, 상징이란 무엇이란 말인가? 기호란 어떤 사물이나 뜻을 나타내기 위한 문자나 부호를 말하고, 상징이란 어떤 사상이나 개념 따위를 구체적인 사물이나 말로 나타내는 것을 말한다. 기호는 기표와 기의로 나누어서 설명할 수가 있는데, 왜 냐하면 기표는 그 대상을 지시하고 기의는 그 대상이 함축하고 있는 의미를 드러내고 있기 때문이다. '태양'이라는 기표는 수많 은 행성들 중에서 특정한 행성을 지시하는 것이지만, '태양'이라 는 기의는 '아버지인 태양'을 지시할 수도 있는 것이다. 태양이라 는 기표는 단순하게 여러 행성들 중의 하나인 태양을 지시하지만 '이 세상의 만물을 비춰주는 태양, 즉 아버지인 태양'을 지시할 수도 있는 것이다. 하지만 이 기표와 기의의 관계는 매우 자의적 인 관계이며, 그것은 이 대상을 바라보는 자의 시선에 의하여 그 뜻이 다르게 나타날 수도 있는 것이다. 태양은 수많은 행성들 중 의 하나에 불과하지만 그러나 그것이 '아버지인 태양'으로 정의 되면, 그 태양은 수많은 행성들 중의 하나가 아니라, 이 세계와 우주와 모든 사물과 우리 인간들의 삶을 가능케 하는 어떤 것이 된다. 이 세상의 만물들은 빛에 의해서 생성되었고, 그 빛(에너 지)으로 힘을 얻으면서 이 세상을 살아나간다. 아인슈타인이 '에 너지는 물질이며, 물질은 에너지'라고 역설한 까닭이 바로 여기 에 있다. "모든 상징이 기호일 수 있다. 그러나 모든 기호가 상징 은 아니다."라는 말은 기표와 기의(상징)의 관계를 어느 일면에서 잘 드러낸 것이기는 하지만, 그러나 기호(기표)와 상징(기의)은 그와 같이 이분법적으로 갈라지고 나누어질 수가 있는 것이 아니 다. 좀더 넓게 바라볼 때, 기호는 상징이고 상징은 기호인 것이 다. 변의수의 「상징과 기호학: 침입과 항쟁」 등은 상징과 기호의 이분법적인 대립 관계를 해소하고, 상징은 물론 기호마저 하나의 통일적 원리 아래 종합하고자 하는 소중한 글이라고 하지 않을 수 없다.

　변의수의 '비의식의 상징[시론]'의 세 번째 특징은 작가, 작품, 독자와의 관계를 해체하여, 작가, 텍스트, 접촉자(관계자)의 관계로 재구성해 놓고 있다는 것이다. 작가는 글을 쓰고, 작가의 작품은 독자들에게 읽히고, 독자들은 단순하게 작가의 창작 의도에 따라서 그 예술작품을 이해하게 된다. 이때에 작가와 독자(비평가)의 관계는 수직적인 관계가 되며, 작가는 신의 위치로, 독자는 신의 은총을 받게 되는 수많은 중생의 관계로 전락할 수밖에 없게 된다. 하지만 작가의 예술작품이 하나의 텍스트가 되고, 독자나 비평가가 단순한 수용자가 아니라, 접촉자의 관계가 되면 작가와 독자의 관계는 역전되고, 독자 중심의 수용미학이 탄생한다. 이때에 작가는 글을 쓰다가 죽은 어떤 익명의 중생이 되고, 독자, 아니, 접촉자는 그 '작가의 표현의 세계를 넘어서' 그 텍스트를 재창조하는 접촉자(관계자)가 된다. 이것은 수용미학과 구조주의 사상을 폭넓게 받아들이고, 또 그것을 넘어서려는 변의수의 노력의 산물이기는 하지만, 바로 이 지점에, 저자의 죽음과 문학의 죽음 그리고 우리 인간들의 죽음이 내재되어 있는지도 모른다.

　"비의식은 사유기관이며 창조적 정신작용"이라는 변의수의 '비의식의 상징[시론]'은 매우 도전적이고 야심만만한 주제이다. 그러나 역사 속의 진리를 반대하고, 이 세계의 가장 뛰어난 지식인들의 전체 의사에 반하여, 그것에 이의를 제기하고 새로운 토대를 세운다는 것이 그처럼 쉬운 일은 아닐 것이다. 그의 '기호와 상징의 통일'의 문제도 마찬가지이고, 작가, 예술작품, 독자의 관계를 새롭게 전복시키는 그의 미학의 문제도 마찬가지이다.

하지만 나는 변의수의 시와 시론 그리고 그의 철학에 대한 열정을 너무나도 사랑하고 있다. 나는 우리 『愛知』를 통해 그의 글들을 전폭적으로 지원한 바가 있다. 그의 앞길에는 수많은 장애물들이 있을 것이다. 하지만 나는 지금도 그가 하루바삐 '비의식'이라는 사상의 신전을 건축하여 애지자들을 초대하기를 학수고대하고 있다. 부디 자기 자신이 한 종족의 조상이며, 아버지가 될 수 있기를 나는 바라고 또 바란다.

니체는 『선악을 넘어서』에서 "이의, 탈선, 조롱하기 좋아하는 것, 건전한 불신은 건강의 징조이다. 절대적인 것은 병적인 것이다."라고 말한 바가 있다. 변의수의 도전적이고 야심 찬 주제의 전복적 시선은 하나의 축복이라 하지 않을 수 없다. 그렇다. 하나의 사상과 이론이 정립되기 위해서는 수많은 사상과 이론이 폐기처분되지 않으면 안 된다. 그것은 나의 말대로 모든 역사는 '신성모독의 역사'이기 때문이다.

• 저자 •

변의수   • 약 력 •
          시인(1996년 현대시학 등단)
          시집 <먼 나라 추억의 도시> 외

비의식의 상징[시론]
Nonconciousness & Semiosis

• 초판 인쇄   2008년 3월 31일
• 초판 발행   2008년 3월 31일

• 지 은 이   변의수
• 펴 낸 이   채종준
• 펴 낸 곳   한국학술정보㈜
           경기도 파주시 교하읍 문발리 513-5
           파주출판문화정보산업단지
           전화 031) 908-3181(대표) · 팩스 031) 908-3189
           홈페이지 http://www.kstudy.com
           e-mail(출판사업부) publish@kstudy.com
• 등   록   제일산-115호(2000. 6. 19)
• 가   격   19,000원

ISBN   978-89-534-8426-9 93800 (Paper Book)
        978-89-534-8427-6 98800 (e-Book)